Questi...

BERNARD-HENRI LÉVY

Bloc-Notes
Questions de principe cinq

LE LIVRE DE POCHE

A Jean Schmitt

On trouvera, dans ce cinquième Questions de principe *l'intégralité du bloc-notes publié par* Le Point, *ainsi que par d'autres journaux européens, entre le 24 avril 1993 et le 5 août 1995. Je le reproduis bien entendu tel quel, dans la forme même que dicta, semaine après semaine, le rythme de l'événement. Textes courts... Réactions « à chaud »... Soumission le plus souvent, aux exigences de l'actualité... C'était la loi du genre. C'est celle de ce petit livre. Avec, tout de même, quelques motifs dont je m'avise, en recueillant ces pages, qu'ils les parcourent et, au fond, les gouvernent : le crépuscule du mitterrandisme par exemple; la Bosnie; la montée des intégrismes et les ravages de la volonté de pureté; ou encore la situation de l'écrivain – et des artistes en général – à l'âge du Spectacle généralisé et de ses comédies. Je remercie celles et ceux – d'abord, Marie-Claude Deville – qui, chaque jeudi matin, dans la hâte que je leur imposais, ont bien voulu accueillir ces fragments. Merci également à Antonin Lévy qui, pour la présente édition, les a relus avec moi.*

B.-H.L.

1

Nathalie Sarraute à la télévision. Truffaut ne s'appelait pas Truffaut, mais Lévy. Le général Morillon et Andy Warhol. La chance et le grand péril de M. Balladur. Sur une métaphore proustienne.

Dimanche. 20 heures 30. Fin du journal télévisé. Apparaît soudain, entre sport et météo, le vieux visage apeuré, clignant dans la lumière trop vive, d'une de nos stars du muet – la grande Nathalie Sarraute. Que diable fait-elle là ? Elle qui ne s'était jamais livrée et devait un peu de son renom à cette invisibilité, qui a bien pu la convaincre de venir ainsi, deux minutes, répondre à des questions convenues ? J'imagine la pression des amis. Les ruses, ou flatteries, de la chaîne. L'alibi du Théâtre du Vieux Colombier qui rouvre, lui a-t-on dit, ses portes. Je pense aux écrivains, ses pairs, qui seraient peut-être venus – Proust, mais par conformisme ; Rimbaud, par provocation ; Hugo, pour convaincre ; Baudelaire, pour décevoir ; Duras, bien sûr – mais elle est faite pour la télé, Duras ; la télé n'existerait pas qu'elle trouverait le moyen d'y passer. Et c'est alors que me vient l'hypothèse, au fond, la plus vraisemblable : l'envie d'y aller, simplement ; le désir de renifler le machin ; une sorte de curiosité ultime à l'endroit de l'objet maudit – vieille intraitable qui finit par se rendre ; parfaite vertueuse qui, avant le paradis, ferait son petit tour en enfer. Qui consentirait à mourir sans rien savoir du goût du péché ?

C'était le secret le mieux gardé de l'histoire du cinéma français. Truffaut ne s'appelait pas Truffaut, mais Lévy. Il était le fils naturel d'un dentiste, juif, de Belfort. Et c'est à la fin de sa vie, avec le concours de l'agence de détectives privés repérée pendant le tournage de *Baisers volés*, qu'il retrouva ce père oublié – et dont le soupçon le taraudait. Cette étrange révélation, nous la devons au beau film de Serge Toubiana et Michel Pascal, *François Truffaut, portraits volés*. On y découvre un Truffaut plutôt noir, terriblement complexe et sombre, qui passa le plus clair de sa vie à poursuivre – fuir ? – une origine incertaine. Un Monsieur Klein à l'envers. Un homme talonné, rattrapé par son patronyme, mais sans jamais l'habiter tout à fait. Borges ne disait pas autre chose quand il parlait de cette « impayable dette d'un nom », qui est le lot des écrivains. Truffaut, écrivain ?

Le général Morillon fêtant la Pâque orthodoxe avec les chefs militaires serbes – et ce, l'après-midi même de la reddition de Srebrenica... On aura beau dire : l'image est rude; et elle n'est, surtout, pas très « raccord » avec celles du général Courage que nous avons, à juste titre, tous admiré. Alors trahison ? Reniement ? Servitude d'un militaire qui est aussi, hélas, un diplomate ? Discipline onusienne ? Double discours ? Je parierai, personnellement, sur la singulière, et nouvelle, contingence des postures héroïques contemporaines. Morillon *était* un héros, l'autre semaine, debout sur son tank. Comme Eltsine l'était, sur le sien. Comme l'avait été, avant eux (curieuse, soit dit en passant, cette épidémie de chars dans l'imagerie héroïque récente...), le Chinois de Tien An Men. Mais peut-être en va-t-il de cet héroïsme comme de la célébrité selon Warhol : il dure le temps d'une image; et cette image peut faire le tour du monde, entrer dans les chaumières et les consciences, on dirait qu'elle n'affecte pas l'âme même du « héros ». Héroïsme sans trace. Héroïsme zappé. Tandis que les Bosniaques agonisent, eux, bel et bien.

État de grâce, dit la rumeur ? Je préfère dire apesanteur. Flottement dans un ciel vide. Car l'événement est là : ce pouvoir sans ennemi, sans négatif ni opposition – l'équivalent, dans les affaires intérieures, de ce qui s'est passé, à l'échelle mondiale, avec l'implosion du communisme. Pour M. Balladur, c'est une chance. Mais c'est aussi un grand péril. Car un pouvoir sans contre-pouvoir ne va pas, comme on croit, au bout du pouvoir. Il hésite au contraire. Se distend. S'évanouit presque. Il flotte dans le vide, oui – jusqu'à ce que le vide l'attire et l'aspire.

Borgo San Sepolcro. Les plus beaux Piero della Francesca du monde. Et dîner, après la visite, avec Umberto Focchi, proustien comme seul un Italien peut l'être – visiblement très remué par les derniers rebondissements de l'affaire dite des « vertèbres du front de la tante Léonie ». Ces « vertèbres » sur un « front » sont l'une des images, on s'en souvient, qui avaient scandalisé Gide lors de sa première lecture, et de son refus, de *La Recherche du temps perdu*. Des générations de proustolâtres avaient, dans le monde entier, lavé l'outrage en montrant : l'un que l'image n'était pas si mauvaise ; l'autre, que le poète a tous les droits ; d'autres, qu'il suffirait à chacun d'observer le front d'une tante, ou d'une amante, pour constater que l'écrivain voyait juste et qu'un front peut avoir, en effet, de charmantes petites vertèbres. Or voici qu'un érudit, qui a eu l'idée toute bête de revenir au manuscrit, et dont la revue *Poétique*, puis le *Monde des livres*, relaient la découverte, abolit ces décennies de glose en s'avisant qu'il fallait lire, non « vertèbres », mais « véritables » – les *véritables* cheveux de tante Léonie... La découverte trouble-t-elle Focchi ? Se dit-il : « Que de vent, de bruit, d'agitation pour rien ! » Il compte venir à Paris, au contraire. Rumine une contre-attaque. Et entend prouver, me dit-il, que c'est le nouvel érudit qui s'est trompé, qu'il fallait bien lire « vertèbres », que ces vertèbres étaient bien sur le « front de la tante Léonie », etc. Miracle de la littérature, ce commentaire infini, cette glose inlassable et absurde – ces monuments d'encre et de papier dressés, à la lettre, sur le néant.

2

Djian dans le saint des saints. Mitterrand, Rocard et le « grand jeu » de la politique. Le plaisir perdu de la conversion. Les Russes ont-ils voté Pouchkine ou Gogol ?

Que Philippe Djian ait souhaité venir chez Gallimard, on le comprend assez bien : l'honorable maison de la rue Sébastien-Bottin n'est-elle pas réputée pour ses liftings ? ses vertus de recyclage et de blanchiment littéraires ? ne s'est-elle pas fait une spécialité, de Proust à Simenon, de Malraux à Sollers, de *découvrir pour la deuxième fois* des écrivains déjà découverts, ou glorieux ? n'est-ce pas notre usine à phénix ? notre fontaine de jouvence ? n'est-elle pas le lieu, par excellence, de la surlégitimité (et donc, soit dit en passant, de la surenchère) culturelles ? Mais que l'éditeur ait marché, qu'il ait offert sa prestigieuse jaquette à un homme qui, interrogé sur son art du roman, répond : « Je n'ai aucune ambition littéraire... je ne suis pas en train de bâtir une œuvre... merde, ils me font chier quand ils me reprochent de mettre trop d'adverbes... », voilà qui est plus étrange. Port-Royal, rattrapé par le siècle. Le goût, décidément prisé ces temps-ci, de l'encanaillement et du néon. Le conflit, vieux comme la vieille maison, entre réguliers et séculiers – mais au détriment, cette fois, des premiers. Après Jardin, Djian : qu'en disent Rivière, Groethuysen ou Paulhan ?

En date du 13 juin 1985, et dans le nouveau livre d'Attali, ce trait terrible : « Michel Rocard annonce sur *TF1* qu'il sera candidat aux présidentielles de 1988. François Mitterrand n'y attache pas la moindre importance ». En deux phrases tout est dit. La naïveté de Rocard. Son côté « toujours prêt ». Cette certitude ingénue et, au demeurant, sympathique de l'éternel candidat, convaincu que la fortune sourit, pour finir, aux vertueux. Et puis l'ascendant de Mitterrand. Son mépris définitif. Sa haine. Pauvre Rocard que je revois, en 88 justement – il allait être nommé Premier ministre, nous déjeunions côte à côte, en marge d'un symposium – pauvre Rocard m'expliquant : « Mais non ; tout cela est fini ; le temps a fait son œuvre ; les sondages pour moi, le suffrage universel pour lui, ont arbitré une querelle sans objet ». Sa différence avec Mitterrand, ce jour-là : il croyait que l'Histoire était rationnelle, et que les motifs des hommes l'étaient aussi – quand Mitterrand, même victorieux, le poursuivait d'une inexpiable rancune. Sa grande erreur, non seulement ce jour-là, mais depuis : parier sur je ne sais quelle extinction des passions et conflits quand l'autre savait, lui, que leur manège est éternel. Erreur fatale, probablement. Car au « grand jeu » de la politique le pessimiste a toujours un coup d'avance ; et le cynique en a deux.

Correspondance Maritain-Cocteau. Pensé d'abord, un peu sottement, à cette part de leur œuvre dont les écrivains se sont privés depuis qu'ils ne correspondent plus : ces paroles volatilisées, quasi volées par le téléphone – cette littérature sympathique, et sans traces, dont on faisait jadis des volumes. Mais ensuite, plus sérieusement, à cette manie de la conversion qu'ils avaient dans ces années et qui, elle aussi, semble perdue. C'est Maritain, donc, entreprenant Cocteau. Henri Ghéon, Copeau. C'est la conversion de Claudel et de Jammes. De Sachs et de Max Jacob. C'est Green qui, à l'inverse, se plaint de ne pouvoir rencontrer Gide « sans qu'il essayât d'une manière ou d'une autre de porter atteinte à sa foi ». C'est *Vigile*, la revue de Mauriac – avec son très prosélyte « Abbé X ». Ce sont ses dialogues avec Du Bos, Gabriel Marcel ou, encore, Gide. Bref, c'est tout un tourbillon de grâces, offertes ou négociées. Tout un désordre d'âmes, égarées ou soudain sauvées. C'est une ardeur apostolique qui s'empare de ces beaux esprits, occupe toutes leurs pensées et dont nous avons, je le répète, perdu jusqu'à l'idée. Le dernier des convertisseurs aura été, au fond, Clavel bénissant ses maos. Après Clavel ? Un geste qui s'est perdu. Une posture disparue. Un frisson littéraire – un filon ? – qui périssent avec eux.

Lecture des *Entretiens* d'Isaiah Berlin, en même temps que tombent les résultats du référendum à Moscou. On peut – encore que... présenter ce qui se passe comme le combat d'Eltsine et des conservateurs, des modernistes et des archéos, des partisans de la démocratie et de ceux de la recongélation. On peut déchiffrer l'événement en termes politiques traditionnels et soutenir le camp des « réformes » contre celui du « retour au passé ». Mais on peut aussi dire (et c'est bien plus intéressant) qu'il y a un débat plus ancien qui coiffe, résume le reste – et qui est celui, *culturel*, des partisans et adversaires de l'Europe en Russie. Herzen contre Gogol. Pouchkine contre Tioutchev. Le parti de Dostoïevski (« âme slave », etc.) contre celui de Milosz et Sakharov (« cosmopolitisme » et compagnie...). La vieille Russie slavophile, contre l'ancrage occidental et les Lumières. Qu'aurait donné un référendum qui aurait demandé : « De quel côté vous rangez-vous – Pouchkine ou Dostoïevski ? » C'était la bonne question. Je doute, hélas, de la réponse.

Puisque j'ai évoqué Clavel, ce dernier mot de lui – qui me revient. Pie XII, racontait-il, n'avait jamais avalé la phrase de Staline : « Le pape combien de divisions ? ». Voici que Staline meurt. Et il lance, lui, le pape : « Maintenant il voit mes légions. »

3

Mitterrand, Barrès et les chiens. Les partis politiques, comme des sociétés primitives. Rushdie, Russie, Bosnie...

Le président à Nevers. Ce regard qui ne cille pas. Cette voix blessée, mais forte. Ces accents qui lui reviennent, et qui sont ceux de Maurice Barrès, comme chaque fois qu'il parle de la mort ou, ici, d'un ami mort. Cette jeunesse retrouvée du visage. Oui, malgré sa pâleur extrême, cette jeunesse étrange, presque insolente – que je ne lui avais plus vue depuis cet autre après-midi de mai, il y douze ans, quand, d'un pas incertain, une rose à la main, il allait d'une tombe à l'autre dans la nécropole du Panthéon. Le cercle s'est rétréci. La vieille maison s'est dépeuplée. Peut-être y songe-t-il quand le chagrin devient trop fort et que, pour le contenir, il hausse un peu le ton : ce groupe décimé... ce froid qui gagne autour de lui... ces fidèles qui restent, mais ne quittent plus le deuil... et puis ce symbole – car comment ne pas y voir un symbole ? – d'un règne engagé dans une crypte et commençant de finir ici, sur cette terre un peu ingrate, entre une chapelle et un cimetière... Mais enfin il est là. Fidèle à lui-même et à son passé – avec sa colère sèche et sa vitalité inentamée. Et il y a dans cette idée, et il y aurait eu dans cette scène, quelque chose de très beau. Pourquoi a-t-il fallu tout gâcher par cette phrase sur « ceux qui ont livré aux chiens l'honneur d'un homme et finalement sa vie » ? Si les mots ont un sens – et je connais trop François Mitterrand pour douter qu'il les ait pesés – c'est des journalistes qu'il s'agit et ce sont leurs lecteurs qui sont les chiens. Ce n'est plus un cri, alors – c'est une insulte. Ce n'est pas un lapsus – c'est un défi. Nous ne sommes plus dans l'hommage funèbre – mais encore (déjà ?) dans la joute et le jeu.

Les mots sont-ils des balles ? les journalistes, des tueurs ? les rédacteurs du *Canard enchaîné*, des nazis ? et faut-il inculper Gildas, de Caunes ou Edwy Plenel d'homicide involontaire ? Je caricature. Mais à peine. Car c'est le tour que prend le prétendu débat sur la « responsabilité de la presse ». Répondre à cela, *primo* : Bérégovoy n'est pas Salengro et, si injustes qu'aient pu être les attaques portées contre lui, ce ne fut ni une « chasse à l'homme » ni, en tout cas, une « curée ». *Secundo* : la recherche du coupable à tout prix, c'est-à-dire du bouc émissaire, est une démarche hautement risquée qui, comme une psychanalyse, n'a pas de fin : aujourd'hui, ce sont les journalistes ; demain ce sera Balladur ; après-demain Rocard ; après après-demain, Mitterrand ; et ainsi de suite jusqu'au vertige. *Tertio* : les communautés qui se livrent à ce périlleux exercice sont comme ces sociétés primitives qui ne savent se souder, ou se ressouder, qu'autour d'un crime et d'un rite, d'un repas totémique et d'un cadavre : n'a-t-on rien de mieux à nous offrir, à gauche, en guise de refondation ? *Quarto*, et enfin : ce type de mise en cause atteste d'une vision de l'Histoire où se mêlent paranoïa policière (il y a un coupable, il faut le trouver : l'homme politique est un indic), naïveté occultiste (il y a un fin mot, on va le percer : il devient mage ou chiromancien), goût de l'exorcisme et de ses causalités diaboliques (le mot fameux de Joseph de Maistre sur les jacobins mais qui, appliqué aux journalistes, devient franchement odieux : « instruments d'une force qui en savait plus qu'eux »). Alors ? Alors la vérité c'est que, de ce suicide, nous ne savons rien et que prétendre le contraire, lui prêter des raisons ou des responsables, rompre le silence, en d'autre termes, où l'intéressé a choisi de s'ensevelir, revient à lui voler sa mort après l'avoir désespéré de la vie. Soljenitsyne, à l'époque de *l'Archipel* : « Donner un sens à ce qui n'en a pas, voilà l'ultime outrage ».

Je ne sais si c'est cette atmosphère de deuil... Cette mélancolie qui gagne... Mais je ne parviens à voir le monde, ce matin, que dans la même lumière pauvre, et partout crépusculaire. C'est la tension nouvelle à Moscou, le lien social qui va craquer... C'est la guerre en Bosnie qui continue, notre impuissance tragique, le président Izetbegovic, au téléphone, plus las, désemparé, que jamais : « C'est la fin me confie-t-il, dites-leur que c'est la fin s'ils ne se décident pas à bouger » – et moi qui, à Aix-en-Provence, viens présenter sans plus y croire (car pour quoi faire, mon Dieu ? et pour convaincre qui ?) un film vieux de six mois... Et puis c'est l'affaire Rushdie qui rebondit : nous voulions, avec Edmonde Charles-Roux, donner le prix Colette à l'auteur des *Versets sataniques* ; et comme le prix se donne à Genève et que Genève est, par tradition, ville d'exilés et de proscrits, nous avions, en secret, prévu de l'y faire venir. Seulement voilà : Genève est une ville pour Lénine et Trotsky, pour Joyce et pour Borges, c'est la ville d'Albert Cohen et de Simenon, d'Amiel et de Godard – mais ce n'est pas celle de Salman puisque, je l'apprends à l'instant, Swissair refuse de le transporter et le canton de le protéger. Tout cela n'a rien à voir, dira-t-on ? Sans doute. Mais enfin, cela fait un climat. Une ténèbre qui s'étend. Comme si le siècle, avant de s'achever, voulait nous donner toutes les preuves de sa capacité à régresser. Aigre printemps. Funestes pressentiments. Comme un nouveau Moyen Âge ou un retour des *dark ages*. Est-ce mon humeur qui parle ? La saison ? Ou, en effet, l'époque ?

4

La mode du réalisme socialiste. Emmanuel Berl est-il le père de Françoise Giroud, Serge Daney et quelques autres ? Le temps des nécrosophes, ou comment les écrivains doivent mourir avant d'être honorés.

Exposition « réaliste-socialiste » à la pinacothèque de Côme. La presse italienne, ce matin, discute de l'opportunité de l'initiative. Elle dit : « Ceci n'est pas une œuvre ». Ou, au contraire : « Ce Staline à l'enfant, ce Lénine à son pupitre, ces portraits ampoulés de cosmonautes rouges ou de prolétaires héroïques, ce sont des artistes qui les signent; des artistes payés certes, stipendiés, à la botte – mais des artistes, cependant, qui ont une place dans l'histoire de leur art. » Or la vraie question n'est pas là. Elle est – beaucoup plus intéressant ! – dans cette ruse : le communisme commence par des mises en scène (Eisenstein et compagnie), il s'achève par des mises en espace (entre autres, cette exposition). Et elle est – plus passionnant encore ! – dans ce paradoxe du moment : la Russie perd la mémoire, c'est nous qui la lui rendons; elle déboulonne ses statues, c'est nous qui les lui stockons; elle sombre dans l'amnésie – c'est nous encore, Européens, qui lui servons de conservatoire. Est-ce, d'ailleurs, si paradoxal ? L'Europe, tout bien considéré, n'a-t-elle pas *toujours* procédé ainsi ? Et n'est-ce pas chez elle une manie, quand une civilisation s'éteint, d'en faire une collection, ou une bibliothèque, ou des musées ? Elle le fait avec Sumer et Babylone. Avec la Haute et la Basse Égypte. Elle commémore les Étrusques et les Mayas, les Perses et les dynasties chinoises, les Aztèques, les Mixtèques, les Gaulois, les Grecs anciens. Eh bien le communisme est mort. C'était une civilisation, et il est mort. En sorte que c'est sans difficulté qu'elle en recueille les derniers vestiges – la seule étrangeté (mais c'est, plus généralement, celle de l'époque) tenant à l'accélération, un peu folle, du processus : la modernité européenne ou le recyclage, *immédiat*, des mondes engloutis et de leurs déchets.

Il y a cinq ou six robes de chambre qui comptent, dans l'histoire de la littérature. C'est la bure de Balzac. Le peignoir crasseux de Léautaud. La veste d'intérieur de Guitry. La robe de chambre à pois d'Albert Cohen, ou de Solal. La robe rouge de Gary, couleur de sang et de suicide. Et puis il y a celle d'Emmanuel Berl – cloîtré dans sa chambre de la rue Montpensier et rivé à ce poste de télévision dont il fut (je l'apprends aujourd'hui, grâce au précieux recueil de chroniques publié par Bernard Morlino, chez Bourin) le plus attentif des témoins, pendant près d'un quart de siècle. On y voit un Berl téléphage, donc. On y observe que c'est lui qui, dix ans avant Clavel, vingt ans avant Frossard, trente ans avant Daney, Schneiderman ou Françoise Giroud, invente le genre, désormais canonique, de la « critique de télévision ». On y apprend – mesure du chemin parcouru ! – que c'est à la NRF, en ce temps-là, qu'allaient tout naturellement ses comptes-rendus de téléfilms, variétés et autres « jeux de vingt heures ». Et on y découvre surtout qu'il était une fois une télé bizarre qui donnait des heures d'antenne à Kessel ou Malraux, offrait *La Prise du pouvoir de Louis XIV* à Rosselini et diffusait *La Cerisaie* ou *Les Perses* en *prime time* – une télé balbutiante; une télé à l'état naissant; une télé fragile, vulnérable, modeste, parfois incertaine, mais une télé qui avait, du coup, le charme des genres débutants. Âge d'or ? Je ne crois pas aux âges d'or. Mais je crois aux âges ingrats, qui sont souvent les plus féconds – cette télé pauvre et encore mineure, marginale et quasi clandestine, cette télé que l'on regardait comme on lisait un livre et qui n'avait pas grand-chose à voir avec l'ogre qu'elle est devenue, et qui a vaincu le cinéma, et qui a avalé le théâtre, et qui absorbera un jour ce qui reste de littérature ; on a oublié, oui, qu'il fut un temps, celui de Berl, où les livres n'étaient pas faits pour devenir de mauvais programmes et où les programmes, en retour, ressemblaient à de beaux livres.

Cher Jean-Marie Benoist... Comme il aurait aimé ce petit volume d'hommages que, trois ans après sa disparition, lui dédie sa fille Aliénor... Comme il aurait été heureux de lire ces pages de Jean-François Revel, Jacques Derrida ou Claude Lévi-Strauss – ces maîtres qu'il admirait et qui, pour les deux derniers, le lui rendaient si mal... Seulement voilà, il n'est plus là. Et cette reconnaissance qu'il a tant voulue, ces textes qui l'auraient comblé et pour lesquels il se serait damné (car l'auteur de *Marx est mort* était, de nous tous, le plus respectueux de nos aînés qu'il n'avait, lui, pas reniés) ce salut d'un Derrida, par exemple, si beau, si émouvant, il a fallu que son destinataire s'en aille pour qu'il lui soit enfin adressé. Cruauté de l'époque... Grimace du destin... Autrefois, quand un écrivain mourait, c'est le purgatoire qui commençait. Aujourd'hui c'est le contraire : le purgatoire c'est la vie ; et c'est après la mort que l'on s'affaire autour de lui pour l'ensevelir sous les gerbes, les gloses ou les « mélanges ». La philosophie le cède à la nécrosophie. Le goût de la célébration posthume remplace celui de l'échange, vivant, entre vivants. Cela fera-t-il, à terme, l'affaire de la littérature ? Il serait plaisant, et urgent, de réinventer d'autres commerces.

Signe des temps – que je ne résiste pas au plaisir de noter : une épine de la sainte croix achetée, en vente publique, dix millions de centimes. Est-ce trop ? Trop peu ? A chacun d'apprécier.

5

Mitterrand a-t-il vraiment lu les Verbatim *d'Attali ? Attali a-t-il abusé et Mitterrand et Wiesel ? Hypothèse – romanesque – sur une affaire d'État qui était, peut-être, une affaire de dupes.*

Le président est d'humeur sombre, en ce matin d'avril. La solitude. L'ennui. La défaite, encore proche. Cette mélancolie nouvelle, qui date de sa maladie. Le *Jardin sur l'Oronte* de Barrès – à moins que ce ne soit *Leurs Figures* – dont il faut, pour l'Élysée, interrompre chaque jour la lecture. La librairie de la rue de Castiglione où il enrage de ne pouvoir aller et où un ami lui a signalé une édition rare d'*A rebours*. Et puis ce rendez-vous, maintenant, avec son ancien « conseiller spécial » qui lui apporte *Verbatim* – liasse de deux mille feuillets, aux dactylographies disparates et aux papiers collés, dont la physionomie seule suffit à l'agacer. Il avait expédié l'auteur à Londres; le voici de retour, avec ce fâcheux paquet de mots...

Le « conseiller spécial » reconduit, il palpe l'objet. Le renifle. Il fait ce qu'on fait en pareil cas : un coup d'œil par ici; un coup de sonde par là... Ah si seulement c'était un roman ! Un Duras par exemple... Un Sagan... Ou même un Attali... Car il aime bien les romans d'Attali. Ce n'est pas son genre, mais ça se laisse lire. Alors que là... Ces comptes-rendus... Ces conversations assommantes... Cette Thatcher et ce Gorbatchev, ce Kohl ou ce Reagan, tels qu'en eux-mêmes, hélas, la littérature ne les change pas. Il est accablé, le président. Agacé, *et* accablé. C'est si gros... Si indigeste... Aussi se garde-t-il, le soir venu, d'emporter le pensum avec lui – et retourne-t-il avec délices à son *Jardin sur l'Oronte*.

Huit jours passent. Peut-être quinze. Le manuscrit est toujours là, qui dort sur le bureau. Il regarde les premières pages – qui lui donnent un peu de cafard. Il va droit aux dernières, à cause du *Rainbow Warrior*. Mais pour le reste, il ne peut pas. Avec la meilleure des volontés, il n'y entre proprement pas. Si, au moins, il y avait un index... Ça n'a l'air de rien, un index... Mais ça sauve, dans ce genre de livres... On y cherche le nom des proches... Les femmes... Les écrivains amis et donc, par exemple, Élie Wiesel... Mais voilà, il n'y a pas d'index. Il n'y a jamais d'index dans un manuscrit, ou un jeu d'épreuves, vu que la pagination n'y est pas faite. Et c'est l'autre raison qui rend illisible cet annuaire.

S'ajoute, faut-il le dire ? une déconvenue bien naturelle. Il savait, forcément, que le « conseiller spécial » écrivait. Mais il est ainsi fait, le président, qu'il se vit et se voit comme un personnage de roman. Et le mémorialiste qui, à ses côtés, consignait ses gestes et faits, il allait de soi qu'il serait une sorte de romancier. De Gaulle a eu Malraux... Napoléon, Las Cases... Eh bien il avait son Malraux – mais qui a choisi, il le découvre, de n'être que l'auteur de *Verbatim* : cette sténotypie morose, cette litanie prosaïque et sèche, ce mot à mot d'un règne qui eut aussi – il n'a tout de même pas rêvé ! – sa part de poésie. La rencontre avec Deng Xiaoping, par exemple. Est-ce qu'ils n'ont pas parlé, avec Deng, de la civilisation chinoise, des jésuites au XVIe siècle, de la tentation de l'Occident, de l'Orient, de la Révolution ? Le greffier n'en a retenu – il tombe par hasard sur la page – que de banales considérations commerciales et technologiques. Quel ennui ! Quelle déception !

Bref, le temps passe. Et, comme toujours avec le « conseiller spécial », il passe à grande allure. Car à peine s'est-il avisé qu'il a le fichu texte en dépôt, à peine a-t-il ruminé l'ampleur du malentendu – et il faut se prononcer, rendre la chose et se prononcer ! Pourquoi cette hâte, déjà ? Oui... La presse qui s'impatiente... La sortie du livre, précipitée... Pivot qui accueille X à telle date, Y et Z à telle autre et qui, pour le « mémorial » du mitterrandisme triomphant, n'a plus que le « créneau » de la semaine intermédiaire... Sacré conseiller spécial ! Il y aura toujours eu, entre eux, un problème et une histoire de temps. Mais bon. Puisqu'il faut un verdict, autant le rendre. Alors, il feuillette une dernière fois. Fait la grimace. Sourit. Car revoilà le conseiller spécial – qui vient, en toute innocence, chercher sa bénédiction.

Lui dira-t-il la vérité ? Lui avouera-t-il qu'il a juste ouvert le livre ? Il est tenté, bien sûr. Moins, d'ailleurs, par franchise qu'en vertu de cette cruauté qu'il réserve, dit-on, à ses familiers. Mais il le trouve si émouvant (et, soit dit en passant, si manifestement de bonne foi), avec sa façon de demander : « Alors, qu'en pensez- vous ? », qu'il y renonce aussitôt. Il n'exclut pas, bien entendu, que le conseiller joue au plus fin. Peut-être, oui, a-t-il compris et sait-il que lui, président, comprend aussi qu'il a compris. Mais cela devient trop compliqué... Décourageant de complication... De même que cette idée qui, un instant, l'effleure encore : n'aurait-il pas dû, pour expertise, donner le bloc à Beaucé (un écrivain, celui-là) ou à Bianco (qui, en ce moment, a du temps libre) ? Tout, en fait, est allé trop vite. Et il est, lui, trop loin de tout. Alors, de guerre lasse, et parce qu'il n'a décidément qu'une envie : pousser jusqu'à la rue de Castiglione et chercher son édition de Huysmans, il hausse les épaules et marmonne un *nihil obstat* où l'autre entend un *imprimatur*.

Indifférence du Prince. Candeur de son vassal. Ne voyez pas mystère là où ne règne, comme dans les fables, que le tout venant des passions humaines; même si, hélas, le destin veillait – réglant, à l'insu de chacun, la machinerie d'un piège terrible qui, déjà, les condamnait.

6

De la vogue du mutisme au cinéma à la stratégie du silence en politique : le grand retour du muet. Yougo-slavie ou Yougoslamort ? Requiem *pour une Europe morte à Sarajevo. Spielberg à Auschwitz et Auschwitz comme Lascaux.*

Une muette, Emmanuelle Laborit, couronnée par les Molière. La palme de la meilleure actrice à Holly Hunter, pour un rôle de sourde-muette. Un film muet, celui d'Alain Cavalier, qui fut, à sa façon, l'autre évé-nement de Cannes... La coïncidence, j'imagine, en au-ra frappé plus d'un. Mais ajoutez à cela le dernier roman de Pascal Quignard, méditation sur le mutisme; la surcote dont semblent jouir, à la bourse aux valeurs littéraires, les plus silencieux de nos écrivains et leur disgrâce dès qu'ils se risquent à rompre ce silence; la cote des politiques – Rocard, mais pas seulement Rocard... – qui monte quand ils se taisent et chute dès qu'ils ouvrent la bouche; l'étrange euphorie du système tant qu'il crut pouvoir compter sur le vertueux silence, encore, de l'« institutrice-courage » de l'école maternelle de Neuilly et sa déception quand il la retrouva (la propulsa ?) à la « une » de *Paris Match* – ajoutez tous ces signes, oui, et vous aurez, mieux qu'une coïncidence, un début d'esprit du temps. A partir de quoi, deux hypothèses. Ou bien c'est un alibi; un hommage du vice à la vertu ; la dernière chance du silence ; son dernier charme ; le silence comme curiosité, ou comédie, ou stratégie – l'idée que, dans un monde de fureur et de bruit, il suffit de ne rien dire pour qu'on n'entende soudain que vous. Ou bien c'est un changement de cap; une vraie de vraie nouvelle époque; quelque chose comme un retour du muet, durable, sur tous les fronts – mais avec, alors, cette question que nul ne peut esquiver : on sait combien fut douloureux, au cinéma, le mouvement inverse – et le nombre de stars du muet que tua l'épreuve du parlant; quid de ceux qui devront, aujourd'hui et, cette fois, dans tous les genres, faire le voyage dans l'autre sens et à qui sera fatal ce passage du parlant au néo-muet ?

Cannes encore. *Un Jour dans la mort de Sarajevo* présenté dans l'une des sélections, parallèles, du Festival. Est-ce bien le lieu ? Le moment ? N'y a-t-il pas quelque chose de pathétique dans cette image d'intellectuels prêchant sur la Croisette, sous la tente de la « Quinzaine des réalisateurs », en direction d'une foule de badauds dont rien ne permet de décider s'ils sont venus écouter ou s'abriter du soleil un peu fort de ce début d'après-midi cannois – encore un peu et l'on entendrait le grelot du troupeau de festivaliers qui passe, tourne, s'attarde, s'ébroue ou, finalement, s'éloigne quand apparaît, sur le bord de mer, en face, la silhouette d'une starlette égarée ? Le *vrai* pathétique, cela dit, est encore à venir. Ce sera, le surlendemain, la honte qui nous étreindra à la nouvelle de ce que le monde « libre » a fini par se résoudre à faire

– ou, plutôt, à ne pas faire – dans la malheureuse Bosnie. Déroute du plan Vance Owen. Victoire, maintenant sans partage, de la soldatesque serbe et du cynisme. Avec, pour les Bosniaques – je dis bien « les Bosniaques » car on ne peut plus tolérer, à la fin, l'odieuse confusion qui fait dire « les Musulmans » pour ce peuple divers, composé, cosmopolite qu'était, avant que nous ne le trahissions, le peuple de Bihac, Tuzla, Gorazde, Zepa, Sarajevo – avec, pour les Bosniaques donc, des zones « protégées » qui seront autant de réserves ou de bantoustans européens. Pavane pour une Bosnie défunte. *Requiem* pour une Europe dont nous n'avions pas tort de dire, à la « Règle du Jeu » et ailleurs, qu'elle mourait à Sarajevo. Et cette grande et terrible ténèbre qu'étend, de proche en proche, ce désastre sur le monde. Humour, grinçant, de Zladko Dizdarevic, le rédacteur en chef de l'unique, et héroïque, journal qui, là-bas, sous les bombes, paraît encore chaque matin : « Prends l'habitude, veux-tu ? de dire, non plus Yougoslavie, mais Yougoslamort ».

Lettre de Cracovie. Adam M. me raconte comment Steven Spielberg a dû, pour les besoins de son prochain film, reconstituer en carton pâte le décor du camp d'Auschwitz. Deux réactions possibles, à nouveau. Le malaise. Le sentiment de sacrilège. Cette révolte – qui était celle de Lanzmann, il y a dix ou quinze ans, quand les Américains firent de la Shoah une série télévisée – à l'idée qu'il n'y ait décidément rien, en ce monde, qui échappe au spectacle et à ses farces. Quoi ? De cela, aussi, une mise en scène ? Avec cela, aussi, du simulacre et du faux ? Et puis cette autre hypothèse, qu'il pourrait *également* s'agir d'un geste d'amour et de piété : refaire Auschwitz pour ne pas y toucher ; le reconstituer pour le conserver intact ; l'équivalent, toutes proportions gardées, du geste de ces faussaires géniaux qui, découvrant que le souffle des visiteurs altérait et risquait d'effacer les couleurs des fresques de Lascaux, bâtirent un autre Lascaux, en tout point semblable au premier, mais qui permit de le murer et de le préserver à jamais. Auschwitz n'est pas Lascaux. Mais j'aime l'idée qu'il soit muré. Maudit, et donc muré. Un bloc de mémoire, aux radiations redoutables mais précieuses; un monument de la honte, non moins volatil et fragile que les fresques de Lascaux – et qu'il faudrait ensevelir de peur que, non le souffle, mais le regard ou le pas des hommes n'en éventent le secret.

7

Une haine qui en aurait à la beauté du monde. Quand Sagan survit à sa légende. Un homme de marbre sur le divan d'Elkabbach. Allemagne : de l'OPA du siècle au syndic de faillite. La tête d'un black.

Qu'est-ce qu'un événement « considérable » ? A quoi le reconnaît-on ? Y a-t-il quelque chose, *dans l'événement*, qui le signale à ses témoins ? Le putsh d'Octobre 17, par exemple ? L'assassinat de l'Archiduc, à Sarajevo ? L'obscur fait divers que dut être, pour la plupart des contemporains, la crucifixion en Galilée d'un illuminé nommé Jésus ? Ou bien encore – le cas contraire – ces événements que précède une rumeur d'extrême importance et dont on s'avise, avec le recul, qu'ils n'étaient qu'anecdote ou fausse piste : une guerre locale, un État précaire, un traité sans lendemain comme celui, peut-être, de Maastricht ? Bref, il y a là un jeu qui ne m'a jamais lassé – et dont le dernier prétexte m'est fourni par l'attentat à la voiture piégée qui vient de ravager une aile du musée des Offices à Florence. Une péripétie, espérons-le... Mais peut-être aussi, allez savoir ! un événement inaugural, qui ouvrirait une ère nouvelle dans l'histoire des terrorismes. Après les hommes, les statues. Mieux que les corps, les images. Et, à travers les visages de l'art, nos plus précieuses chimères, devenues cibles des barbares. Quoi, dans ce cas, après « les Offices » ? Et quel type, chaque fois, de perte ? Je passe la journée, non sans vertige, à imaginer quelques figures d'une haine qui ne s'en prendrait qu'au Beau. L'iconoclastie comme une épidémie.

Raconté à une amie commune comment J.-J. L., dix-huit ans, découvre et aime Sagan. Elle me dit que cela ne l'étonne pas et qu'il y a, chez Sagan, des pages en effet très belles – qui sont celles d'un écrivain. Je lui réponds que c'est l'éternelle histoire de l'auteur mangé, cannibalisé par sa légende : que la légende s'estompe, qu'une génération de lecteurs advienne qui ne pense plus forcément Saint-Tropez, Jaguar, whisky, etc., dès qu'est proféré le nom de Sagan – et l'œuvre naît enfin, étrangement neuve, bouleversante, avec ses anciens clichés qui deviennent des images. Ombre du nom. Dommages du renom. N'est-ce pas Cocteau qui recommandait, pour faire une œuvre, de se faire un nom ? Eh bien erreur de Cocteau. Folle et tragique erreur. Ce drame qu'est un nom pour les écrivains, comme Sagan, trop vivants.

Gorbatchev chez Elkabbach. Trois impressions successives qui, bizarrement, se superposent. La bête de scène, d'abord ; la créature de pur spectacle ; le pacte, maintes fois renoué depuis Eisenstein, entre les communistes et la mise en scène. La langue de bois ensuite ou, comme disait Soljenitsyne, « de granit » – ce côté irrémédiablement « apparatchik » que l'on retrouve jusque dans la voix (blanche, et comme sans chair) ou l'expression (cette façon de parler de soi à la troisième personne – mais une troisième personne qui dirait moins la majesté qu'une sorte d'impersonnalité). Et puis, dernière impression, de loin la plus intéressante : ces moments où le masque craque et où un mot de l'interviewer, une question simple ou faussement naïve réaniment le sujet qui, dans l'*homo sovieticus*, sommeille. Comment va Raïssa, demande Elkabbach ? Aimez-vous le luxe ? De quoi vivez-vous ? Et c'est, chaque fois, comme un lapsus, un raté minuscule mais décisif et, sur le marbre du visage, un frémissement d'humanité où l'on retrouve l'autre Gorbatchev – celui, mal rasé, en chemise, sans cravate, que le monde entrevit, stupéfait, au lendemain du coup d'État manqué. Forcer une langue comme on force une porte. Technique de l'interview conçue comme celle du coup d'État. Grand art – et grande télé.

La cause semblait entendue. La réunification de l'Allemagne ne se ferait, certes, pas sans désordre ni dégâts. Mais enfin elle se ferait. C'était une chance pour les Allemands. Et il était clair, aux yeux de tous, que l'Ouest avait les moyens, la vitalité, la culture pour, la pédagogie démocratique aidant, neutraliser les démons de l'Est. Cinq ans plus tard le problème se complique et devant les progrès de la crise, la poussée du chômage et de l'inflation, devant la montée, surtout, d'une criminalité néonazie qui serait apparemment le fait d'une jeunesse déboussolée, nombreux sont les intellectuels qui, outre-Rhin, posent la question : et si, pédagogie pour pédagogie, le mouvement allait à l'inverse ? si c'était la violence de l'Est, son fascisme latent, sa barbarie, qui commençaient de gagner l'Ouest ? si l'Ouest n'avait pas assez de force, en fait, pour apprivoiser les fameux démons et si c'était lui qui, du coup, se condamnait à les voir reparaître ? Cela s'appellerait une ruse de l'Histoire. Ou, plus prosaïquement, un marché de dupes. La « bonne » Allemagne partait pour l'O.P.A. du siècle – elle se retrouve avec, sur les bras, l'une des plus formidables faillites de l'Histoire.

La ville la plus lepéniste de France (Marseille) qui retrouve gloire et dignité grâce au coup de tête d'un Black (Basile Boli) : c'est le monde à l'envers – mais la meilleure nouvelle de la semaine. Souvenir de cette page de *La Route des Indes* où Morand évoque, à l'hôtel Bauveau, ces grands nababs noirs qui dînent avant de prendre la mer et donnent, dit-il, son lustre à la cité.

8

Le Jugement dernier. Qu'est-ce qu'un état de grâce ? L'Église vit dans un autre temps que le nôtre. Relire Gary.

Assassinat de Bousquet. Même histoire, mais en plus fort, que celle de l'*Human bomb* de la Maternelle de Neuilly. Car enfin : que ce coupable entre les coupables, ce criminel contre l'humanité, ce complice d'une Shoah dont nous savons qu'elle atteignit le sommet de l'horreur, que ce monstre donc, ce prototype du fascisme français ou, même, du fascisme tout court, ait pu finir ainsi, sous les balles d'un homme qui ne rêvait que de passer à la télé, quel aveu ! quel symptôme ! et comme il en dit long, ce symptôme, sur le climat de cette fin de siècle ! Religion du spectacle... Culte de l'apparition... Mon âme contre un flash télévisé... Ma vie pour un instant d'épiphanie... Et le Mal, oui, le Mal absolu, celui des philosophes et des théologiens, soluble dans le vingt heures... L'histoire, contrairement à ce que disait Marx, ne se répète pas en comédie, mais s'achève en dérision. Et loin de finir dans ce collapse, ou cette apocalypse, qu'on nous prédit, elle pourrait bien se conclure sur une farce énorme et grotesque. Dépit ? Ou soulagement ?

Alain Minc, dans *le Monde* : Balladur, contre toute attente, aurait le soutien des petites gens mais serait boudé par les élites. Hypothèse séduisante. Mais elle fait bon marché, à la réflexion, de ce climat que l'on sent depuis quelques jours et qui est celui, qu'on le veuille ou non, d'une fin d'état de grâce. Car qu'est-ce, après tout, qu'un état de grâce ? C'est une interruption du temps. Une syncope consentie. C'est une mise en suspens de tout ce qui fait problème, ou débat, dans une société. C'est une grève du discours, et une vacance de l'événement. C'est ce moment où l'homme d'État est autorisé, pour de mystérieuses raisons, à prendre congé de la réalité et c'est, littéralement donc, une éclipse du monde et de ses enjeux. Que la réalité revienne alors, qu'elle fasse intrusion dans le discours, qu'un bout de réel, n'importe lequel (le GATT, l'immigration, les oléagineux, la Bosnie...), vienne au contact de la parole politique – et c'est comme une bulle qui crève, un charme qui se rompt et l'état de grâce qui se dissipe tel un joli mirage. Cet instant, inévitable, c'est celui que vit Monsieur Balladur. Avec, au bout, une vraie chance : celle de pouvoir enfin gouverner.

Izetbegovic au Vatican. Qu'est-ce qui peut bien se passer dans la tête d'un pape qui, à ma demande, consent à recevoir le président de la Bosnie ? La guerre ? Il y en a tant d'autres... Le martyre ? Cela ne suffit pas... Le côté « politique » de Jean-Paul II ? Quelle serait, ici, sa politique ?... Non. Mon hypothèse – que j'avais mise, déjà, dans la bouche d'un personnage du *Jugement dernier* – c'est que l'Église vit dans un autre temps, qu'elle a d'autres instruments de mesure, que nous pensons, nous, en termes d'années, à la rigueur de décennies, alors qu'elle compte, elle, en siècles, pour ne pas dire en millénaires ; bref, j'imagine un Vatican fier de sa victoire sur le communisme mais qui, la victoire acquise, retrouverait son vieil adversaire, bien plus ancien que l'autre, le seul peut-être, allez savoir ! qui ait jamais vraiment compté et qui s'appelle *l'Église orhodoxe*... Les amis de la Bosnie, autrement dit, pensent à Gorazde, Tuzla, Sarajevo ; ils en ont après Milosevic et ses supplétifs de Pale ; mais, là-bas, au Vatican, il y a des hommes qui, lorsqu'ils disent « Serbie », pensent « orthodoxie » et qui, même s'ils pensent « Sarajevo », ont la tête à Nicée ou à Antioche et ne songent qu'au schisme de Photios ou au conflit de Cérulaire et de Léon IX. La Papauté et ses idées fixes. La chance, pour une institution, d'avoir ses étoiles fixes.

Leila C. fut la dernière compagne de Gary. Belle. Un corps de danseuse. Des petites mèches grises, qui étonnent dans ce visage encore jeune. Un côté très gai, presque fantasque – mais ce regard voilé, lorsque mes questions se font trop pressantes. Ajar... Cette belle aventure littéraire moderne... Et puis ces détails qu'elle me donne, si émouvants, si précieux, sur les derniers instants de Romain... Sa robe de chambre rouge, par exemple. J'ai toujours cru – et je l'ai même écrit ici – qu'il s'en était drapé, le jour de son suicide, afin que le rouge du sang se confonde avec celui du tissu. La vérité, me dit-elle, c'est qu'il se l'est enroulée, telle un keffieh, autour de la tête ; et c'est, surtout, qu'il avait choisi une balle à fragmentation, ou implosion, internes qui lui laissa un visage lisse, presque intact et très beau – à peine un trou dans la tempe et pas la moindre goutte de sang, justement. Dandysme de Gary. Élégance du romancier. Cette élégance qu'il partageait avec Malraux et que je retrouve, chaque fois que je m'y plonge, dans *Les Couleurs du jour* ou *Le Grand Vestiaire*. Relisons Gary. Réévaluons Gary. Un *très* grand écrivain qui souffre, lui aussi, d'une légende envahissante. Prendre pour règle, alors, de ne plus évoquer la légende de Gary ?

9

Avec le président bosniaque, en marge d'une « tournée de la dernière chance ». La Dame de fer en maîtresse d'école. Le pape à Sarajevo ? Désarroi de François Mitterrand.

Elle est aussi « laquée » que je l'imaginais. Mais moins gainée, moins corsetée – avec, dans le tailleur de velours frappé rose qui bâille sur sa nuque de bison, quelque chose de négligé, j'allais dire de *lâché*. Elle nous avait invités à déjeuner. Mais devant la reprise, en Bosnie centrale, des combats entre Croates et Musulmans elle a décidé de nous mettre au pain sec. « Les Croates sont vos alliés, hurle-t-elle d'une drôle de voix pointue ! Vous m'entendez ? Vos alliés ! Vous êtes, monsieur Tudjman et vous, mes agneaux sacrifiés ; je ne veux pas que mes agneaux sacrifiés s'entre-déchirent de cette façon. Vous voulez des armes, dites-vous ? Bon. Mais je vous préviens : qu'une seule de ces armes serve à prolonger cette stupide dispute et vous aurez affaire à Lady Thatcher ». Sur quoi, épuisée par l'effort, elle se tait, s'effondre presque, plongeant dans un mini-collapse d'où elle ne sera tirée que par un nouveau sursaut, suivi d'une nouvelle poussée d'adrénaline : « Vous êtes mes agneaux sacrifiés ; qu'une seule de ces armes, vous m'entendez, une seule, etc. ». Madame Thatcher, pendant quatre heures, ne dira quasiment rien d'autre. Les bourreaux doivent être de vrais bourreaux. Les victimes, de vraies victimes. Que le jeu se complique, qu'Izetbegovic et Tudjman aient l'outrecuidance de se quereller, et c'est un désordre insoutenable, une offense à sa personne – encore un peu et, comme les institutrices anglaises d'autrefois, elle les traitera de *naughty boys* et brandira son martinet. La Dame de fer n'aime pas les élèves dissipés. Ni les acteurs qui sortent de leur rôle. Elle n'a, en politique, qu'une idée : « Soyez fidèles à l'image que j'ai de vous et que requiert ma vision du monde; car entre mon désir et l'ordre du monde – c'est l'ordre du monde que je choisis de changer ».

C'est la force qui impressionne, d'abord. Presque la puissance. Comme ce pape est *incarné*, me dis-je, avec ses grandes mains, son teint brique, son corps massif et vigoureux de vieux paysan polonais ! Mais quelques secondes passent... Quelques mots... Et c'est le sentiment inverse qui s'impose : une sorte de fragilité, de défaillance intimes – avec, dans le ton, une lassitude qui n'est pas seulement celle, j'en jurerais, d'un saint homme guéri des vaines séductions. Fatigué, alors ? Malade ? Un autre avenir, déjà, qu'il habiterait en secret ? Si j'avais un pari à faire, ce serait plutôt celui-ci : cet homme a cru, comme nul autre, au pouvoir temporel de l'Église; il a pensé, et prêché, qu'elle était la jeunesse du monde; il l'a lancée à l'assaut du siècle c'est-à-dire, au fond, du communisme; or la victoire est là, n'est-ce pas ? elle est totale, inespérée; et au lieu de l'apothéose, voici revenu le temps des tribus et des nations, des ethnies et des folies, toutes les vieilles hérésies qui refleurissent – jusqu'à ce monde orthodoxe qu'il a libéré de la tutelle et qui, d'Athènes à Sofia, de Belgrade à Moscou, ranime la guerre contre Rome. Amère victoire. Ruse de l'Histoire. Ah ! comme l'Église était belle, du temps du communisme ! En finir avec le communisme pour voir un musulman l'appeler à l'aide contre Byzance : si impénétrables que soient les desseins de Dieu, si familier qu'il soit lui-même des facéties de la Providence, comment ne serait-il pas troublé par cette étrange, et navrante, séquence ?

François Mitterrand, enfin. A quoi songe François Mitterrand, face à Alija Izetbegovic venu lui adresser, à son tour, son ultime et terrible prière ? A la détresse du peuple bosniaque ? A cette Europe qu'il sent si mal, depuis que s'y rallume l'obscure guerre des Balkans ? A ce monde qui n'est plus le sien et qui donne l'envie de dire, tel Chateaubriand à la fin des *Mémoires* : « A vous de jouer, messieurs ! ces scènes ne me regardent plus » ? A ce beau visage grave d'Izetbegovic qui, avec sa mâchoire un peu forte, son regard bleu très doux, ses lunettes trop grandes et ce palais présidentiel assiégé, là bas, à Sarajevo, lui rappelle forcément quelque chose : Salvador Allende bien sûr, son ami Salvador Allende – c'est étrange... il a longtemps pensé qu'il pourrait être un nouvel Allende... mais non ! voyez comme les choses tournent... c'est le Bosniaque qui rafle le rôle... c'est lui, le nouvel Allende... Songe-t-il à son propre pouvoir défait ? A sa marge de manœuvre, si étroite ? Se dit-il : « Voilà l'occasion de rentrer dans le jeu, de reprendre l'initiative » ? Peut-être, oui, se dit-il tout cela. Mais qui connaît ce visage, y décèle un autre trait : chez cet homme impénétrable et qui excelle si bien, en principe, à dissimuler ses émotions, chez ce Monsieur Teste politique, tout d'intelligence et de calcul, un désarroi brut et que ne masque pas, pour une fois, l'habituelle brume de mystère ou d'équivoque. Je ne vois pas de solution, semble-t-il dire... Pas de solution... Et cette idée d'un conflit sans solution c'est, les philosophes l'ont toujours su, la définition même du Tragique... Aron disait de Giscard qu'il n'avait pas le sens du Tragique. François Mitterrand me permettra-t-il de dire qu'il l'a, lui, un peu trop – le drame bosniaque n'étant peut-être pas, après tout, si insoluble qu'il y paraît.

10

Des bandes de Gaza en Bosnie ? Ce serait le prix de notre démission. Des centaines de Salman Rushdie en Algérie : c'est – déjà – la victoire des barbares. Il avait un drôle de visage, Jean Cau.

Ah ! le lâche soulagement que l'on sent, ce matin, dans la plupart des chancelleries : « Le président bosniaque Izetbegovic mis en minorité à Sarajevo ! destitué peut-être ! renversé ! et, au lieu de cet intraitable, à la place de ce combattant à la nuque un peu trop raide , un brave et bon collabo qui sait ce que Realpolitik veut dire et se contentera, entre Bihac et Sarajevo, d'une sorte de mini-Vichy ! » Le soulagement, grâce au ciel, aura été de courte durée. Et, à l'heure où j'écris ces lignes, il semble qu'Alija Izetbegovic demeure, pour les habitants de la Bosnie, l'incarnation de la résistance. Je dis « grâce au ciel » car l'alternative est claire. Ou bien Izetbegovic tient et nous trouvons, avec lui, le moyen de sauver ce qui peut l'être, non seulement de la nation, mais de l'*idée* bosniaque (et j'adjure, soit dit en passant, les journalistes, intellectuels et commentateurs, de cesser de dire « musulmans » quand ils veulent parler des « Bosniaques » – car réduire aux seuls musulmans la population cosmopolite qui résiste à Sarajevo c'est donner raison, déjà, aux purificateurs et aux tueurs). Ou bien nous l'abandonnons, nous appelons de nos vœux la venue d'un Pétain ou d'un Quisling, nous tenons à ce Quisling le langage de fermeté que nous n'avons (et c'est un comble !) jamais tenu à Milosevic, nous lui demandons de signer l'arrêt de mort de son pays – et alors, prenons-y garde : nous aurons, non seulement Vichy, mais Gaza ; quatre ou cinq bandes de Gaza, autant que de zones dites « de sécurité » – avec, au cœur de chacune, un inévitable foyer de haine, de désespoir et de terreur.

« Pourquoi, nous demandait-on, tant d'agitation autour de Rushdie ? Pourquoi cette fièvre ? Cette obsession ? Et fallait-il, pour un homme seul, mobiliser cet arsenal ? ». Eh bien la réponse, la voici. Elle nous vient d'Algérie où nous apprenons avec horreur qu'un sixième intellectuel vient d'être assassiné par les islamistes. Son crime ? Être un intellectuel, justement ; rien qu'un intellectuel ; quelqu'un qui fait métier de penser dans un pays où, quand ils entendent le mot « pensée », d'aucuns sortent une sourate et, après elle, un revolver ; l'un de ces innombrables professionnels de la pensée dont les noms sont affichés, paraît-il, aux portes des mosquées et désignés, ainsi, à la vindicte des assassins. Nul ne peut dire, bien entendu, que leur sort eût été différent s'ils avaient su – et nous, avec eux – défendre Salman Rushdie. Mais ce qui est sûr, c'est que le mécanisme est le même. Exactement le même. A cette réserve près (mais qui ne fait qu'ajouter, s'il se peut, à l'abomination du crime) que Rushdie avait un visage, celui d'un écrivain déjà célèbre, alors qu'eux n'en ont pas – obscurs professeurs, penseurs ou écrivains peu illustres, hommes sans renom et presque sans nom qui n'entreront dans la lumière qu'à l'instant, suprême dérision ! où les atteindra la balle du tueur. Ainsi va, comme toujours, la terreur. Elle se donne des modèles, et les diffuse. Des prototypes, et les multiplie. Elle met au point ses armes fatales (la bombe, en l'occurrence, anti-Rushdie) et, devant l'indifférence générale, les miniaturise à loisir. Haine de la pensée. Guerre à l'intelligence. Nous serons tous, un jour, des Salman Rushdie si nous ne savons, à temps, identifier les nouveaux barbares.

Il avait un drôle de visage, Jean Cau. Cassé. Tout de guingois. Comme s'il était tiré de deux côtés à la fois ou comme si deux âmes distinctes l'habitaient, et le sculptaient, en secret. Il y avait le Cau des années glorieuses, secrétaire de Sartre et vedette de Saint-Germain-des-Prés. Et puis il y avait l'autre, celui qui l'avait abjuré et faisait vertu de cette abjuration : un Cau plus âpre, presque rageur, qui poussait ce goût du reniement jusqu'à refuser, le plus souvent, d'évoquer le moindre souvenir datant de la période ancienne. Claude Lanzmann, l'un de ses plus vieux amis, me dit que c'est un peu par hasard qu'il était devenu sartrien : jeune normalien, à la façon d'un ambitieux du siècle passé, il avait écrit à *tous* les grands écrivains du moment et c'est tout simplement lui, Sartre, qui avait répondu le premier... Moi qui le connaissais beaucoup moins bien mais l'ai parfois observé, j'ai idée qu'il y avait autre chose : une blessure, peut-être; ou une fêlure; ou une brûlure, dans cette première vie, qu'il fallait à tout prix oublier; à moins que ce ne fût cette sombre passion, commune à bien des écrivains (et Cau, on ne l'a pas assez dit, était d'abord un écrivain), qu'est la passion du désaveu. Être un autre... Absolument un autre... L'être sans reste ni nostalgie, sans trace ni mélancolie... Devenir un traître à soi-même, un déserteur définitif – quelqu'un qui mettrait son point d'honneur à pouvoir déclarer : « Nul n'aura, plus que moi, été infidèle à sa jeunesse ». J'étais rarement d'accord avec Cau. Mais j'aimais cette façon, chez lui, de n'appartenir à personne – pas même, si l'hypothèse est juste, à son propre destin et à soi.

11

Comment Malraux a cru découvrir les trésors de la reine de Saba. Kissinger, Platini et les infortunes de la vertu. Une tentation national-communiste ? Souvenez-vous des « sections beefsteaks ».

André Malraux a trente ans. Il vient d'avoir le prix Goncourt. L'aventure d'Angkor est déjà loin et la guerre d'Espagne tarde à venir. Il est à la fois au début de sa gloire et inhabituellement désœuvré. Il va voir Paul-Louis Weiler, à qui il demande un peu d'argent. Mermoz et Saint-Exupéry, qu'il tente – en vain – de séduire. Corniglion-Molinier – son ami – qui les remplace au pied levé. Et les voilà partis, sur un bimoteur de fortune, à la recherche des trésors et du royaume de la Reine de Saba. Ce qui est fascinant dans cette histoire (et dans le recueil d'articles et d'études que Gallimard publie ces jours-ci), c'est de voir comment fonctionne un écrivain entre deux inspirations : il vit et écrit, à tout hasard, un chapitre possible de ses Mémoires. Mais c'est aussi l'image farfelue – et belle – de cet aviateur d'occasion qui ne survole, on l'imagine, que des étendues de sable, des mastabas recuits par le soleil, un miroitement vague de schistes et de sels, des tas de pierres, des douars – mais qui voit, et décrit, un monde de fastes et de palais, d'animaux fabuleux et de chevaux, de charmeurs de serpents et de Nubiens à aigrette, de guerriers cuirassés d'or qui semblent jaillis, selon les pages, du *Salammbô* de Flaubert ou d'un songe du colonel Lawrence. Au début, sont les mots.

De beaux grands mots bien sonores dont il paraît guetter l'écho. Donnez-moi un mot, dit il. Donnez-moi des « trombes » et des « buccins », le royaume de « Balkis » et celui des « Négus ». Donnez-moi un lexique, un modeste et simple lexique – et, avec ce lexique, je soulèverai le monde. Voir surgir un monde du désert, c'est la définition du mirage. Le faire avec des mots, c'est le génie de l'écrivain.

Dîner, chez des amis communs, avec Kissinger et Platini. La rencontre, pour l'ignorant que je suis, a quelque chose d'assez baroque. Sauf – je le découvre – que les deux hommes ont une passion, j'allais dire un *métier* commun et que ce métier c'est le football. Pourquoi ? Parce que le diplomate de vocation, le conseiller de Nixon et de Gérald Ford, l'artisan de la paix au Vietnam et de la réconciliation avec la Chine, le stratège austère et froid que je n'imaginais soucieux que du raid américain sur Bagdad ou du GATT, pré-side le comité d'organisation du prochain « Mondial », tandis que Michel Platini, lui, prépare déjà le suivant. D'où une extravagante conversation sur l'OM et la finale de Munich, la corruption dans le football-business et les velléités d'y remédier – d'où, entre l'inoxydable Metternich et le champion à peine vieilli, un échange à la fois amer et léger sur cet étrange marais que devient (qu'a toujours été ?) le royaume des athlètes. Tout les sépare. Vraiment tout. Sinon cette amertume légère – ce sentiment, partagé, que la pureté n'est pas de ce monde et qu'il y aura toujours un Nixon ici, un truqueur là, pour dévoyer les idéaux. On appelle *Realpolitik* la doctrine du vertueux qui sait que l'Histoire, c'est-à-dire l'impureté, a toujours raison de la Raison. Quel nom pour son homologue dans le monde et l'ordre du sport ? – c'est la question que j'aurais aimé leur poser. Mais la soirée allait son train. L'hôtesse était exquise. Il convenait de ne pas s'attarder.

Naïfs – qu'ils me pardonnent ! – ceux qui semblent découvrir, entre extrême-droite et extrême-gauche, des points de contact et des passerelles. « National-communisme », disent-ils, depuis que des responsables du PCF évoquent, avec des fascistes, la possibilité de créer un nouveau « front national » ? C'était déjà l'histoire, dans les années 30, de ces sections d'assaut hitlériennes que l'on baptisait « section beefsteak » parce que des communistes les noyautaient et qu'elles étaient donc, tels des beefsteaks, brunes dehors et rouges dedans. C'était celle, dans les années 20, de toute cette nébuleuse de groupes décrite par Jean-Pierre Faye et qui fut la vraie matrice du nazisme : il y avait là des « nationaux-bolchéviks » et des « révolutionnaires-conservateurs », des léninistes de droite et des fascistes de gauche, c'était comme une formidable centrifugeuse où toutes les paroles politiques se voyaient brassées, brisées, dissociées, redistribuées. Ce fut l'aventure, en France même, de ce « cercle Proudhon » si méconnu et qui regroupa, dès le début du siècle, des nationaux (maurrassiens) et des socialistes (soréliens) – la première synthèse rouge-brune, le premier laboratoire du fascisme, la première illustration de ce qui est, depuis, règle absolue : il est toujours et par définition, ce fascisme, *indistinctement* de « droite » et de « gauche ». Que nous en soyons de nouveau là est inquiétant, mais guère surprenant. La vraie question – sur laquelle je reviendrai : le phénomène dont nous sommes, ces jours-ci, les témoins –, n'est-il que la réédition du passé ou s'y ajoute-t-il un syncrétisme inédit ? Cette phrase de Marx, que je ne me lasse pas de citer et qui est peut-être la meilleure des réponses : « L'Histoire a plus d'imagination que les hommes ».

12

Pourquoi pas des films de dix minutes ? Avant et après Shoah. *La « Ligue lombarde » est-elle un parti fasciste ? Picasso et Matisse : le marché ou le sacré ? François Mitterrand chez Lipp.*

Le film de Lelouch n'est pas mauvais, il est long. Et on se dit, quand on en sort : Pourquoi ne fait-on pas, au cinéma, comme en littérature ? il y a des livres de trois cents pages, mais il y en a de cinq cents ou de quatre-vingts ; alors que tous les films, ou presque, se fixent sur le module des sacrosaintes quatre-vingt-dix minutes ; il y a des films, disait Godard, qui *font* vraiment quatre-vingt-dix minutes, mais il y en a qui en font trente, ou quinze, ou à peine dix. Les cinéastes (et Lelouch, incontestablement, en est un) devraient pouvoir se permettre de faire des films de dix minutes.

Revu le film de Lanzmann sur *France 2* qui me paraît, lui, presque trop court – preuve qu'il n'y a pas de loi ni d'unité de mesure en la matière. Ce qui saute aux yeux, quand on le revoit dix ans après, c'est que la question, ou la réflexion, n'ont, entre temps, pas beaucoup bougé. Non qu'il ne se soit rien passé. Ni que l'époque ne nous ait fourni – la semaine dernière encore, la pitoyable affaire du national-communisme à la française – son contingent de révisionnistes, négationnistes, etc. Mais le film, lui, est là. Il a conservé tout son pouvoir. A commencer par celui, aveuglant, de rester la meilleure, voire la seule, réponse à ce type de délires. Il y a des œuvres comme cela. Non pas « sacrées », mais achevées. Pas exactement « définitives », mais irrésistibles. Des œuvres qui occupent le terrain, ou le saturent, ou l'épuisent. Des œuvres qui sont comme certaines théories scientifiques – une sorte de champ magnétique attirant, irrésistiblement donc, toute velléité de glose ou de commentaire et précipitant, à l'inverse, dans un trou noir toute parole qui éviterait la leur. Il y a un avant, et un après *Shoah*. Il y a, non un dogme, mais une ligne *Shoah*. Et c'est cela que sent le public quand il permet au film de pulvériser tous les records d'audience du *prime time*.

Spoleto. Festival des deux mondes. Monté, après ma conférence, en haut de la vieille ville, près du Dôme, dans le Palazzo renaissant du « Maestro Menutti » où nous attend une troupe d'écrivains, acteurs de théâtre, musiciens qui ne parleront, comme de juste, que de la nouvelle « révolution italienne » et de ses « Ligues ». Fascistes ou pas fascistes, ces ligues qui viennent de prendre le pouvoir à Milan ? L'avis général : *plutôt* fascistes ; ou, en tout cas, populistes, anti-intellectualistes, xénophobes. L'actrice Mariangela Melato (qui triomphe, depuis la veille au soir, dans *Un tramway nommé désir*) dit que l'atmosphère des villes du Nord devient parfois irrespirable. Vincenzo Consolo (l'écrivain) explique qu'il a décidé, lui, de quitter Milan et de s'exiler, sans doute à Paris. Un autre encore (qui se situe, précise-t-il, au « centre droit ») se demande si, sur Andreotti, la Démocratie chrétienne, le compromis historique et le reste, ce n'est pas l'extrême-gauche des années 70 qui, au fond, avait raison...

Ouverture du musée Matisse, à Nice, sur la colline de Cimiez, près de l'hôtel Regina où il séjourna à la fin de sa vie. On a envie de dire : « enfin ! ». Mais on est tenté surtout, sans bouder pour autant son plaisir, de se demander : « Pourquoi si tard ? pourquoi maintenant ? il y avait un musée Picasso – pourquoi avoir tant attendu pour avoir, aujourd'hui, un musée Matisse ? ». Me revient l'histoire que racontait la veuve de Chagall. Matisse entreprend sa chapelle de Vence. Picasso, furieux, peut-être jaloux, s'écrie que peindre une chapelle n'a pas de sens. Matisse demande pourquoi. Picasso réfléchit, bredouille, s'emporte et, à bout d'arguments, finit par lancer que la seule chose intéressante, à Vence, eût été de peindre le marché. Un marché ou une chapelle... Le marché ou le sacré... Tout est là, finalement... Tout le débat Picasso-Matisse... Et toute la question – allez savoir ! – de la peinture contemporaine et de ses impasses...

François Mitterrand chez Lipp. Les états généraux du PS viennent de s'achever. Paris ne bruit, apparemment, que de la victoire des rocardiens. Et il est là, entouré de quelques amis, à cette table d'angle qui était la sienne du temps de la IVe République, puis du Parti socialiste conquérant – il est souriant, détendu, il porte une drôle de chemise, boutonnée très haut, sans cravate, qui lui donne un air très « Roche de Solutré », et il semble ne s'intéresser, ce soir-là, qu'à la littérature, à ses rapports avec la peinture, au goût qu'ont les écrivains de préfacer leurs peintres préférés, à Baudelaire qui en a fait des chefs-d'œuvre, à d'autres qui n'ont pas eu le même art, à l'amour, aux femmes, à la question de savoir s'il faut ou non écrire aux femmes qu'on aime. Le président joue-t-il ? Affecte-t-il ce détachement ? Son regard parle pour lui. Un regard, non pas lassé, mais vif, incroyablement jeune et gourmand – le regard d'un homme que passionnent les choses de la vie mais qu'indiffèrent les mésaventures, ou le destin, de M. Rocard. Moment de grâce. Mais fin d'une époque.

13

La vertu de SOS-Racisme. Misère de la vieille gauche. L'Europe ne « retourne » pas au fascisme : elle en invente une figure nouvelle.

Il y a une idée qui court, ces temps-ci, dans certains cercles parisiens. SOS-Racisme aurait, non combattu, mais alimenté le racisme. Il n'aurait pas fait barrage à Le Pen, mais en aurait secrètement fait le lit. Et la priorité des priorités, pour un intellectuel, serait de s'opposer donc, non aux racistes, mais aux antiracistes. Cette idée n'est pas seulement infâme – elle est inepte. Et c'est parce que je la trouve inepte que j'aurais bien aimé, si un contretemps ne m'en avait empêché, aller réaffirmer, dimanche dernier, à l'occasion de son congrès annuel, ma fidélité de principe à l'association. Oh ! certes, nous n'avons pas été – nous ne sommes pas – toujours d'accord. Et l'époque est loin où, avec Simone Signoret, Coluche et Marek Halter, nous portions sur les fonts baptismaux l'entreprise d'Harlem Désir et, désormais, Fodé Sylla. Mais bon. Les temps sont ce qu'ils sont. C'est-à-dire nauséabonds. Et quels que soient les dissentiments de détail (ou même de style ou de méthode), je suis heureux qu'il nous reste un lieu où l'on ne transige pas avec cette affaire et où, surtout, l'on travaille – c'est encore, à mes yeux, et depuis qu'elle a conjuré ses démons « différentialistes », le principal mérite de l'association – à intégrer une population de jeunes dont c'est souvent le seul lien avec la vie civique ou même sociale. Vous voulez l'insertion de nos étrangers ? L'assimilation de nos immigrés ? Vous voulez la paix dans les banlieues ? L'ordre, et la pédagogie, démocratiques ? Eh bien puisque les syndicats sont morts, que les vieux partis sont à l'agonie et que les Églises, hélas, ne se portent pas non plus très bien, soutenez, aidez, bénissez SOS-Racisme – l'un de nos derniers instruments, efficaces, d'intégration républicaine.

Comme les choses sont compliquées ! A peine ai-je écrit ces lignes que m'arrive ici, près de Malaga, cette pétition d'intellectuels, annoncée en première page du *Monde* et appelant à la « vigilance » contre la renaissance de l'extrême-droite. Apparemment, nous disons la même chose. Et quand Roger-Pol Droit, dans son article de présentation, met en garde contre le cynisme et la confusion des idées, la banalisation du racisme et l'anticonformisme systématique, quand il déplore qu'une conception dévoyée de la liberté de l'esprit nous ait trop souvent conduits à privilégier, face à certaines pseudo-réflexions, le *débat* au *combat* idéologiques, il n'y a pas un mot de son analyse auquel je ne sois tenté de souscrire. D'où vient ma gêne, alors ? Et pourquoi cette pétition me semble-t-elle, soudain, si vaine ? Le ton sans doute. L'accent, naïvement martial et bravache. Cette façon de sous-entendre qu'il y a le feu à la Nation et que Messieurs Pasqua et Méhaignerie sont des factieux à peine déguisés. Peut-être vais-je heurter tel ou tel. Mais je ne puis, en lisant ces lignes, m'empêcher de songer : voilà des gens qui n'ont plus ni idées ni programme ; ni projet ni, comme on dit parfois, « utopie » ; voilà une gauche qui n'a même plus de « rocardisme » puisque Rocard ne l'a conquise qu'en renonçant à ce qui faisait sa singularité et son génie ; eh bien cette gauche-là, il lui reste un adversaire – et elle le chérit, cet adversaire, comme son ultime et plus précieux trésor.

Le fond de l'affaire c'est que je n'arrive pas à prendre tout à fait au sérieux ce qui se passe, dans ce domaine, en France. Cette affaire de national-communisme, par exemple... Cet émoi qui nous saisit à l'idée qu'un groupuscule de néofascistes s'allie à un quarteron de néocommunistes pour, sous l'égide d'un mauvais écrivain (J.-E. Hallier, on ne le rappellera jamais assez, c'est devenu Maurice Sachs moins le talent), redonner un semblant de vie à la vieille synthèse des rouges et des bruns... On dira ce qu'on voudra. Mais on ne m'ôtera pas de l'idée qu'il n'y a, dans l'Europe d'aujourd'hui, qu'un national-communiste vraiment sérieux : Slobodan Milosevic ; un lieu où la partie se joue : Sarajevo et la Bosnie ; une synthèse rouge-brun, réellement dangereuse : celle qui, de Sarajevo donc à Moscou, de Sofia à Kiev ou Vilnius, s'opère sur les débris de tous les intégrismes. Ceci n'empêche pas cela ? Et l'on peut dénoncer, à la fois, le climat délétère à Paris et le désastre bosniaque ? Sans doute. Mais à condition de ne pas oublier qu'en se trompant de priorité on se trompe parfois d'analyse – et qu'en mettant l'accent sur la France on risque de mettre de vieux mots, des expressions stéréotypées et usées, sur des réalités peut-être inédites. « Extrême-droite », clament-ils. *Retour* de l'extrême-droite. Je ne crois jamais trop, moi, aux « retours ». Et ma crainte est que ne se concoctent, dans ces laboratoires de l'Est, des produits de synthèse réellement nouveaux, inconnus au répertoire des molécules politiques identifiées – et qui, lorsqu'ils nous contamineront, rendront rétrospectivement pathétiques nos gesticulations rituelles contre le « fascisme » et ses « fantômes ». Provincialisme et archaïsme – nos deux péchés mortels quand l'urgence est, comme aujourd'hui, de tendre l'oreille à ce qui advient.

14

Agonie d'un système politique. Pourquoi le Peuple, en démocratie, n'a pas toujours le dernier mot. La littérature comme vengeance ; la pensée comme vendetta.

Face à l'imbroglio de l'affaire Tapie, nous oscillons, il me semble, entre deux sentiments contradictoires. D'un côté : « Il n'y a rien de plus passionnant que ce feuilleton policier grandeur nature, avec ses vrais flics, ses faux témoins, ses alibis incertains, ses emplois du temps passés à la loupe – *reality show* d'un nouveau genre, dont le système médiatique programmerait les rebondissements ! ». De l'autre : « Il y a tant de choses plus importantes que ces tickets d'autoroute égarés, ces témoignages mal ajustés, ces agendas qui disparaissent ou ces pleins d'essence fantomatiques – le chômage par exemple, la Bosnie, la crise du Franc, tous ces « grands » sujets politiques qu'aura éclipsés le Spectacle et qui méritaient peut-être mieux que cette attention flottante et zappeuse. » Lequel de ces deux sentiments est-il le bon ? Ils le sont l'un et l'autre. Et il y a dans ce trouble même, dans cette hésitation à prendre parti, un signe qui ne trompe pas – comme si nous devinions, fût-ce de manière confuse, que ce feuilleton est un symptôme ; qu'il est, comme tout symptôme, dérisoire et décisif ; et qu'il nous raconte ceci – guère moins essentiel, dans le fond, que la crise de l'Europe et des monnaies : une société politique à l'agonie, peut-être déjà décomposée et qui n'aurait plus grand chemin à faire pour rattraper son modèle italien.

Le Conseil constitutionnel a-t-il bien fait d'annuler huit articles de la loi Pasqua ? La question, paradoxalement, n'est pas là. Elle est dans la possibilité même d'une décision qui s'oppose – c'est un fait – à la loi et en voit pâlir l'autorité. « Comment, s'insurgent certains ? Des juges, contre les élus ? Des sages, contre les députés ? Mais de quel droit, à la fin ? Au nom de quelle légitimité ? La démocratie n'est-elle pas la voix, imprescriptible et sacrée, du peuple ? Le peuple n'a-t-il pas, une fois qu'il s'est exprimé, par définition le dernier mot ? » A quoi le démocrate, le vrai, répondra : « La démocratie c'est le peuple en effet ; la volonté, souveraine, du peuple ; mais le peuple peut errer ; sa souveraineté, s'égarer ; il peut, livré à lui même, se donner de mauvais maîtres et choisir, cela s'est vu ! de grands et petits Hitler ; alors, pour parer au danger,

pour conjurer ce péril d'un emportement toujours menaçant, la sagesse des siècles a prévu des recours – à
commencer par cette idée d'une assemblée d'esprits
raisonnables, supposés dépositaires d'une sorte de
commandement supérieur ». Jadis on croyait en Dieu,
et cela facilitait les choses. Aujourd'hui, on n'y croit
guère – et je conçois que l'on voie moins bien, sauf à
invoquer le Droit en majesté, à quelle source aller puiser la substance de ce commandement. Mais que la
démocratie, pour survivre, doive en garder le souvenir, qu'elle tienne par ce double lien, horizontal entre
les sujets, et vertical avec un principe transcendant,
qu'elle combine cette double souveraineté, et du
Peuple, et de la Loi, voilà qui est évident et qu'il
serait tragique d'oublier. La Loi sans le Peuple ? La
dictature, bien sûr. Mais le Peuple sans la Loi : le
plébiscite, hélas – qui est, comme chacun sait, une
autre forme de dictature.

Hasard – ou privilège ? – de l'été : *Le Point* fête
Camus; *Le Monde*, sous la plume de Josyane Savigneau, réhabilite, lui, Beauvoir ; et voici que nous
reviennent, écho à peine assourdi, toutes ces voix
d'autrefois, ces cris d'hier ou d'avant-hier, ces débats
que nous pensions arbitrés, donc éteints ou étouffés, et
dont nous nous redécouvrons, soudain, les tributaires.
Êtes-vous Beauvoir ou plutôt Camus ? *Jeune Fille rangée*
ou *Mythe de Sisyphe* ? Quelle position auriez-vous eue
dans la dispute de *L'Homme révolté* ? Quelle attitude
prendriez-vous encore dans l'interminable affaire, et
discussion, du *Deuxième Sexe* ? Ç'aurait pu être l'autre
feuilleton de l'été. Et, pour certains d'entre nous, ce le
fut. Comme si, trente ou quarante ans après, se poursuivaient les mêmes querelles, les mêmes dialogues de
sourds et se distribuaient, surtout, les mêmes éternelles
lignes de partage : vous vous croyez de gauche, de
droite, féministe, antiféministe, antitotalitaire sceptique,
définitif ou provisoire – alors que vous mettez les
pieds, simplement, dans des traces extrêmement
anciennes. J'aime l'idée de ces mémoires longues,
lentes à s'épuiser. J'aime que l'histoire de la littérature
– et l'histoire de ceux qui la font – soit celle de cette

rumination, de ce ressentiment indéfinis. La littérature comme hommage et vengeance. La pensée comme célébration et vendetta. Et si c'était le secret ? si c'était de se tenir ainsi, gouvernées par des astres morts, qui donnait, et à la littérature, et à la pensée, leur terrible vitalité ?

Ce mot de Bernanos : avoir la foi c'est, aujourd'hui, « croire en Satan ». Cette notation de Cocteau sur Berl : « il en arrive à croire à la survie de l'âme parce que Drieu le hante ». Le rapport entre ceci et cela ? et entre ces deux mots et moi ? Un seul l'aura compris – qui, je le sais, me lit.

15

Mensonge et artifice : Borges l'écrivain. Un autre roué : François Mitterrand en séducteur. Un cap à la dérive ? Absurde, mais c'est l'Europe.

Comme j'ai bien fait de garder pour cet été la lecture de Borges en Pléiade. Jamais écrivain n'aura tant rêvé de ses œuvres complètes. Jamais on n'aura, autant que lui, fomenté son intégrale. Non pas, d'ailleurs, qu'il l'ait « désirée ». Ni qu'il ait, à la fin de sa vie, mis un soin spécial à la « préparer ». Mais c'est dès le premier jour, dès la première ligne de son tout premier texte, qu'il a commencé d'écrire comme s'il avait en tête l'entier paysage à venir. Borgès et sa correspondance. Borgès et ses interviews. Borgès veillant au moindre article, à la plus mineure des traces qu'il allait devoir laisser : ces hors-d'œuvre, n'est-ce pas... ces coulisses ou ces greniers de l'œuvre... toute cette part d'eux-mêmes qui échappe, d'habitude, aux écrivains mais qu'il aura passé, lui, sa vie à contrôler – jusqu'à son « œuvre invisible » avec ses apocryphes, ses introuvables, ses livres perdus mais jamais écrits, écrits mais exprès perdus, les faux brouillons de ses vrais textes, les vraies variantes de ses faux manuscrits, bref tout cet autre versant, fictif, quasi dément, mais dont il n'aura pas moins conçu les enchaînements imaginaires. J'aime cette perfection dans la rouerie. J'aime cette façon de devenir son propre faussaire et truqueur. Y a-t-il, par les temps qui courent, meilleure définition de l'écrivain ? Y a-t-il meilleure réponse à ceux qui font de la « vérité », de l'« authenticité » ou, pire, du « vécu », les vertus littéraires cardinales ? La littérature est mensonge, voilà le vrai. Et nul ne nous le rappelle avec plus d'éclat que l'auteur d'*Enquêtes* ou de l'*Aleph*.

Rencontre, plutôt drôle, avec un ministre de l'actuel gouvernement. Très vite, peut-être à cause de mes questions, il me parle de la cohabitation, du rituel des conseils des ministres et, donc, de François Mitterrand dont je découvre qu'il conserve, auprès de ce genre de personnage, un capital de séduction quasi-inentamé. « Comme sous la première cohabitation », lui demandé-je ? « Oui et non », me répond-il. « Car il manœuvrait à l'époque. Il déployait charmes et appâts. Il glissait un mot à l'un, entraînait l'autre à l'écart » – « Vous viendrez bien faire un petit tour sur la Place Rouge ? faisons quelques pas, voulez-vous ! si, si, vous m'intéressez ! bavardons un instant littérature ! » Alors que là, il ne fait rien. Vraiment, strictement rien. Il se contente d'être, semble-t-il. Parfois, simplement, d'apparaître. Car il serait entré avec le temps dans le club, ô combien plus confortable, de ces grands témoins politiques, recrus d'épreuves et de souvenirs, que l'on appelle, faute de mieux, des « personnages », parfois des personnages « historiques » et qui n'ont plus besoin de s'exprimer puisque leur seul contact est devenu presque flatteur : « Un geste, monsieur le président ! un regard ! vous êtes un bloc de mémoire, n'est-ce pas ? un grimoire incarné ? qu'importe, alors, que nous vous haïssions ! c'est une aubaine de vous avoir croisé ! un gage sur l'avenir ! un vrai morceau de vraie Histoire, acheté à crédit ou en viager ! c'est comme une option que nous aurions prise, tout juste un peu spéculative, sur les livres de demain ! oui, bien sûr, j'en étais ! regardez la photo, j'y étais ! et qui sait même si, à l'arrivée, ça ne donnera pas un petit *Verbatim*. » J'ignore ce que vaut la théorie. Ni ce qu'en penserait l'intéressé. Mais je trouve qu'elle cadre bien avec la frivolité de l'époque – tellement saturée d'éphémère qu'il lui suffit d'entrevoir un bout d'histoire attestée pour s'en trouver grisée. Et je trouve qu'elle convient, surtout, au tempérament du Président : une séduction muette, presque immobile, dont on imagine l'usage qu'un vrai roué peut faire.

Titre, ce matin, d'une enquête dans le *New York Times* : « Europe, un continent à la dérive ». Impossible de ne pas songer, même si le journal ne l'évoque pas, à la célèbre image valéryenne de l'Europe cap de l'Asie, pointe avancée du vieux continent. Car l'Europe était un cap, oui. Au sens propre, un Finistère. C'était un confins, ou un appendice, qui ne tenait que par un amarrage, non seulement à l'Asie lointaine, mais à cette autre Europe, toute proche, que l'on disait à tort « orientale ». En sorte que si nous sommes en crise ou, donc, à la dérive c'est peut-être en ce sens strict, quasi physique, qu'il faut l'entendre : parce que nous aurions largué l'amarre, rompu le lien vital – parce que nous nous serions délestés de cette autre Europe qui tenait à nous et dont nous avons, nous, en Yougoslavie mais aussi ailleurs, si mal assumé le destin. Le *Times*, à partir de là, peut bien parler chômage et économie, Allemagne et guerre des monnaies. Je suis convaincu, moi, qu'au commencement il y a ce mouvement, ce glissement de terrain capital – comme si la géologie, pour une fois, commandait à la politique et que s'était formée, au cœur du vieux continent, une faille nouvelle et terrible. C'était pire au temps du Mur ? Oui et non. Car nous avions le dos au mur, justement – manière comme une autre, fût-ce sur le mode de la nostalgie ou de l'espérance, de maintenir le lien ancien. Tandis que, là, le Mur est tombé et qu'à sa place s'est creusé ce fossé – l'Europe occidentale devenant ce Finistère sans terre, ce cap sans hinterland, une énorme banquise prenant doucement le large et mûre, j'en ai peur, pour d'incertaines aventures.

16

Libérer Israël des territoires ! Tout est vrai dans les romans, puisqu'on les a écrits. Michaël Jackson et la meute. Comment Sartre, qui n'avait rien compris à Genet, nous l'a pourtant fait découvrir. Pourquoi la gauche perd. Lambron en son église.

Il y a ceux qui disaient : « Israël doit libérer les territoires ». Et il y a ceux qui songeaient : « Il faut qu'Israël *se* libère des territoires, cette prison où il s'est enfermé, ce piège qui va se refermer – ils sont, ces maudits territoires, comme un cancer qui ronge l'État hébreu et, de proche en proche, va l'emporter ». J'ai toujours été, pour ma part, plutôt du côté des seconds et c'est dire ma joie, ce matin, quand j'apprends que Jérusalem offre, en attendant mieux, de se retirer de Gaza et Jéricho. Que cette joie se mêle d'inquiétude, difficile de le dissimuler. Mais qu'elle cède à l'amertume ou, pire, à la mauvaise foi, que l'on nous réserve le sophisme de l'OLP-qui-n'a-pas-changé-et-qui-d'ailleurs-ne-peut-changer-car-elle-ne-serait-pas-l'OLP, voilà qui serait navrant. Quels que soient les risques en effet, il n'y avait – il n'y a – pas de plus grand péril que de s'installer dans un état qui ne laissait, à terme, que ce choix : intégrer les habitants de Cisjordanie et de Gaza – et devenir, de fait, un État binational; s'y refuser – et inventer alors un double régime de citoyenneté qui, sous quelque forme qu'on l'habille, eût ressemblé à un apartheid.

Un lecteur étonné de ce que je disais, la semaine dernière, du caractère nécessairement « truqué », « mensonger » de la littérature. Ce mot de Faulkner qui devrait, non le convaincre, mais mieux me faire comprendre. « Tout cela est-il vrai, lui demande un ami ? Avez-vous vécu, vraiment, tout ce que vous racontez » ? A quoi l'auteur d'*Absalon* répond – seule réponse digne d'un romancier : « Maintenant, oui, je l'ai vécu; c'est vrai puisque je l'ai écrit ».

Après Woody Allen, Michaël Jackson. Cette fureur des media. Cette meute lâchée à ses trousses. Cette excitation, trop visible, à l'idée de la mise à mort. Sartre déjà, il y a quarante ans (mais dans un contexte, il est vrai, différent) : « l'Amérique a-t-elle la rage ? ».

Sartre encore. C'est à travers son livre que, comme beaucoup, j'ai découvert Jean Genet. C'est lui qui me l'a fait lire, aimer et, je crois, connaître un peu. Or voici que paraît en français la monumentale biographie d'Edmund White et que je m'avise, un peu sidéré, de la quantité de bévues qu'accréditait la lecture sartrienne. Question, alors : comment peut-on découvrir un auteur à travers le prisme d'un autre, qui l'a si librement interprété ? et d'où vient que ce soit à ce type de lecture que nous devions souvent le plus – alors que c'est *contre* elles, en corrigeant leurs erreurs et en dissipant leurs malentendus, que l'on accède finalement à l'œuvre ? Chacun peut faire le test. Dresser la liste de ses dettes. Il verra que les plus lourdes sont souvent les plus impalpables puisqu'elles sont dues aux « anti-maîtres » que nous avons fréquentés, traversés, puis désavoués. Moi-même, et dans le désordre : Claudel pour aller à Rimbaud... Valéry pour Mallarmé... Breton qui m'a mené à Freud, auquel il n'entendait rien... Lacan, à Hegel... Sartre à nouveau – en opposition à qui j'ai écrit mon *Baudelaire*, mais sans qui je ne l'aurais pas conçu... bref, tous ces intercesseurs fautifs et, pour le moins, paradoxaux, non pas *grâce* à qui, mais *contre* qui j'ai rencontré les livres de ma vie.

Stockholm. Venu montrer *Un jour dans la mort de Sarajevo*. Mais les gens – on se demande bien pourquoi – ne semblent intéressés que par l'état de la gauche française et les raisons (profondes, s'il vous plaît !) de sa déroute de mars dernier. A la énième interview, et de guerre lasse, je lâche : « Pourquoi la gauche a échoué ? parce qu'elle s'est trompée; qu'elle a changé; mais qu'elle a mis dix ans à l'avouer ! » La réponse est un peu courte. Mais c'est, au fond, la moins inexacte.

Il arrive une chose singulière, avec le livre de Marc Lambron. Il s'agit, comme on sait, d'une libre variation autour du personnage, réel, de Lee Miller. Or cette femme, qui a existé, mais que je croyais totalement oubliée, je ne cesse, depuis huit jours, de rencontrer des gens qui la connaissaient. C'est François Baudot, qui me parle de ses photos. Edmonde Charles-Roux qui l'a croisée, en 1944, à Colmar. Un autre qui l'a aperçue, à la toute fin de sa vie, à Londres. Et c'est comme une société secrète que je vois soudain se former ou, mieux, *émerger*, grâce au roman. J'avais un peu senti cela, naguère, en travaillant sur Colette Peignot, cette autre égérie des années 30. Ou avec Arthur Cravan, le boxeur surréaliste, disparu dans le golfe du Mexique. Car il y a des personnages comme cela. Obscurs. Presque inconnus. Mais qui sont des fédérateurs clandestins, des attracteurs de sensibilité, des aimants intimes et étranges autour desquels s'organisent une église, un club invisible et muet. Leurs noms sont des mots de passe. Leurs visages sont les bristols que les âmes adressent aux âmes, et qui les mettent à l'unisson. Cet enchantement de l'affinité – secrète, mais révélée – c'est de la littérature qu'il vient toujours. Il fallait ce roman magnifique pour en rappeler le goût.

17

Lassitude d'Arafat et Pérès. Mikhaïl Gorbatchev comédien : mieux que Ronald Reagan ? Guignol's band et compagnie. Les grands collectionneurs sont-ils des pharaons ? Un inédit de Jean Genet. Dieu ! Gardez-nous de nos biographes...

Le sujet de la semaine c'est toujours, bien sûr, Israël. Quand, comment, pourquoi les protagonistes du conflit le plus insoluble de la planète ont-ils décidé de lever les pouces et d'interrompre la lutte à mort ? Bruno Frappat, dans *Le Monde*, avance l'explication la plus simple mais, au fond, la plus plausible : ils étaient fatigués, voilà tout ; simplement fatigués ; c'était une lassitude extrême ; une saturation de violence et de haine ; ils étaient comme de vieux complices, unis par la guerre davantage qu'ils ne le seront jamais dans la paix – et découvrant un beau matin, non pas que la guerre « coûte », ni qu'elle est « irrationnelle », mais qu'elle requiert un désir que, soudain, ils n'avaient plus.

Mikhaïl Gorbatchev, chez Wim Wenders. On croit rêver. Car enfin voici un homme d'État, que dis-je ? une sorte de grand homme. Voici l'un des acteurs majeurs de l'histoire contemporaine – l'un de ceux qui auront le plus fait pour en infléchir, ou bousculer, le cours. Or, son œuvre faite, où va-t-il ? Il apparaît dans un film qui, même s'il y joue son propre rôle, reste un film de cinéma. Gorbatchev devant la caméra. Gorbatchev en contre-plongée. Gorbatchev refaisant deux, trois, peut-être dix fois la prise. A-t-il été maquillé ? Habillé ? A-t-on songé à lui dissimuler sa tâche de vin, sur le front ? A-t-on hésité sur l'objectif ? Le filtre ? Ces questions, quoi qu'on en dise, se sont nécessairement posées. Et il faut imaginer l'homme de la *perestroïka* et de la *glasnost*, de la fin du communisme et de la dislocation de l'empire russe, marionnettisé par son cadreur et se prêtant à la comédie. Triomphe du spectacle. Défaite de la politique. Jadis on commençait acteur, et on finissait chef d'État : c'était Reagan. Aujourd'hui on commence chef d'État, et on finit acteur : c'est, apparemment, Gorbatchev.

A propos de marionnette, cette phrase terrible d'un cacique RPR, hier matin, veille du « rassemblement » de Strasbourg : « Notre problème numéro 1, c'est de déguignoliser Chirac ». Est-ce parce que j'ai la phrase en tête ? Mais ce soir, à la télé, dans les images que l'on nous montre du meeting supposé « triomphal », je le trouve plus guignol, au contraire, que jamais. Le timbre. Le ton. Les mouvements du corps ou du menton. Jusqu'à cette façon de jouer l'optimisme, ou l'allant, qui ne lui appartient plus et que lui souffle « l'autre », son ombre, son jumeau – ce double que chacun porte en soi mais qui est en train, lui, de lui dévorer l'âme. J'aime, personnellement, Chirac. C'est un homme de cœur et de caractère. Mais il y a quelque chose de terrible dans cette cannibalisation du cœur par l'image, du caractère par la caricature. Ventriloque de lui-même et de sa propre représentation, sera-t-il la première victime de ce nouveau « guignol's band » que devient la vie politique ?

Le Docteur Barnes, nous dit-on, répugnait à montrer ses trésors. Et c'est quasi contre son gré que l'on nous en ferait, aujourd'hui, profiter. L'histoire, mine de rien, pose une question de fond – qui est de savoir à qui, réellement, appartiennent les chefs-d'œuvres. Première réponse : à leurs propriétaires, qui en font ce que bon leur semble (les dévoiler ou les cacher, les exposer ou les réserver) et qui sont, à la limite, comme ces pharaons qui se faisaient ensevelir avec leurs richesses, leurs chevaux, leurs meilleurs guerriers, leurs serviteurs – ou comme ce Japonais, acquéreur des fameux *Tournesols,* qui voulait se faire enterrer, ou incinérer, avec son Van Gogh. Seconde réponse : ces gens ne sont que les usufruitiers des œuvres; elles sont à eux, *et* pas à eux; elles sont comme les plages de Saint-Tropez ou le corps selon John Locke, des « demi-propriétés » qui n'appartiennent vraiment qu'à Dieu (John Locke) ou à la collectivité (Saint-Tropez) et dont aucun homme, si riche soit-il, ne saurait monopoliser la jouissance. Qu'est-ce qu'un collectionneur ? Quels sont ses droits ? Ses devoirs ? Un seul peut-il acquérir, thésauriser, la beauté du monde ? Questions vertigineuses.

Un mot, encore, sur Genet. Ou plutôt deux. L'importante préface de Sollers, d'abord, à la biographie d'Edmund White. Je ne l'avais pas lue, la semaine dernière. Sans quoi j'aurais cité ce qu'elle dit des malentendus sartriens dans son *Saint-Genet.* (Quelle drôle d'histoire, soit dit en passant, que celle de ce personnage – Sartre – unanimement tenu pour *le* grand intellectuel du siècle et qui se sera, en littérature autant qu'en politique, si obstinément trompé !). Et puis ce numéro du *Magazine littéraire* consacré, encore, à Genet. C'est toujours bien, le *Magazine.* Jean-Claude Fasquelle a su en faire l'un des meilleurs journaux littéraires d'Europe et l'on y trouve toujours quelque chose. Cette fois, ce sont deux inédits. L'un, de Genet soi-même. Et l'autre, sur Genet, de Lacan (J'y relève, à propos des *Paravents*, cette phrase au drôle de parfum surréaliste et où tout, au fond, est dit : « La société ne saurait se définir autrement que par un état plus ou moins avancé de dégradation de la culture »).

Lacan. Sa biographie, par Élisabeth Roudinesco. Comment ne pas songer au mot de Cioran : « Je n'ai jamais compris comment le risque d'avoir un biographe n'a jamais dissuadé personne d'avoir une vie. »

18

Gaza et Jéricho : le point de vue de Sarajevo. Ironie, ou ruses, de l'Histoire. Effaçons le XXᵉ siècle, avant de tout recommencer ! Comment, avec des jeux de lumière, on fabrique une cause perdue. Quelle est, vraiment, la leçon palestinienne ? Lévinas, Israël et le goût de la transcendance. La prudence et la foi.

Sarajevo. Une nouvelle fois, je me trouve à Sarajevo. Et c'est ici, à Sarajevo, que me parvient la nouvelle de ce qui se passe au Proche-Orient. Je l'attendais, cette nouvelle. Depuis vingt-cinq ans, je l'espérais. Or voici qu'elle arrive enfin et que je n'en capte que l'écho, la rumeur assourdie et lointaine – l'image même de la poignée de main Rabin-Arafat, il me faut la *recomposer* à partir de bribes d'informations glanées dans la ville assiégée ! Pas d'images, à Sarajevo. Pas de « direct », de la Maison Blanche. Mais une sentinelle de la Présidence qui, dans un mauvais anglais, m'annonce : « Israël et l'OLP font la paix ». Sarajevo : le lieu le plus absurde – et, en même temps, tout désigné – pour entendre ce mot de paix.

L'événement, vu d'ici ? Énorme, évidemment. Colossal. Mais avec une pointe d'amertume dont j'ai moi-même, je l'avoue, quelque peine à me départir. Là-bas, la paix; ici, la guerre... Là-bas, le miracle; ici, l'horreur... Là-bas, des Palestiniens qui retrouvent une dignité – ici, de nouveaux Palestiniens, et de nouvelles

bandes de Gaza... Les situations n'ont rien à voir ?
Sans doute. Mais difficile de ne pas songer au mot de
Hannah Arendt : un peuple de trop sur la terre; faut-il
qu'il y ait toujours, oui, un peuple de trop sur la terre
– avant-hier le peuple juif, hier le peuple palestinien,
aujourd'hui (demain...) le peuple bosniaque ?

L'impression que j'ai, à travers les maigres informations dont je dispose, est celle d'une accélération
étrange, un peu folle, de cette Histoire. Le siècle
s'achève, n'est-ce pas ? Le millénaire se referme ? Eh
bien tout se passe comme si, avant fermeture, il tentait
de solder ses comptes, de brader ses produits les
moins présentables. « Tout doit disparaître semble-t-il
dire ! Tout ! Le Mur ! Le communisme ! Le nazisme !
L'apartheid ! Jusqu'à ce conflit, réputé insoluble – mais
qui doit s'effacer, lui aussi, des bilans et jugements
derniers ! » Seulement voilà : il en reste un, de conflit,
qui échappe au grand apurement de ce millénarisme
heureux – et c'est, pour l'heure, le conflit bosniaque.

Il fait sombre, ce soir, dans Sarajevo. Il n'y avait
déjà plus d'eau. Mais il n'y a plus de courant non plus
et la ville est plongée dans une obscurité totale : cette
canonnade tout à l'heure, au cœur du quartier ottoman
– ne dit-on pas que ce sont des miliciens bosniaques,
descendus de la ligne de front, qui se disputaient le
contrôle d'un carrefour ? Qu'on dise ce que l'on veut.
Dans cette obscurité d'aujourd'hui, je vois surtout
l'image d'autre chose : cette ténèbre médiatique qui
tombe, aussi, sur la ville. Déjà, les journalistes sont
moins nombreux ou, quand ils sont là, moins fiévreux.
Sarajevo était dans la lumière. Donc, dans l'Être et
dans l'Histoire. Maintenant que la lumière tourne, elle
plonge dans une nuit nouvelle qui est le nom moderne
du néant. Un faisceau lumineux qui se déplace – et c'est
assez pour qu'une cause juste devienne, sous vos yeux,
une cause perdue.

On dit à Sarajevo : « Regardez les Palestiniens; ils
prennent ce qu'on leur offre; ils acceptent le compromis » – et l'exemple vient conforter ceux qui

consentent à signer. On dit : « Regardez l'attitude de l'Europe ; elle a compris, à la fin, que c'était eux ou le Hamas, l'islam laïc de l'OLP ou la dérive fondamenta-liste » – et c'est l'espoir de ces autres musulmans laïcs (et, eux, attachés à l'Europe !) que sont les musul-mans bosniaques. Mais il y a ceux, encore, qui répli-quent : « Voyez l'histoire de l'OLP ; voyez ces terroris-tes devenus, grâce au terrorisme, respectables » – et c'est le discours d'une génération de désespérés qui sont déjà, ils l'ont compris, les damnés de la future Europe.

La vraie question que l'on se pose ici – encore que la plus obscure : que s'est-il *réellement* passé entre Is-raéliens et Palestiniens ? Est-ce la raison qui l'a em-porté ? L'intérêt bien compris qui s'est imposé ? Se sont-ils dit, ensemble : « Rien ne sert de se battre ; nous avons tellement plus à gagner dans la paix que dans la guerre » ? Bref ont-ils compté ? calculé ? imaginé des plans Marshall ? Ou fut-ce un sursaut plus profond, une inspiration venue de plus haut et qui, au sens propre, les transcendait ? Le problème du Proche-Orient, avait coutume de dire Lévinas, est un problème spirituel qui ne sera résolu que par une conversion spirituelle – et c'est bien ce qu'a fait Rabin s'il a, comme on me le dit, cité l'Ecclésiaste dans son adresse. La raison contre la foi : ce serait un événe-ment. La foi contre toute raison : ce serait un *autre* type d'événement.

Un dernier mot. J'imagine la ferveur des commentai-res, à Paris. L'émoi, à peu près général. J'entends les mille analyses sur l'ère nouvelle qui s'est ouverte et ses irrésistibles développements. Eh bien c'est drôle – mais, vue d'ici, la chose paraît à la fois très belle et, hélas, plus compliquée. Une signature, dites-vous ? Une simple signature supposée venir à bout de tant de haine et de démence ? Puisse le point de vue de Sara-jevo n'être pas, pour le coup, le juste point de vue. Mais enfin c'est le mien, ce matin, retour de ce village de Brda, en bas des monts Igman, que les Serbes, dans un accès de sauvagerie, ont transformé en un tas de cendres, de tôles froissées, de pierres calcinées ; et ce qu'il me dit, ce point de vue, c'est que l'homme est une espèce étrange pour qui le meurtre reste l'ordinaire, la civilisation l'exception – et dont il reste à démontrer qu'il n'aspire, au fond de lui, qu'à la paix.

19

Conseils à un jeune essayiste, ou romancier, ou même poète : écrivez sur François Mitterrand ! L'axe Proust-Genet-d'Annunzio : pourquoi un mondain ou un giton valent parfois mieux qu'un écrivain. Soljenitsyne chez Pivot : le retour d'« Apostrophes ».

Le *Chien* de Montaldo. Le *Grand amour* d'Orsenna. Le *Verbatim* de Jacques Attali. Et, bientôt, le Giesbert. Il y a un point commun entre ces titres – ou plutôt deux. Ce sont des best-sellers. Et ce sont des livres qui, surtout, font de François Mitterrand leur héros. Vive agitation, du coup, chez les éditeurs de France et de Navarre : le président ferait-il vendre ? suffirait-il qu'il soit le sujet d'un livre pour que le livre fasse un tabac ? serait-il en train de devenir, à lui seul, dans un marché quasi sinistré, un filon éditorial ? et si tel était le cas, si l'homme de la force tranquille troquait ses électeurs contre des lecteurs, à quoi faudrait-il imputer cette métamorphose, cette alchimie ? Un mitterrandiste dirait : « C'est la preuve qu'on l'aime encore – fût-ce dans le secret des cœurs ». Un antimitterrandiste : « La haine qu'il inspire est sans limites – ce qu'on cherche, dans ces livres, c'est des raisons de le mieux détester ». On permettra au romancier d'avancer une troisième raison qui a, au moins, le mérite de n'être point politique : Mitterrand est une figure, voilà tout; une créature de fable et de roman; ce qui, par les temps qui courent, et vu le prosaïsme ambiant, devient la denrée la plus rare et, donc, la plus courue. Vous en connaissez beaucoup, vous, d'hommes d'État qui aient une gueule de personnage historique ? Là, l'époque en tient un. Alors elle se jette dessus, s'en repaît, ne le lâche plus – elle qui vit (et meurt) d'éphémère, s'enivre de paroles ou, d'ailleurs, de silences où elle croit pouvoir renifler comme un parfum de « vraie » Histoire. Mitterrand, grimoire vivant. Mitterrand, bloc de mémoire. Je l'ai dit, il y a quelques semaines : mais, des innombrables avatars qu'aura connus cet homme, allez savoir si ce n'est pas celui où, à la fin des fins, il se reconnaîtra le mieux !

Préférer le Jockey Club à l'Académie et le faubourg Saint-Germain à la Sorbonne. Fréquenter l'univers des courses et des bals, plutôt que celui des écrivains. Voir dans la comtesse de Guerne « l'une des deux ou trois grandes figures musicales devant lesquelles les véritables artistes s'inclinent » et, en matière d'« artistes véritables », placer Montesquiou avant Mallarmé ou voir dans *L'Esther* de Reynaldo Hahn toutes les « grâces » du « récit biblique » alliées à celles de la « tragédie racinienne »... Ce ne sont que quelques-uns des « choix » qui ressortent des *Écrits mondains* de Proust, exhumés par Jean Claude Zylberstein dans la collection 10/18. Et je ne vois dans la littérature contemporaine que deux autres exemples – majeurs, s'entend – de cette bien singulière inversion. Celui de d'Annunzio professant, lui aussi, qu'aucun commerce d'écrivain ne vaut la conversation d'un prince romain. Et celui, une fois de plus, de Jean Genet que l'on n'aurait jamais fait renoncer, pour un dîner avec Monsieur Sartre, à une virée avec un giton ou un mauvais garçon. Leur point commun à tous les trois ? Une certaine liberté d'allure. Une forme d'extravagance. Mais aussi – et c'est plus important – cette idée que ce qui compte, chez les êtres, c'est moins les œuvres que les signes. Une vie comme une lettre... Un homme comme un hiéroglyphe... L'entière humanité, semblable à un linéaire B dont il leur reviendrait de percer le chiffre et le secret... Jouer les signes contre les discours, c'est le propre de l'écrivain « mondain ». Suggestion (à vérifier) : et si c'était aussi, par extension, celui de l'écrivain tout court ?

Soljenitsyne à « Bouillon de culture » – j'allais dire à « Apostrophes ». Passionnant, bien entendu. Par moments, presque bouleversant. Avec un Pivot au

meilleur de lui-même – ce rôle de « passeur » faussement innocent qui est, de tous, son meilleur emploi.
Pourquoi ce trouble, alors, quand s'achève l'émission ?
Pourquoi ce léger malaise que je ne suis pas, il me
semble, le seul à éprouver ? Soljenitsyne est l'homme
d'un livre. Il est, dans l'histoire de la littérature de tous
les temps, l'un des très rares auteurs à avoir écrit un
texte (*L'Archipel*) dont on puisse dire, sans emphase
aucune : « Il a bouleversé le monde, changé la face de
la planète ». Alors il est écrit, ce texte. Et comme il est
écrit, il le réécrit. On a parfois même le sentiment qu'il
n'en finit pas de le retoucher et de le remettre sur le
métier – une interminable glose, oui, autour d'une œuvre unique, et qui justifie une vie. En sorte que, pour
le reste... Oh ! mon Dieu, le reste... Que peut-on bien
faire d'autre, pour le reste, que bavarder avec Pivot,
discuter avec Kadaré ou même – le temps est si
long ! – s'arrêter un moment chez de Villiers, du côté
du Puy-du-Fou ? Soljenitsyne, absorbé par son livre,
épuisé par le geste de l'avoir écrit et d'abord, bien
entendu, vécu – Soljenitsyne aspiré dans le grand trou
sidéral, et noir, de la dernière œuvre à avoir, je le
répète, révolutionné l'ordre des choses. De l'inconvé-
nient, pour un écrivain, d'être né génial et géant.

20

Germinal *et le « Puy-du-Fou » : même esthétique et,
donc, même combat. Portrait du chanteur Renaud en
fossile et en marteau. La gauche en coma dépassé;
donnez-nous vite un nouveau Zola.*

Nous avions le Puy-du-Fou, avec ses chouans en son
et lumière. Voici, maintenant, *Germinal* avec ses ter-
rils de convention, ses gueules noires, ses idées cour-
tes, son faux charbon, son goût du folklore et de
l'image pieuse, ses filons de mauvaise épopée, sa
condition ouvrière relookée musée Grévin – voici
l'autre grand spectacle à la française supposé rivaliser,
lui, avec les effets spéciaux de *Jurassic Park* et que ni

le jeu de Depardieu, ni la sobriété de Terzieff ou Carmet, ne sauvent, hélas, de la débâcle. Face à cette avalanche de poncifs et de démagogie populiste, face à cette déconcertante aptitude à se mouler dans le cliché et le stéréotype le plus usé, *Libération* parle – et c'est vrai – de « réalisme socialiste » et de « cinéma à la soviétique ». A cause de la coïncidence et de l'effet de proximité, à cause de l'impression de déjà-vu qu'offre l'édifiant tableau d'un peuple momifié et assigné à sa misère, je préfère parler, moi, d'une esthétique « Puy-du-Fou » – avec tout ce que l'idée suggère de bons sentiments, mais de mauvais goût. Ch'timis contre chouans... Corons contre bocage... Renaud, en de Villiers de gauche – à moins que ce ne soit de Villiers en Renaud de droite... En sommes-nous là, vraiment ? N'aurions-nous le choix, réellement, qu'entre ces deux formes de kitsch, de détournement de sens et de mémoire ? Une chose, en tout cas, est sûre : on pouvait se dispenser de railler le pèlerinage de Vendée si c'était pour, huit jours plus tard, communier dans son analogue ouvrier. Berri-de Villiers, même combat. Même lyrisme préfabriqué. Même mythologie en kit, avec son identique façon de métamorphoser le martyre en spectacle, les hommes de chair en figures de cire. La France ne s'ennuie pas – elle ressasse, radote et, finalement, régresse.

Entendons-nous. Je n'ai rien, bien au contraire, contre le projet de rendre hommage au monde disparu de la mine (pas plus, soit dit en passant, qu'à celui des Vendéens). Mais là où les choses se gâtent et deviennent franchement odieuses, c'est quand on pousse si loin la duperie, et donc la caricature, qu'on défigure les personnages (Lantier en marxiste, il fallait oser !), qu'on inflige à Zola lui-même ce que le capitalisme du XIXe a fait à ses mineurs (l'exploiter et, donc, le détruire !) et qu'on enrôle leurs fantômes dans un combat douteux et, bien sûr, imaginaire où se travestit en grande cause le marketing le plus éhonté (cf. le fameux « débat national » que notre cinéaste, depuis la sortie du film, ne cesse, comiquement, d'appeler de ses vœux).On imagine ce qu'auraient tiré d'un tel roman le Bertolucci de *1900* ou le Renoir de la *La Bête humaine*. On rêve au beau film d'hommage, c'est-à-dire de deuil et de vraie mémoire, qu'ils nous auraient donné : un film douloureux et tragique, réellement noir, racontant non pas que la mine est toujours là, condamnée à rejouer, pour l'éternité ou presque, sa geste de damnés – mais comment et pourquoi, à quel prix, à travers quels drames ou quels progrès, elle s'est effacée de nos paysages. Mais non ! Monsieur Berri, comme ses invités-TGV de l'autre soir, a préféré *rendre visite* aux ouvriers. Il a laissé ses thuriféraires, confondant la cause de son film avec celle de la myopathie, clamer que voir *Germinal* est un devoir civique. Et quant au petit Renaud, ne dirait-on pas qu'il a fini, le plus sérieusement du monde, par se prendre pour son Lantier – quand il n'est jamais, et il le sait, que le VRP d'une « révolution » qui irait de Babeuf à Berri ?

Car le problème, on l'aura compris, c'est aussi celui de la gauche et de la façon – au choix : indécente ou suicidaire – dont elle entend profiter de l'aubaine. Qu'elle ait commis la maladresse d'affréter ce fameux TGV pour permettre à trois cents privilégiés de déguster un peu de homard, puis d'assister à la messe – pardon : à la *première* –, qu'elle n'ait pas compris que c'est de ce genre d'erreurs qu'elle est morte et qu'elle tarde à se relever, c'était déjà un comble : un certain Marx a tout dit là-dessus dans l'apostrophe fameuse, et qui paraît faite pour la circonstance : « Après avoir soupé au profit des mineurs, allons danser au profit des Polonais »... Mais qu'elle s'engouffre dans la brèche, qu'elle se ressource dans les gueules noires à l'heure où les banlieues flambent, qu'elle communie dans un Zola revu et corrigé par la pire « qualité française » quand la vraie question serait de savoir ce que Zola, de nos jours, écrirait ou filmerait, bref, qu'elle transforme la mine en musée et que, dans ce musée, elle parte en quête de son identité perdue, voilà qui en dit long sur son désarroi et son coma. Jadis, quand elle régressait, elle remontait à Guy Mollet – extrémisme verbal, conservatisme politique. Aujourd'hui, en exhumant et embaumant la figure défunte du mineur, elle gagne, ou perd, un siècle – lyrisme imbécile et grand-guignol garanti. Reste-t-il, dans la salle, un spectateur attardé qui serait soucieux – et capable – de réfléchir à ce que pourrait être la gauche moderne de demain ? Je l'espère, mais ne jure de rien. Cours, camarade, cours donc, le vieux monde est – toujours – derrière toi : mais, avec *Germinal*, il se rapproche.

21

Ne tirez plus sur l'oncle Beuve ! Notre milléna-
risme : un siècle qui finit en apothéose lugubre. Et si
les communistes revenaient ?

Musset l'appelait Sainte-Bévue et il est vrai que ce grand esprit, ce docteur impeccable, cet homme qui voulait faire de la critique une manière de science exacte, a systématiquement raté les écrivains de son temps – à commencer, comme chacun sait, par Balzac, Baudelaire et Stendhal. Pourquoi le lire, alors ? Et d'où vient mon plaisir, ce matin, à plonger dans les *Portraits littéraires* que vient de rééditer « Bouquins » ? Une réponse, qui vaut pour moi – mais sans doute, aussi, pour d'autres : avec cette science et ces erreurs, cette morgue et ces ratages énormes, avec son infinie connaissance des lettres et sa façon, tout aussi infinie, de passer à côté de ce qui compte, Sainte-Beuve est peut-être, au fond, le symbole d'une « condition critique » qui est de tous les temps et n'affecte pas, hélas, les seuls professionnels du genre : une sorte de brume qui nous enveloppe et qui, parce qu'elle fausse les distances et déforme les perspectives, finit par faire, au sens propre, *de l'ombre* aux œuvres qui nous entourent. Amis et ennemis, frères en esprit ou étrangers : heureux qui, dans la brume, reconnaîtra les siens ; malin qui, avec la brume, distinguera vrais et faux grands ; car la règle est la bévue ; la norme, le malentendu ; nous sommes tous, savants ou non, des peintres du lundi dont un effet de prisme affecte les jugements. Baudelaire lui-même ne fut-il pas aveugle à ses pairs ? Et Mallarmé ? Et, bien sûr, Proust ? Ne soyons pas trop sévères, non, avec l'Oncle Beuve : il a beau se tromper et accumuler les quiproquos – qui sait s'il ne reste pas (en dépit, mais aussi à cause, de cette constance dans l'égarement) une sorte de modèle et, presque, de maître à rebours ? Aveugles, comme Sainte Beuve.

Nous avons eu Genet, puis Lacan – après avoir eu Foucault, Barthes, Althusser, Sartre, Aragon, j'en passe sûrement. Et voici que nous arrive (bon dernier – mais ne l'était-il pas, déjà, dans la vie ?) le cher Raymond Aron, justiciable à son tour de « sa » biographie. D'autres – ici même, Jean-Paul Enthoven – diront ce qu'ils pensent du livre, et de l'existence qui l'a inspiré. Ce qui me frappe, moi, c'est cette avalanche biographique, cette fièvre et fureur nécrophiliques – c'est cette façon qu'a l'époque d'embaumer une à une ses figures comme si elle les préparait (et se préparait, sans doute, avec elles) pour on ne sait quelle parade. En avant marche, semble-t-elle dire ! Chacune à sa place ! Chacun dans son rôle ! Rien, ni personne, ne doit échapper à mon soin commémoratif ! Rien ni personne ne devra manquer à l'appel et au jugement derniers ! Un siècle s'achève, n'est-ce pas – et, avec ce siècle, le millénaire ? Eh bien voilà. Nous y sommes. Une fin, comme un bilan. Une fin de siècle, en forme de célébration. Un siècle qui, pour finir, convoque ses figures majeures et s'en fait un long cortège, l'accompagnant vers l'an 2000. Millénarisme heureux, disais-je, l'autre semaine, à propos de la poignée de main Rabin-Arafat et du souci que l'on sentait de voir l'époque faire le ménage de ses drames en suspens. C'est la même chose dans la pensée. Le même toilettage ultime. Le même devenir-momie d'un monde dont on ne sait trop s'il veut s'adorer ou, au contraire, vomir ses monstres. L'autre millénaire s'était achevé dans un climat d'apocalypse et la peur de la fin du monde. Celui-ci, plus naïf mais, hélas, non moins sanglant, rêve de se clore dans l'ordre, la paix et au garde-à-vous – et c'est pourquoi il n'en finit pas de compiler ses vies illustres.

Imaginez, en 1950, cinq ans après la défaite du fascisme, des foules dans les rues de Rome réclamant le retour de Mussolini. *Mutatis mutandis*, et le communisme remplaçant le fascisme, c'est ce qui s'est passé à Vilnius, Varsovie et, maintenant, dans le sang, Moscou. Et face à ce singulier événement, face à cette effervescence incroyable, et dont je m'étonne qu'elle n'étonne pas davantage, on peut conclure, au choix : 1, c'est bien la preuve que le communisme n'était *justement* pas un fascisme – il ne peut revenir, en effet, que parce qu'il exprimait aussi une noble aspiration des hommes ; 2, il *est* un fascisme au contraire mais, à l'inverse du premier, il n'est, lui, pas mort du tout – gros bloc de mémoire et de crime, à demi-enterré dans les combles de la société, et continuant d'émettre, donc, ses radiations maléfiques et terribles ; 3, peu importe, en vérité, qu'il fût ou non un fascisme puisqu'il est mort au contraire, et bien mort, la preuve de cette mort étant qu'il peut, précisément, revenir – communisme ordinaire, opinion parmi d'autres, à l'image de ce qu'il est dans une démocratie « normale ». Entre ces hypothèses – et quelques autres – il faudra bien que l'Histoire tranche. Mais comme elle court, pour l'heure, la diablesse ! Comme elle brûle, et brouille, ses étapes ! Qui eût dit, il y a quatre ans, dans l'euphorie de la chute du Mur, que nous en serions là – si vite, si naturellement et sans que l'on semble, je le répète, y trouver réellement à redire : des cohues d'hommes et de femmes qui, avant d'avoir pu savourer ou, à plus forte raison, épuiser le goût de la liberté, en sont à crier leur regret, leur nostalgie de la tyrannie ? Tragédie. Dérision.

22

Les étranges méthodes de monsieur Berri. Vers un politically correct *à la française ? Fallait-il sacrifier Cavalier, et Resnais, au dinosaure-*Germinal *? D'une exception culturelle l'autre : éloge du cinéma et de ses auteurs.*

Sacré Berri ! Quand Serge Daney, il y a trois ans, critiqua les douteux relents d'*Uranus*, il lui envoya les huissiers, du papier bleu et un droit de réponse. Aujourd'hui c'est mon tour de voir dans *Germinal* un film réaliste-socialiste, revu et corrigé par le « Puy-du-Fou » – et il m'adresse, depuis le plateau de « Bouillon de culture », une petit paquet d'infamie. J'ai répondu, hier, grâce à la courtoisie de Bernard Pivot : 1) que c'est une commission de neuf membres, votant à bulletins secrets, qui refusa de subventionner *Germinal*; 2) que, loin de poursuivre monsieur Berri d'une vindicte imaginaire, la même commission lui octroya une aide, la même année, pour *La Reine Margot* de Patrice Chéreau ; 3) qu'en ce qui concerne, enfin, la pauvre fable qui explique ma prétendue rancune en mettant en cause ma vie privée, je ne puis mieux la démentir qu'en invitant la presse à consulter la liste des films que nous avons aidés et celle de leurs interprètes. Si je reviens sur cette affaire c'est que, par- delà l'incident, elle fait symptôme – occasion, après tout, de poser des questions de fond.

Le *politically correct*, par exemple. Je me suis souvent demandé comment pouvait naître, dans une grande nation démocratique, la loi du *politically correct*. Eh bien j'observe Berri depuis huit jours. J'écoute sa jactance et son authenticité calculée. Je vois ces journalistes, ou ces ministres, requis d'aimer ce film médiocre, sommés d'en chanter la louange. Je vois les mines navrées autour de moi. Les regards gênés. Je sens cette espèce de prescription morale, d'assignation à résidence idéologique qui ferait se sentir presque coupable d'avoir pu critiquer *le* film officiel du moment. « Quoi ? Vous n'aimez pas ? Vous osez ne pas aimer ? Mauvais français ! Faux citoyen ! Aimer *Germinal* est un devoir. Remercier Berri, une dévotion. » C'est peut-être ainsi que cela commence, oui : ce maccarthysme à l'envers – cette unanimité dans la louange, qui ne tolère pas de voix discordante.

L'aide au cinéma. Nous avons, en France, un système d'aide au cinéma – et l'on m'a souvent demandé, c'est vrai, comment cela fonctionnait. Eh bien voici, justement, un cas exemplaire. Car lors de la fameuse séance où fut écartée la superproduction de monsieur Berri, ma commission avait à choisir entre une vingtaine de scénarios. Il y avait, je m'en souviens, les projets d'Alain Cavalier et Alain Resnais, de Philippe Garrel et Olivier Assayas. Il devait y avoir un scénario d'Anne-Marie Miéville – et Kieslowski, futur Lion d'or à Venise. Et puis il y avait notre cinéaste tricolore, juché sur les épaules de Zola, qui jouait à « t'as pas cent balles » alors que son film s'annonçait déjà comme le film le plus assisté de l'année. Que fallait-il faire, ce jour-là ? Céder au chantage ? A l'intimidation ? Accepter le discours qui nous disait – déjà ! – « Aidez-moi, vous aidez le cinéma français ; lâchez-moi, vous le tuez ; car je suis ce cinéma ; je suis l'exception culturelle à moi tout seul ; après moi le déluge américain » ? Ou fallait-il résister, s'arc-bouter à quelques règles – et aider des cinéastes dont nous savions que, sans nous, les films ne se tourneraient pas ?

Car le problème c'est cette assimilation, tenue pour argent comptant, entre le film de monsieur Berri et le cinéma français dans son entier. C'est son jeu, bien entendu. Il est comme ces betteraviers qui défendent l'agriculture en général, s'en font un bouclier – car ils savent qu'en s'abritant derrière la petite production menacée, ce sont eux qui, à l'arrivée, empocheront les subventions. Seulement voilà. La petite production, en l'occurrence, s'appelle Rivette, Rohmer, Pialat ou Godard. Et ce qui vaut pour l'agriculture valant pour la culture, ils savent bien, eux, que le malentendu est total. *Le* cinéma français ? On connaît le bon et le mauvais cinéma. Les vrais et les faux auteurs. Mais un cinéma unique, rangé en ordre de bataille pour, de *Germinal* à *Une nouvelle vie*, résister à l'impérialisme US – voilà, peut-être, l'illusion majeure.

D'où la dernière question, qui est celle de l'« exception culturelle ». Je suis pour, évidemment. Depuis le premier jour, je suis pour. Sauf qu'il y a quelque chose qui me gênait et, grâce à Berri, je sais pourquoi. De deux chose l'une, en effet. Ou bien l'on entend par là le sauvetage du cinéma d'auteur en France – et c'est un combat magnifique. Ou bien nous ne rêvons que de faire nos *Jurassic parks* nationaux et nous revendiquons le droit, pour ces « jurassiques parcs » à la française, d'étouffer leur propre cinéma d'auteur – dans ce cas, quel marché de dupes ! Question simple : est-on certain que voir *Germinal* occuper deux ou trois douzaines de salles à Paris soit signe de santé ? en quoi ce matraquage serait-il, en soi, préférable au succès des derniers films de Woody Allen ou de Scorsese ? et d'où viendrait, car tel est l'enjeu, que le bulldozer *Germinal* contribue à sauver un cinéma européen exsangue : le très beau film d'Oliveira par exemple, qui tint, lui, trois semaines ? La vérité c'est qu'il n'y a qu'une exception culturelle : celle que constitue l'existence même, fragile, d'un grand artiste – et une manière de la sauver : renoncer au mythe d'un « cinéma français » unique, conçu comme un bloc homogène, rassemblé derrière son parrain. Tchao Berri ?

23

Au secours, Marx revient ! Walesa et son chauffeur. Nul n'est écrivain en son pays. Salut Bedos ! Courez voir Le Mal court. *La voix de Philippe de Villiers.*

« Retour à Marx ». On croit rêver. Mais c'était, d'une certaine manière, prévu. Quand une époque n'a plus d'idées et qu'elle veut, à tout prix, faire du nouveau, quel autre parti que celui-ci : recycler ses vieilles lunes, accélérer la rotation de ses stocks ? Une époque folle, oui, qui tourne sur elle-même comme une toupie et n'en finit apparemment pas de réactiver ses discours abolis.

L'écrivain qui se trompe en politique ? Le tout, disait Malraux, est de ne pas se tromper en littérature. A méditer puisqu'il est – de nouveau – question de l'éternel débat Sartre-Aron.

La Nouvelle vie d'Olivier Assayas. Ce moment de grâce où, comme ici, le cliché cède à l'image. Le film que devraient voir, ces jours-ci, ceux qui « défendent » le cinéma français.

Un ami polonais me dit que Walesa a nommé ministre son chauffeur. A vérifier. Mais voilà, si elle est exacte, une information décisive sur l'état réel du désarroi dans les sociétés de l'après-communisme.

Déjeuner avec Jacqueline Delubac. Nous parlons, bien entendu, de Guitry et de l'étrange destin de ses films – boudés par l'intelligentsia au moment de leur sortie et retrouvant, depuis quelque temps, un regain d'actualité. Ce mot de Picasso, dont je m'avise qu'il vaut *aussi* pour les œuvres : « On met longtemps, très longtemps à devenir jeune ».

Tous contre les dinosaures – et, donc, contre Spielberg. Je veux bien. Mais j'aimerais que l'on se souvienne qu'un certain François Truffaut – exception culturelle s'il en est – fut jadis l'acteur principal d'un film du même Spielberg. Qui, donc, a le plus changé : Spielberg, nous ou l'époque ?

On lui a consacré des thèses. Elle a des millions de lecteurs de par le monde. Et Toni Morrisson, récemment, disait ce qu'elle lui devait. Or elle publie un nouveau roman et la presse dite littéraire n'en souffle mot. Serai-je le seul, ici, à écrire le nom de Marie Cardinal et le titre (*Les Jeudis de Charles et de Lula*) de son livre ?

Bedos dans *Libération*. La première fois on se dit « Tiens ! ». La seconde fois : « Bien vu ! » Mais le voici qui revient en troisième semaine – et on a envie, là, de s'exclamer : « salut l'artiste ! welcome in the club ! un gagman qui pense, observe en écrivain"

"Le biographe biographé » : il manquait ce cas de figure dans le tableau de nos lettres – c'est chose faite, avec le *Jean Lacouture* de Sylvie Crossman, publié chez Balland. Une vie faite de rencontres. Une philosophie héroïque, exaltée de la vie. Une vie qui aura été belle parce qu'une belle vision de la vie la soutenait. « C'est si bon d'admirer » écrivait Flaubert à Tourgueniev et ce pourrait être l'exergue du portrait – en même temps que la devise du modèle.

Conversation téléphonique avec Salman Rushdie qui a reçu le recueil, édité à « La Découverte », où cent intellectuels musulmans s'expriment en sa faveur. Le même jour, me dit-il, éclatait enfin le scandale de la British Airways qui refuse, depuis quatre ans, de le transporter. Où est le courage ? Où est l'honneur ?

Il était obsédé par le fragment. Voici qu'on l'édite en continu, massifié dans des « œuvres complètes ». Étrange fortune de Roland Barthes. Singulière infidélité.

Deux occasions de redécouvrir Audiberti. Ses lettres à Paulhan chez Gallimard – mais, surtout, *Le Mal Court*, à l'Atelier, dans la si belle mise en scène de Pierre Franck.

Nabokov disait qu'on devrait pouvoir juger un homme, une idéologie, une idée, à *la voix*. La voix de Philippe de Villiers, dimanche, à « L'Heure de vérité » : nasillarde, haut perchée et qui semble, tout à coup, ne plus contrôler ses aigus – une voix qui lui monte à la tête, mais (tout est là !) sans dérailler.

Encore ce fameux « retour à Marx » – cette fois dans *Globe Hebdo*. J'hésite entre deux images. Celle de ces télés qui rediffusent indéfiniment, en boucle, les mêmes programmes. Ou bien ces mauvais westerns de mon enfance où l'on voyait les trois mêmes indiens passer derrière un mur et, sans cesse, redéfiler – illusion du nombre et du mouvement sur une scène, en fait, exténuée.

Anniversaire de la mort de Piaf – mais aussi de celle de Cocteau. C'est comme ce pauvre Chardonne qui eut la fâcheuse idée d'aller mourir en pleins événements de Mai 68. Ou comme le premier livre des frères

Goncourt, paru le 2 décembre 1851. Le genre de coïncidence dont on ne se remet, sans doute, jamais.

24

Algérie martyre ; terrorisme inédit ; riposte ? L'héritage de Vilar et Arte. Nouveau retour de Sarajevo. Et si on ouvrait des couloirs de la liberté ?

Nos intellectuels, c'est vrai, et à quelques exceptions près, sont restés bien silencieux face aux meurtres en série qui endeuillent à nouveau l'Algérie. Mais que pouvaient-ils bien dire ? et qu'avons-nous, surtout, les moyens de faire pour porter concrètement secours à ces gens que l'on assassine, l'un après l'autre, en toute impunité ? Si l'on ne fait rien, on les condamne. Si on les protège, on les désigne. Si on les nomme par exemple et que, comme autrefois pour les dissidents de l'ancienne Union soviétique, on s'oblige à prononcer leurs noms pour, en les arrachant à l'anonymat, leur donner un sauf-conduit – c'est le plus sûr moyen, derechef, de les exposer. Et puis qui nommer, au juste ? qui protéger ? quand la liste des victimes potentielles est infinie, quand le cercle est aussi large que la paranoïa des meurtriers, comment le circonscrire ? comment le sanctuariser ? va-t-on mettre un policier derrière tous les libraires, journalistes ou professeurs virtuellement menacés ? va-t-on devoir les regrouper ? les enfermer ? faudra-t-il créer des ghettos d'intellectuels ? des villes-refuges, comme dans les temps bibliques ? en arrivera-t-on (*nos amis algériens* en arriveront-ils) à mettre eux-mêmes au point leurs mécanismes d'autodéfense : une anti-OAS de la pensée, des brigades démocratiques qui, oh ! horreur, en seraient réduites à riposter, coup pour coup, à la violence des intégristes ? L'absurdité, et la folie, de ces hypothèses dit bien l'impasse où ils se trouvent et où sont, à leur manière, ceux qui voudraient leur venir en aide. L'enjeu, bien sûr, est clair. C'est la haine, brute, de la pensée. La guerre, totale, contre l'esprit. Mais rarement, face à une guerre, l'on se sera senti si démuni.

Toujours cette affaire d'*Arte* et ces velléités, chez certains, d'en refaire une chaîne câblée. Je n'ai rien contre le câble – et n'ai, surtout, pas l'intention de m'engager dans un débat technique sur les vices et vertus des divers modes de transmission. Mais je signale à messieurs Péricard et consorts qu'il y a un million de foyers câblés en France. Que des villes aussi importantes que Strasbourg, Lyon, Marseille ou Grenoble sont mal, ou partiellement, équipées. Je leur rappelle que les zones rurales qui sont, par définition, celles où l'accès à la culture est le plus problématique et où l'on n'a pas tous les jours la chance d'assister à un spectacle d'opéra, de danse ou de théâtre, ne le sont, elles, pas du tout. En sorte qu'il faut être clair – et dire, clairement, ce que l'on veut. Ou bien l'on reste fidèle à la belle et grande utopie, qui était celle de Vilar et Malraux, d'une culture populaire, gratuite et destinée à tous – et il faut qu'*Arte* demeure sur son canal hertzien. Ou bien l'on n'y croit plus, l'on fait son deuil de l'idéal, l'on se résigne à la perspective d'une culture fermée, repliée sur ses amateurs les plus éclairés et dont un mystérieux décret priverait la France dite profonde – et alors, oui, câblons *Arte*, limitons-en les programmes aux câblés de quelques grandes villes et réservons, moyennant finances, les *Molière* de Dario Fo, ou le *Galileo Galilei* d'Antoine Vitez, à ceux qui les ont *déjà* vus. Élitaire, *Arte* ? L'élitisme, qu'on y prenne garde, n'est pas toujours là où l'on croit. Allez savoir s'il ne serait pas – dans certains cas, dont celui-ci – l'allié secret, mais sûr, du populisme le plus vulgaire.

Il y a trois semaines, en quittant pour la énième fois Sarajevo, j'en ai pris l'engagement auprès de mes amis bosniaques – et notamment, parmi ces amis, des artistes et intellectuels qui vivent depuis deux ans dans un état d'isolement quasi total : « J'irai, à mon retour, voir le ministre français de la Culture ; je parlerai, si je le peux, aux autorités politiques de mon pays ; je dirai la tragédie de votre isolement ; j'expliquerai l'absurdité d'un blocus qui est, cette fois, celui des âmes et que nous avons, lui, le moyen de rompre – n'y a-t-il pas des avions français qui redécollent tous les jours, à vide, de Sarajevo ? et serait-il si difficile d'y embarquer, pour des visites ou des missions de durée limitée, quelques-uns des hommes et des femmes qui font la culture de la ville assiégée ? » De fait, depuis mon retour, je multiplie contacts et démarches. Et, chaque fois, j'essaie de plaider que l'homme, fût-il bosniaque, ne vit pas que de pain ou de rations alimentaires onusiennes – et que si je suis si soucieux de voir se mettre en place ce pont aérien culturel, si nous sommes quelques-uns à vouloir aider les artistes de Sarajevo à sortir, souffler un peu et, ainsi, se ressourcer auprès de leurs pairs de Paris, Londres ou Berlin, ce n'est pas en vertu de je ne sais quel esprit de caste ou de corps : car ils ne sont pas un corps, justement, ces artistes ; ils sont l'âme du corps de la ville ; l'esprit de sa résistance ; ils sont le symbole d'une civilisation, cosmopolite et européenne, que la soldatesque serbe a échoué à annihiler. Serai-je, serons-nous, entendus ? L'enjeu, là aussi, est crucial. Car elle pourrait bien être, cette civilisation, tout ce qui reste à sauver du honteux naufrage bosniaque. Sarajevo, capitale de la douleur. Mais, aussi, capitale européenne de la culture.

25

L'Italie ne voyait plus les films de Fellini, mais elle lui fait des funérailles nationales. D'un nouveau statut de l'artiste où il ne sera plus nécessaire d'être lu – ni vu – pour être reconnu. Attaquez tant que vous voudrez François Mitterrand, ne lui dites jamais qu'il n'est pas écrivain Qu'est-ce qu'un cabotin ? quelqu'un qui prend son public à témoin. Bravo, Josselin !

Le hasard veut que je sois à Venise, pour apprendre la mort de Fellini. D'instinct, j'ouvre mon journal : pas un cinéma qui, dans la région, programme un de ses films. Ma télévision : pas une chaîne pour, en ce jour, rediffuser *Roma* ou *E la nave va*. Je vois, dans les heures qui suivent, des amis : ils ne parlent évidemment que de ça, n'ont que le nom du mort à la bouche – mais rares sont ceux, je m'en rends compte, qui ont, non seulement aimé, mais vu, ses dernières fictions. Et si c'était un trait de l'époque ? Et si c'était le sort que, de plus en plus, elle réservait à ses artistes ? Grands cinéastes qu'on ne voit pas. Grands écrivains qu'on ne lit plus. Signifiants immenses mais vides dont l'œuvre pourrait fort bien, après tout, disparaître du paysage et dont l'existence ne tient plus qu'à la flottaison d'un patronyme. Un jour, on écrira des articles, on créera de grands événements, autour d'œuvres virtuelles. Un jour – mais n'y sommes-nous pas déjà ?– on écrira des livres qui ne serviront qu'à lester, ou gager, le poids d'un nom. On songe à ces planètes dont la densité, disent les astronomes, est inversement proportionnelle au volume. Mieux : à ces « trous noirs » dont le volume est égal à zéro mais dont le rayonnement est infini. Ils existent, à leur façon, ces trous noirs. Ils émettent ondes et radiations. Il n'y a d'ailleurs pas de carte du ciel où ils n'aient leur place assignée. Sauf qu'ils n'ont plus de volume. Ce sont de purs êtres de raison. Et leur éclat est d'autant plus vif qu'ils n'ont plus de matérialité. C'est le cas de Fellini, ce trou noir de la culture – ce mort immense et solennel dont toutes les télévisions du monde achèteraient l'exclusivité des funérailles mais dont aucune, en revanche, ne programmerait *Satiricon* en début de soirée.

Mitterrand et la littérature. Je notais, l'autre semaine, qu'il suffisait d'en faire le héros d'un livre pour que le livre, aussitôt, grimpe dans la liste des best-sellers. Or voici que l'on me dit – à Venise, justement – qu'il ne décolère pas contre le roman d'Éric Orsenna et la méchante rumeur qu'il accrédite d'un « nègre du président ». L'information, en vérité, m'intéresse à double titre. Au titre de la France, cette nation décidément littéraire – la seule où un chef d'État puisse se sentir offensé de ce qui, partout ailleurs, apparaîtrait comme coulant de source : n'être pas l'unique auteur de ses textes de circonstance. A propos de François Mitterrand ensuite, ce président-écrivain qui supporte les pires avanies, essuie toutes les calomnies, s'accommode des procès les plus sévères et semble, parfois, y trouver plaisir – mais s'irrite, et s'émeut, quand on ose douter...de son style ! On peut penser ce que l'on veut du personnage. On peut admirer, ou non, le style en question. On conviendra qu'il y a, dans ce scrupule, un trait plutôt singulier – et qui le distingue de ses semblables. Pour ma part, en tout cas, c'est un fait. Dans l'étrange sympathie qui, depuis vingt ans, me lie à lui et que ni le « programme commun de la gauche » ni les « ministres communistes » ni, maintenant, la « non-intervention » en Bosnie n'ont curieusement pu entamer, il y a un peu de cela : la nostalgie d'un temps où les grands écrivains étaient des politiques ratés ; les vrais et grands politiques, des écrivains manqués – et où tous, qu'ils soient hommes de plume ou d'État, s'accordaient à ne rien mettre au dessus de la littérature.

C'est toujours périlleux, le changement de genre, pour un artiste. On l'attend. On le guette. On ne lui fait pas de cadeau. Et l'exercice est, au demeurant, assez risqué pour que les meilleurs s'y cassent les dents – le désastre de Gide passant au théâtre, les déboires de Sartre au cinéma ou encore, plus près de nous, ceux de Polanski à l'Opéra. Eh bien ce défi si difficile, un romancier d'aujourd'hui l'a relevé. Il s'appelle Jean-François Josselin. Et il l'a fait avec une seconde pièce où l'on ne sait ce qu'il faut le plus admirer – des dialogues, des caractères, des situations cocasses ou grinçantes, du jeu des comédiens ou de la qualité d'un comique aussi singulier qu'irrésistible. Car il y a deux façons d'être comique au théâtre. Il y a ceux qui font rire aux dépens de leurs personnages – ils s'allient avec le public, se liguent avec lui contre les acteurs et le font rire, si j'ose dire, *sur leur dos* : c'est le rire du vaudeville ou le comique des chansonniers. Et il y a ceux – plus rares, mais tellement plus intéressants ! – qui restent complices des personnages, font corps avec eux jusqu'au bout et donnent le sentiment, inverse, de faire alliance avec les acteurs pour rire *dans le dos* du public. Josselin est de la seconde famille. Et de là vient le charme d'*A la Fortune du Pot* – ce texte drôle, mais sans complaisance, qui ne vous prend jamais à témoin de ses effets ni de ses mots. On s'amuse, d'un bout à l'autre. On jubile. Mais non sans un trouble extrême – comme si l'on était entré, par effraction, sur une scène vaguement interdite et que l'on y avait surpris une histoire, désopilante mais trop intime. On sort gênés du spectacle. Presque confus. Jusqu'à la proximité physique qu'impose la structure même du « Théâtre de Poche » – et qui accuse ce délicieux malaise. Josselin, l'anti-cabotin.

26

Quand la littérature comptait vraiment. L'argent ne fait pas le bonheur, même et surtout chez les écrivains. Encore les prix littéraires : le cas Rinaldi. La double vie des philosophes, des romanciers et de leurs bâtards.

Page « Rebonds » de *Libération*. Un écrivain, Peter Schneider, s'interroge sur les ravages de la « violence à la télévision ». Je ne peux m'empêcher, en le lisant, de songer qu'il y a un siècle, que dis-je ? vingt ans, dix ans peut-être, il se serait posé les mêmes questions, l'aurait fait dans les mêmes termes et y aurait apporté des réponses à peine différentes – mais à propos de la violence *dans la littérature et les romans*. Les temps ont-ils à ce point changé ? La littérature a-t-elle, si vite, perdu ses prestiges et ses pouvoirs ? Et faudra-t-il regretter un monde où c'est *Madame Bovary* que l'on accusait d'empoisonner les âmes – et Baudelaire, ou Guyotat, qu'il fallait censurer ou mettre à l'index ? Le fait, en tout cas, est là – et, à soi seul, résume l'époque : ce qui inquiète ce ne sont plus les mots, mais les images ; ce n'est plus le monologue de *Phèdre*, ce sont les dessins animés japonais ; et il n'y aura bientôt plus que Salman Rushdie pour nous rappeler – mais à quel prix ! – le pouvoir éteint des mots. Raison de plus, faut-il le préciser ? de réaffirmer sans relâche (et *Arte* vient encore de le faire) notre solidarité active avec lui.

« Que ferez-vous de tout cet argent », demande-t-on, chaque année, en cette saison, au lauréat du prix Goncourt. Et l'élu, invariablement, de répondre : « Ce que j'en ferai ? écrire, voyons ! écrire encore ! mais écrire, cette fois, en paix – l'argent n'est-il pas, pour un écrivain, la condition de la liberté ? » L'argument se veut imparable. Il m'a toujours, moi, paru spécieux. Ne serait-ce qu'au vu des quelques écrivains « riches » qu'a connu la littérature française moderne et du prix – cet *autre* prix – dont ils l'ont paradoxalement payé. Je pense à Raymond Roussel, ce suicidé. A Valéry Larbaud, le dilettante. Je pense, dans une certaine mesure, à Gide. J'entends surtout Michel Leiris, chez lui, quai des Grands-Augustins, dans le bel appartement bourgeois, rempli d'objets et de meubles rares, qu'il habitait déjà au temps des surréalistes et qui devait les épater – je l'entends, à la toute fin de sa vie, de sa drôle de voix douloureuse, cassée et presque morte, répondre aux questions que je venais lui poser sur l'histoire des intellectuels et ses rapports, en particulier, avec Bataille et Breton : « Mon handicap par rapport à eux ? l'aisance ! l'aisance ! et, donc, le dilettantisme ! ». Leur point commun à tous les quatre (Larbaud, Gide, Roussel et Leiris), c'est ce rapport souverain à l'argent. Mais c'est *aussi* cet air d'inachèvement qui fait le charme de leur œuvre en même temps, hélas, que sa limite. Le lien entre ceci et cela ? C'est, bien sûr, toute la question...

Les prix encore. On me dit que le jury du prix Médicis « exploserait » s'il couronnait Emmanuelle Bernheim – auteur d'un roman magnifique, mais dont l'héroïne aurait le tort de faire collection de préservatifs. On me dit qu'il éclaterait *encore plus* s'il distinguait Angelo Rinaldi – coupable, lui, d'être Rinaldi, c'est-à-dire critique de métier, féroce par tempérament et auteur d'éreintements assassins dont je parle en connaissance de cause pour être au nombre des victimes. La situation, dans les deux cas, ne manque ni de sel ni d'intérêt. Car imaginons que cette logique triomphe. Imaginons qu'on préfère, à ces deux-là, un lauréat plus sage et mieux-pensant. Supposons qu'il soit ainsi établi que l'on honore moins, chez un écrivain, ce qu'il écrit que ce qu'il est. Et supposons enfin que soit quasi officiellement admis que l'important c'est moins ce que dit le romancier dans ses livres que ce qu'il a pu dire, faire, penser ou même écrire dans l'*autre* vie – qui n'est pas celle des romans et y est, en principe, hostile. Nul doute que l'on s'en remettrait. Mais on aurait fait un pas de plus sur la voie d'un *politically correct* à la française qui n'en finit pas de se chercher et ne néglige aucun terrain pour s'affirmer et pousser ses pions. D'un PC, l'autre ?

A propos de cette « autre vie », je trouve dans les *Moralités postmodernes* de Jean-François Lyotard (Éditions Galilée) quelques pages magnifiques, inspirées de Nina Berberova, sur le droit que nous avons tous – mais dont usent, plus que quiconque, les écrivains – à une « seconde existence », parallèle à l'« existence apparente » et où chacun d'entre nous, « une heure par jour, un soir par semaine, une semaine par mois ou par année », échappe à tout « contrôle » et s'appartient soudain « sans réserve ». Ce n'est pas tout à fait la thèse proustienne des « deux moi » qui cohabitent (Lyotard parle d'*un* moi, *un seul* – où s'ouvrent des « petites parenthèses » de liberté et de secret). Mais c'est l'idée d'une autre vie, invisible, presque inhumaine, où l'on ne répond de rien ni de personne – et où le souci de l'œuvre éclipse celui du monde. Ces lignes, d'un philosophe qui n'est pas précisément de mes amis, m'émeuvent ce matin plus que de raison. Est-ce la saison qui s'y prête ? l'occasion ? ou la pression, justement, de la *première* vie – avec ses intrigues, ses tumultes, sa comédie et le monde (en l'occurrence ce bloc-notes) qui éclipse à l'inverse, et suspend, le souci du livre à venir ? Allez savoir !

27

Goytisolo à Sarajevo Le dernier défi des hommes politiques : réduire le guignol en eux, et donc la part de comédie. Devons-nous regretter les Empires ? oui, s'ils ont le visage d'Élisabeth d'Autriche. Pourquoi, si les « petites phrases » suffisent, s'embarrasser d'une réforme intellectuelle et morale ? Les écrivains auront peut-être un Parlement : ils n'ont pas, hélas, de Cour suprême.

La guerre de Bosnie est-elle notre guerre d'Espagne ? C'est, depuis dix-huit mois, *la* question à ne pas poser – sous peine de passer pour un irresponsable ou un naïf. Eh bien voici un nouveau naïf. Il s'appelle Juan Goytisolo. Il sait, on voudra bien l'admettre, ce que parler veut dire quand il évoque la guerre d'Espagne. Et son *Cahier de Sarajevo* (Éditions de la « Nuée bleue ») est un long cri de colère contre l'universel consentement à cette non-intervention. Honte, dit-il, à ceux pour qui la vie d'un Bosniaque vaut moins qu'un baril de brut koweitien. Honte à ces « médiateurs » dont le souci aura été, jusqu'au bout, d'obliger les victimes à céder. Honte à ces « juges » qui prétendent condamner les crimes contre l'humanité en Bosnie – mais dialoguent avec les criminels et entérinent leurs conquêtes. Aujourd'hui encore, dans *Le Monde*, la tribune d'un Boutros-Ghali dont l'insoutenable tartufferie ne semble faite que pour illustrer l'imprécation de l'écrivain. Pavane pour une Europe à l'agonie.

Delors, hier, à « Bouillon de culture ». Chirac, ce soir, chez Christine Ockrent. C'est drôle. Mais je ne parviens plus à regarder un homme politique à la télé sans voir à côté de lui, à sa place ou en surimpression, le visage de sa caricature telle que l'ont popularisée les désormais fameux « Guignols de l'info ». Il arrive que l'homme politique soit bon. Il lui arrive même, comme Chirac, d'être inhabituellement émouvant. N'empêche. Le guignol est là. Il le nargue. Il le harcèle. L'oublierait-il, l'oublierait-on, qu'il y a toujours un moment où il se rappelle à nous : « Ce tic ! cette intonation ! c'est fou, comme il lui ressemble ! » – ou au contraire : « Ce cri ! cet accent ! merveille – il lui échappe ! ». Le vrai défi des politiques aujourd'hui ? Encore un peu et ce ne sera plus celui du chômage, ni de l'Europe, ni, encore moins, de la Bosnie – mais celui de cette envahissante poupée, devenue comme leur Surmoi public ou leur intime ennemi. Il y a ceux qui capitulent devant le Surmoi. Il y a ceux qui l'affrontent et en viennent à bout. Et il y a les électeurs, c'est-à-dire vous et moi, qui se surprennent à compter les points et enregistrer les minuscules – et provisoires – victoires que remporte chacun sur son pantin.

A propos d'Europe à l'agonie, et dans un tout autre genre, la fresque de Nicole Avril qui ressuscite la figure d'Élizabeth d'Autriche. Le mérite du livre ? Retrouver Élizabeth sous Sissi. C'est-à-dire, sous l'eau de rose et la guimauve, derrière le conte de fées et ses mièvreries obligées, le visage, autrement passionnant, de cette dernière reine de Babel, régnant sur un empire où se mêlaient tant de peuples, se parlaient tant de langues – et comprenant avant tout le monde (et avant, bien sûr, Stefan Zweig) que ce miracle n'aurait qu'un temps, qu'il était déjà le monde d'hier et qu'il précipiterait, en s'écroulant, l'Europe dans le chaos. Élisabeth ou le bonheur de l'Europe. Élisabeth ou le deuil éclatant d'un empire à la gloire étrangement oubliée. Que vivons-nous, à Sarajevo mais aussi ailleurs, sinon la nostalgie d'un âge où l'on était, à la fois, fils d'un sol et d'une idée ?

Comme les choses s'emballent ! Et comme nous zappons vite ! Un bon Delors, à la télé. Une Voynet qui chasse un Waechter. Une ou deux prestations de Rocard. Une petite phrase. Une autre. Un vague climat de contestation sociale. Et hop ! C'est reparti ! La ville ne bruit plus que d'une hypothétique « remontée » de la gauche. Et les spéculateurs de l'info qui, hier encore, la donnaient morte en seraient presque à jouer son possible, voire prochain, retour. Je suis, faut-il le préciser ? de ceux que la perspective, si elle se confirmait, réjouirait. Mais à cette nuance près, tout de même, que la gauche selon mes vœux est une gauche qui aurait mûri, tiré parti de ses échecs et profité de l'opposition pour entrer en oraison – toutes obligations dont cette fièvre, cette volatilité de nos opinions, ne peuvent que la dispenser. Ma crainte pour demain ? Une gauche que la frivolité du temps, et ses caprices, auraient implicitement convaincue que l'on peut revenir sans avoir réfléchi – et reprendre le pouvoir sans retrouver la maîtrise de soi.

Y a-t-il un recours possible pour les écrivains mal jugés ? Et que leur est-il permis d'espérer quand, en première instance, je veux dire de leur vivant, il ne leur est pas rendu justice ? Cette question, ils se la posent tous. Je n'en connais guère que, dans le secret d'eux-mêmes, elle ne préoccupe ou n'obsède. Or voici une page des *Testaments trahis* qui, d'une certaine façon, leur répond. Soit, dit Kundera, le cas du roman philosophique. Il y a là un genre à naître. Un beau territoire à conquérir. Il y a des écrivains – Broch, Musil, Gombrowicz – qui ont tous les titres à y prétendre. Mais survient *La Nausée* qui permet à Sartre de rafler la mise et d'incarner donc, à leur place, ces noces de la pensée et de la fiction. Injustice ? Sans doute. Mais sans appel. Sans révision, du moins à ce jour. On peut toujours rêver, bien sûr, de la revanche posthume de Kierkegaard ou de Stendhal : la règle est celle d'un baptême fatal – qui vous suit jusqu'au purgatoire.

28

De la Mussolini à Silvio Berlusconi, les avatars d'un certain fascisme. Pour les arrière-pensées de l'Europe d'aujourd'hui, lisez Minc ! Quand on interviewe les écrivains.

La petite-fille de Mussolini, maire de Naples ? Le symbole serait un peu gros. Le clin d'œil trop appuyé. On se dit : « C'est une blague, un pied de nez ou une facétie de l'Histoire ». On songe : « C'est le cas, fameux, de la tragédie qui se rejoue en farce – et si l'on va par là, si l'époque se met en tête de donner une dernière chance à ses comédiens les plus usés, elle n'en a pas fini, la pauvre ! Elle a du pain, et des guignols, sur la planche ! Il y aura toujours un lointain neveu d'Hitler qui traînera quelque part, un obscur cousin de Staline qui se rappellera à son bon souvenir – il y a la cousine d'Éva Peron qui reprendrait bien un peu de service et les 218 fils, autoproclamés, de Mao dont je lisais, l'autre jour, dans un article du *Herald*, qu'ils se disputent le privilège de refaire un tour de piste ». Bref, on ne marche pas. On se frotte les yeux, mais on n'y croit pas. Et il y a dans ce spectacle un côté parade fin de siècle – ces panoplies que l'on ressort, une dernière fois, avant inventaire. Sauf... Oui, sauf qu'il y a l'hypothèse que tout ne soit pas, justement, spectacle. Il y a l'éventualité – ce matin encore, l'incroyable éclat de Silvio Berlusconi appelant à voter MSI – d'une révolution véritable qui irait au bout de sa course. Et il y a cette image, insistante, d'un délire réellement nouveau – qui, en mal d'identité, emprunterait le visage du passé. Par quel miracle, après tout, la déferlante néopopuliste épargnerait-elle l'Europe occidentale ? En vertu de quelle loi serait-elle réservée aux démocraties décongelées de l'Est ? Et qu'elle ait à nos yeux, et pour le moment, les traits d'un autoritarisme façon Cicciolina suffit-il à nous garantir qu'elle s'arrête à la frontière de ce qui fut le Mur ? Un spectre rôde sur les remparts de la vieille Europe. Et je ne suis pas certain qu'il s'agisse d'un revenant.

N'en déplaise à Jacques Le Goff qui lui chicane l'usage du mot, et du concept, c'est Alain Minc qui, avec son *Nouveau Moyen-Âge*, vient d'écrire *le* livre sur la question. Étrange, d'ailleurs, le cas de Minc. Je le connais, je crois, assez bien – et connais, presque mieux, ses livres. Or ce qui frappe chez lui ce n'est pas seulement le brio, ni la témérité des points de vue. Ce n'est pas l'encyclopédisme des connaissances ni les analyses, quoi qu'on en dise, assez sûres. C'est, dans le « grand jeu » qu'est aussi le paysage intellectuel français contemporain, l'aptitude rare – et, à mon sens, plus remarquable encore – à avoir toujours, comme par méthode, *un coup d'avance* sur la plupart. Car qu'est- ce, au juste, que ce « coup d'avance » ? C'est le goût de l'écart et de la provocation calculée. Du contre-pied et du contretemps. C'est poser la question dont ses lecteurs ne savent pas qu'ils se la posent et qui pourtant les hante déjà. C'est, au moment de l'argent-roi, écrire un livre sur la vertu. A la veille de Maastricht, un pamphlet sur le retour des nations. Et c'est, après la mort du communisme, à l'heure où l'on ne nous parle que d'empires bienveillants et d'ordre mondial retrouvé, publier ce livre terrible, d'un pessimisme bien venu, sur le nouvel « âge sombre » dans lequel l'Europe est entrée. On connaît le mot de Hegel sur la chouette de Minerve qui prend son envol à la nuit tombée. Eh bien mettons que le penseur de « l'avant-coup » soit celui qui procède à l'inverse – levé, lui, avant l'aube et essayiste des petits matins. Double risque, évidemment. Mais vrai défi intellectuel – et position, au fond, très singulière. Lire Minc pour, une fois de plus, essayer d'en savoir davantage sur ce que l'époque a, littéralement, *derrière la tête*.

Deux jours à Madrid. Problème de ces livres un peu anciens, dont on s'est forcément détaché et qui vous rattrapent néanmoins lorsqu'ils paraissent en traduction. Jeu du lancement. Comédie de la conviction. Simuler la fraîcheur d'une foi dont je sais, moi, qu'elle m'a quitté. Et puis ces interviews surtout, à la chaîne, souvent bâclés : tous ces mots que je lâche, qui s'imprimeront sans que je les ai relus et dont je ne puis m'empêcher de penser, non sans un certain effroi, qu'ils vont bien s'inscrire quelque part, s'archiver dans une mémoire – et qu'ils y trouveront un statut, hélas, à peine différent de celui de mes textes mûris, pensés et simplement écrits. Je me souviens, sur cette question des interviews, d'une page de Pasolini. C'est si compliqué, disait-il, une parole donnée. Si riche de signes contradictoires. Il y a le regard qui appuie les mots. Le geste qui souligne le regard. Il y a toute une sémiologie de l'oral qui renforce, nuance ou contrarie le propos et dont je sais qu'elle sera perdue quand ne seront retranscrits que les mots. Le journaliste aura été fidèle, bien sûr. Absolument et désespérément fidèle. Et il m'aura trahi pourtant – en laissant choir, forcément, la part mimée de ce que j'énonçais. Le lui dire ? Difficile. N'y plus penser ? Impossible. La solution serait, sans doute, de se refuser à l'exercice – mais comment ? à quel prix ? et quid, en attendant, de la guerre de tous contre tous qu'est aussi la vie de l'esprit ? Parler sans cesse d'écrire ou, à défaut, écrire sans parler : la seule attitude, je le sais bien, qui soit digne d'un écrivain; mais la seule – et c'est tout le débat – où, en sauvant son âme, on perd la guerre.

29

« Le » bloc-notes. Ruses de l'Histoire ou grimaces de la littérature. Comment les écrivains sont aveugles à leur propre destin. Sollers, Lecanuet et de Gaulle. Les deux christianismes. Quand Mauriac retrouve sa voix. Pourquoi la politique ?

Réédition, au Seuil, de l'intégrale du *Bloc-notes* de Mauriac. Pour un homme de ma génération c'est, non seulement un bonheur, mais une chance : celle de relire en continu, telles qu'elles ont été vécues et écrites, ces vingt années d'un grand feuilleton littéraire et politique. Un art de l'éphémère, le journalisme ? Cet art périssable et « sans musée », dont parle quelque part Chamfort à propos de l'art de la conversation ? Oui puisqu'il ne s'intéresse, par principe, qu'à ce qui intéressera moins demain. Non, quand on s'appelle François Mauriac et que le miracle d'un style conserve, quarante ans après, leur fraîcheur à vos chroniques.

A quoi pense le grand écrivain quand il se mêle ainsi au siècle ? pourquoi le fait-il ? quel type de plaisir y trouve-t-il ? On connaît la réponse de Barrès : « Comme on ne peut pas écrire toute la journée, je suis obligé, pour passer le temps, d'aller à l'Assemblée l'après-midi ». On soupçonne celle de Mauriac, rentrant de la messe le dimanche et se mettant à son bloc-notes : « J'ai travaillé toute la semaine, payé mon tribut à la vraie littérature – je peux me mettre à ma fenêtre et, histoire de me délasser, observer mes contemporains ». Seulement voilà. Nul ne sait ce qui, de soi, restera. Et de même que Barrès devient un authentique politique, de même Mauriac, avec les années, devient ce mémorialiste immense. Ainsi se font les grandes choses : par hasard, dans le brouillard.

Je cite toujours le cas de Stendhal convaincu qu'il survivrait, non par la *Chartreuse*, mais par son théâtre. Ou celui de Chateaubriand que l'on eût fort étonné en lui disant que *Les Martyrs* pèseraient, le jour venu, moins lourd que les *Mémoires d'outre-tombe*. Eh bien j'ajoute le cas de Mauriac, ce journaliste du dimanche qui se divertit dans le *Bloc-notes* et croit ne passer à la postérité que par le marbre de ses romans. Lisez, comme moi, d'une traite les cinq tomes de ce qui ne devait être qu'un hors-d'œuvre. Vous verrez, c'est juste le contraire : ce hors-d'œuvre est son chef d'œuvre, son « Temps perdu » et « retrouvé » – quand sont devenues presque illisibles la plupart de ses fictions.

Ce qui frappe, à la relecture, c'est bien entendu la variété. Il s'intéresse à tout, Mauriac. Les grands et petits sujets. De Gaulle, mais aussi Lecanuet. Et on le voit, à la fin, alors que la mort rôde et qu'il n'a plus – et il le sait – que quelques jours, ou semaines, à vivre, trouver le temps de se pencher, une dernière fois, sur le cas du jeune Sollers. Le secret de cet homme ? Une insatiable curiosité. Une passion sans limites pour les âmes. Ce goût de la pâte humaine que l'on ne trouve, d'habitude, que chez les grands pécheurs ou les mystiques. Il y a les deux, chez Mauriac. Incontestablement, il y a les deux. Et c'est une part de son génie.

Ce qui frappe, aussi, c'est le ton. Je veux dire : la violence, la virulence, la cruauté parfois du ton – cette façon, trente ans après, de régler ses comptes, par exemple, avec Sartre. Pas très chrétienne, cette méchanceté ? Mettons qu'il y ait du païen dans le paroissien. Et mettons qu'il y ait, surtout, deux lignées de chrétiens dans nos Lettres : les tièdes, d'un côté – qui sont parfois des tartuffes ; les imprécateurs de l'autre – hommes de révolte et de colère, assez assurés de leur foi pour s'engager à contre-courant, tonner, tonitruer et prendre le risque, ainsi, de l'extrême infidélité. C'était Bernanos, en Espagne. Ce sera Clavel, en 68. Et c'est, ici, Mauriac – cet enragé qui ne se lasse pas de penser, et donner de la voix, contre sa tribu.

La voix de François Mauriac. Cette voix cassée, froissée et presque chuchotée dont je me suis toujours dit qu'il se l'était faite pour retrouver le ton du confessionnal. Dans le *Bloc notes* c'est le contraire. Et loin qu'on y retrouve, comme on dira bêtement, « sa » voix, c'est l'autre timbre qui ressuscite – celui des imprécations qu'il ne peut, dans la vie, que murmurer. Le *Bloc-notes* comme porte-voix. Le *Bloc-notes* comme substitut et comme revanche. Ce muet a choisi un genre qui le vengeait de sa corde vocale abîmée. L'aurait-il tant voulu, ce bloc-notes, sans cela ? Y serait-il resté, toute sa vie, si fidèle s'il ne lui avait rendu, sur le papier, la force que sa voix n'avait plus ?

Un dernier mot. Son gaullisme. C'était, de son vivant, ce que l'on acceptait le plus mal. Ce sera, pour un jeune lecteur d'aujourd'hui, ce qui semblera le plus étrange. Une hypothèse. Mauriac, au fond, était un rebelle. Il était capable de tout, le savait et, probablement, le redoutait. En sorte que je me demande si, avec ce gaullisme acharné, sans nuances et quasi fanatique, il ne s'est pas trouvé une sorte de garde-fou. Le gaullisme comme Surmoi. Le gaullisme comme censeur. Le gaullisme comme tuteur, soufflant à l'éventuel intempérant : « Voilà la bêtise à ne pas faire, l'égarement auquel ne pas céder ». N'est-ce pas la situation d'Aragon, à l'abri du Parti communiste ? Celle de Malraux, quand il vire au nationalisme ? Les écrivains sont des voyous. La politique est leur direction de conscience.

30

De l'intérêt du décalage horaire. Les cocasseries de l'Histoire, selon Giesbert. Le rire de James G... Cher Régis..., cher Mario... Responsable de son image ?

Los Angeles. Les gens un peu surpris que je sois venu jusqu'ici et que je passe mes journées, enfermé dans ma chambre d'hôtel, à travailler. C'est pourtant simple. Morand disait qu'il avait besoin, pour écrire, de mettre de la distance, c'est-à-dire de l'espace, entre lui et Paris. Aujourd'hui, l'espace c'est le temps et je ne travaille, moi, jamais mieux qu'en mettant le maximum de temps – c'est-à-dire, concrètement, de décalage horaire – entre l'affairement parisien et moi.

Ici, l'écart est de neuf heures. Et c'est assez pour que, passé les premières heures de la matinée – qui sont, à Paris, les dernières de l'après-midi et où, donc, mes amis, mes proches, mon bureau, etc., me téléphonent encore – le contact soit rompu et la sérénité retrouvée : délicieux sentiment, à mesure que la journée avance, d'une vie qui, là bas, s'épuise puis s'éteint – et, en tout cas, m'oublie.

Dévoré dans l'avion – ultime bonheur de l'affairement ? – la *Fin d'une époque* de Giesbert. J'y ai trouvé, entre autres savoureuses anecdotes, la conversation historique de Kohl et Gorbatchev, à la veille de la réunification allemande. Il fait nuit. Ils sont fatigués. Ils sortent d'un bon dîner et ont eu une journée chargée. Helmut a entraîné Mikhaïl dans le parc de la Chancellerie, pour une promenade de santé. Ils avisent un muret. S'y asseyent. Ils sont comme deux collégiens, balançant les jambes dans le vide, en train de parler de tout et de rien. Et c'est là, dans ce jardin, que, comme de vieux copains finissant une soirée, ils évoquent le sort de l'Allemagne, donc le futur de l'Europe – et, pour la première fois, s'accordent sur ce qui sera l'événement majeur de la fin du XXe siècle. Talentueux Giesbert. Cet art de la scène. Cette science du trait et du portrait. Et aussi, parfois, cette méchanceté dont je parlais l'autre semaine à propos de Mauriac et qui donne au livre ses meilleurs accents – les pages, désopilantes, sur les rapports Mitterrand-Rocard, ou la douce folie de Giscard, ou la vanité d'un Raymond Barre qui persiste à se prendre pour de Gaulle alors qu'il n'a même pas le destin de Mendès...

Dans une « party » où je ne m'attarde guère, James G., milliardaire franco-britannique. Je l'observe quelques instants et vois qu'il a trouvé un nouveau truc quand il est dans une pièce et qu'un groupe se forme autour de lui. Il ne parle pas. Il rit. Il ne cesse littéralement de rire. Un rire figé, un peu mécanique, qui semble se nourrir de lui-même autant que de ce qui se dit – un sourire de bouddha qui aurait tourné au rire et, mystérieusement, n'en reviendrait pas. Vu de loin,

85

cela fait bizarre. Mais je perçois, aussitôt, les avantages de l'attitude. Primo : éviter, avec courtoisie, d'avoir à répondre à ce qu'on lui raconte − version rieuse de Buñuel qui feignait, lui, d'être sourd. Secundo : « Je suis le roi ; oui, une sorte de roi Jimmy ; je suis comme ces Présidents, debout dans leur Chevrolet, qui agitent doucement la main − moi je ris ». Tertio : « Comme ces gens se donnent de mal ! comme ils s'emploient à m'amuser ! eh bien oui je m'amuse et, pour les remercier, je ris ».

Reçu, de Paris, les articles de Vargas Llosa et Régis Debray sur le GATT. Idéologiquement, je me sens proche du premier et de sa belle colère contre un anti-américanisme qui ne sera jamais, lui non plus, qu'un socialisme pour imbéciles. Mais, pratiquement, je sais que c'est l'autre qui a raison et que notre cinéma mourra s'il n'est pas, en effet, protégé. Inextricable débat qui, d'ici, paraît plus cruel encore : dans le flot ininterrompu d'images que débite l'euphorie US, dans le déluge de signes jaillis de son industrie et que je vois bouillonner sur mon écran TV avant qu'ils n'aillent investir le monde, nourrir ses rêves, modeler ses imaginaires et construire ses fables modernes − combien surnage-t-il de noms (acteurs, auteurs, artistes en tous genres, héros) qui nous rappellent que l'Amérique, aussi, est fille d'Europe ?

La nouvelle du départ d'Hervé Bourges, c'est ici que je l'apprends, dans un journal de Los Angeles qui lui consacre une colonne. Comme cette affaire est étrange, quand on la voit de loin ! Ce que l'on reprochait au président de France-Télévision ce n'était pas sa gestion : elle fut excellente. Ni son incompétence : il est partout considéré comme l'un des grands professionnels du genre. Ce ne sont même pas ses opinions : voilà longtemps qu'il était, comme nombre d'entre nous, « de gauche » par habitude, fidélité et faute de mieux. Non. Ce qui l'a perdu ce sont des engagements anciens, vieux de trente ans, mais qui le suivent comme son ombre et pèsent sur lui comme un destin. Inertie des images. Paresse des premières images. On croit que cela va vite, qu'un cliché va chasser l'autre et que tout finit par s'effacer. Pas du tout. Debray encore : il était déjà quasi gaulliste qu'on le croyait, toujours, guévariste. Bourges : il aurait beau s'époumoner à crier qu'il a changé, que le temps a passé – pour un grognard du RPR il est, à jamais, l'ami des «fellaghas» et de Ben Bella. La fatalité ce n'est plus, comme croyait Kant, le caractère – c'est l'image.

31

Fascisme cathodique ? Delannoy, Sartre et Resnais. L'hiver commence à Moscou. La victoire d'Elkabbach. Rendez-vous avec Bernard Frank.

Berlusconi persiste et signe. Après l'appel à voter pour les post-fascistes de Rome, voici la main tendue aux crypto-fascites des Ligues du Nord. A ce degré d'obstination, on ne peut plus parler d'égarement ni de maladresse – et l'on est bien forcé de se dire qu'il y a quelque chose, là, qui ressemble à une stratégie. Laquelle ? On verra bien. Mais une question, dès à présent, se pose. Silvio Berlusconi est le premier et, à ce jour, le seul grand patron européen à avoir ouvertement joué cette carte. Or il est un peu plus que ce grand patron puisque celui que l'Italie appelle, depuis des années, Sua Emittenza est *aussi* notre empereur du « Spectacle ». Est-ce un hasard ? Un signe des temps ? Quelle signification attacher, oui, au fait que le premier à transgresser, en Europe, l'interdit soit l'*Homo cathodicus* par excellence – en personne et majesté ?

On se souvient des *Jeux sont faits*, le film de Delannoy, écrit par Sartre, qui racontait l'histoire de ce militant abattu par un mouchard – mais qui, comparaissant devant les « instances de l'au-delà » et y obtenant la « chance d'une autre vie », revenait parmi les vivants mais échouait à « reprendre son coup » et périssait, 24 heures après, sous les balles du même assassin. Eh bien le *Smoking / No smoking* d'Alain Resnais, c'est très exactement le contraire. On passe son temps, dit-il, à rejouer sa vie et son destin. Une cigarette que l'on allume ou pas, un battement de cil de plus ou de moins, un geste anodin, un lapsus, une paire de godillots différents, une coiffure, et vous voici Alceste ou Pangloss, aimable bourgeoise ou nymphomane – voilà tout le film de votre existence qui se rembobine et prend un autre cours. Vertige des possibles. Micro-écarts et macro-effets. Un déplacement balistique minuscule, un « clinamen » imperceptible – et toute une chaîne de conséquences qui vous font devenir autre que vous n'êtes. Philosophie d'homme libre.

Élection d'Elkabbach. Son premier geste : saluer son rival malheureux. Le second : s'adresser aux écrivains, artistes et autres créateurs pour leur dire que France-Télévision sera, désormais, leur maison. Mais le plus beau de l'histoire c'est encore sa dimension romanesque – le même homme qui, à douze ans d'écart, aura été le premier bouc émissaire de l'ère mitterrandienne et, peut-être, l'un de ses derniers élus. Je sais bien que rien n'eût été possible s'il n'avait eu, *aussi*, le soutien de ses pairs, et celui du gouvernement, et mille choses encore. Mais on ne m'empêchera pas de voir dans le télescopage de ces deux images (hier, la chute ; aujourd'hui, le triomphe) comme un « witz » de l'époque – un trait d'esprit qui en dit long sur ses retournements, ses regrets, ses cheminements obscurs, ses diversions, bref son roman. Et si le soir du 10 Mai... Et si, deux ans plus tard, à Europe 1... La vie est comme un film. Et c'est, ici aussi, Resnais qui a raison.

Triomphe de l'extrême-droite en Russie. L'idée à la mode est celle d'un passé très ancien que le communisme aurait « congelé » et dont la débâcle « décongèlerait » soudain les fossiles. Or j'écoute, moi, ces gens. J'observe ce Vladimir Jirinovski et ses airs de Führer moscovite. Et ce qui me frappe ce sont les accents modernes au contraire, pas si archaïques ni fossilisés que cela, du discours qu'il commence à tenir – jusqu'à cette dénégation, bien évidemment hypocrite, mais typique des fascismes d'après le fascisme : « Non, non, je ne suis pas fasciste, surtout pas antisémite, je serais si fier, au contraire, d'avoir une goutte de sang juif, allemand ou tatar... » (*Le Monde*, du 16 décembre). La bonne métaphore, dans ce cas, est peut-être moins celle du gel que de la *serre*. Ou encore, si l'on préfère, celle d'un « bouillon » communiste où furent, non pas figés, mais *cultivés*, des germes relativement nouveaux, issus de souches elles-mêmes nouvelles et qui auront, une fois éclos, une virulence insoupçonnée. Question de mots ? Oui et non. Car c'est toujours la même chose. On commence par se tromper de mot. Et on finit, naturellement, par se tromper de stratégie.

J'ai écrit, voici quinze jours, que Stendhal pensait rester par le théâtre davantage que par ses romans – mais en négligeant de préciser (ah ! pardon...) que ce théâtre auquel il n'avait cessé de rêver, il ne l'a évidemment pas écrit; et voici Bernard Frank, notre Sainte-Beuve en ses jeudis, qui m'honore de sa cuistrerie et, de bloc-notes à bloc-notes (et « sur le dos » d'un autre bloc-notes, le vrai, puisque celle de mes chroniques qu'il dissèque était consacrée à François Mauriac) voudrait m'administrer une leçon de sérieux. C'est bizarre. Un peu excessif. Mais comme il se fait tard, que *Le Point* attend mon papier et que les méthodes de ce Bernard-là sont déjà contagieuses, je remets à plus tard la réponse que, du coup, je lui dois. A la semaine prochaine ?

32

Bernard Frank, donc. Nouveau retour à Sarajevo. Et si l'Histoire, après tout, n'était pas soluble dans le cliché ?

J'aurais voulu pouvoir offrir à Bernard Frank autant de place, dans ce bloc-notes, qu'il m'en a consacré dans le sien. Nous aurions parlé littérature bien sûr. Et Stendhal. Et Chateaubriand. Et le gaullisme de Mauriac, que je persiste à trouver surprenant. Mais je me serais surtout intéressé, je crois, à l'allure du personnage. Son côté bougon. Un peu revêche. Ce mélange de malice et d'aigreur qui en fait le ministre de l'Intérieur de nos lettres, veillant sur son pré carré, surveillant les allées et venues de chacun. Cette façon qu'il a, aussi, de recycler inlassablement ses textes. Ce coup de génie – car c'en est un – qui consiste à nous faire croire qu'une chronique de lui est inédite tant qu'il ne l'a pas rééditée au moins trois fois. Cet art d'accommoder les restes, ou de réchauffer ses vieux ragoûts, qui lui tient lieu d'art poétique. Je l'aurais décrit tel qu'il est : exactissime contrôleur, précis vivant de littérature. Tel que je l'imagine : sorte de Léautaud sans chat – mais peut-être, après tout, en a-t-il un ? – portant robe de chambre et bonnet, aimant les plats un peu lourds et les sauces bien allongées. A propos de sauces et de plats, je me serais penché sur ce cas – au fond, singulier – de confusion des genres entre critique littéraire et gastronomique : le seul qui, à ma connaissance, lorsqu'il n'a rien lu dans la semaine, nous parle des vins qu'il a aimés ou du dernier restaurant où il a pris ses habitudes. J'aurais essayé de décrire sa phrase, inimitable elle aussi, avec sa façon de prendre son temps et de se laisser piéger par sa propre mauvaise foi : elle veut être malveillante, on le sent; elle peaufine sa perfidie; puis la voici qui se ravise, tempère le fiel par une amabilité, avant de se décider à une pique qui est encore un demi-compliment. Bref j'avais envie d'un portrait de Bernard Frank. Mais, hélas, je ne le ferai pas. Car je ne voudrais pas finir l'année – et ce bloc-notes sera le dernier avant mon retour de Sarajevo, au début de l'année prochaine – sans dire tout de même un mot d'une ou deux affaires, plus décisives.

La première concerne, justement, Sarajevo où je retourne donc, aujourd'hui, 20 décembre, une nouvelle fois. Ce que je vais y faire ? Ces deux minutes quotidiennes d'images que nous nous sommes, à Arte, engagés à insérer au début de notre Journal. Ce film de cinéma, auquel je travaille depuis des mois, et qui sera mon hommage – personnel – à la résistance des Bosniaques. Écrire des articles. Finir un livre. Voir des amis, simplement des amis – ces amis que je me suis faits au fil de mes séjours dans la ville assiégée et qui vivent, depuis presque deux ans, dans un état de précarité insensé. Bref faire mon métier, à la fois d'intellectuel et d'homme, en un lieu où l'on bafoue, et le simple honneur des hommes, et la possibilité de penser. J'ai bien vu, l'autre jour, à la télévision, que j'avais blessé le général Briquemont, commandant des forces de l'ONU à Sarajevo, en disant ce que m'inspirait notre attitude dans ce conflit. Il a eu tort. Car ce ne sont pas les hommes que je mettais en cause. Encore moins *ses* hommes – qui font un travail admirable et risquent quotidiennement leur peau dans le cadre d'un mandat aussi incompréhensible qu'intenable. Non. C'est au mandat que j'en avais. Donc aux politiques qui l'ont défini. Et à une communauté de nations qui sut lever une armada pour bouter Saddam hors du Koweït et n'est pas capable d'envoyer quelques avions bombarder les batteries serbes qui mêleront, ce dimanche, le bruit de leurs obus à celui des carillons de Noël. Je respecte les casques bleus. Mais je méprise – comme eux, je crois – une diplomatie onusienne qui laisse agoniser les Bosniaques et, avec eux, les valeurs de l'Europe.

L'autre chose que je voulais dire, avant que ne s'achève l'année, concerne cette paix israélo-palestinienne qui était, elle, en revanche, *la* bonne nouvelle de la saison, dont nous avons été innombrables à saluer les heureuses prémisses et qui semble, aux dernières nouvelles, sur le point de s'enliser. Il y a eu une belle image : la poignée de main, historique, entre Arafat et Rabin. Un mise en scène de génie, signée de Bill Clinton et de la troupe de la Maison Blanche. Il y a eu un moment d'euphorie, et comme de grâce cathodique, où l'on a cru qu'un symbole pouvait effacer, à soi seul, des décennies de malentendu. En sommes-nous si sûrs, aujourd'hui ? Sommes-nous bien certains que le Tragique (c'est-à-dire, au sens propre, l'irréductible affrontement d'intérêts, voire de passions, contraires) soit soluble dans le cliché ? Pensons-nous, en un mot, qu'il suffise d'une image pour remonter le cours d'une Histoire où s'affrontent, pis que des idéologies, des eschatologies concurrentes ? Je l'espère, bien entendu. De toute mon âme, et comme chacun, je l'espère. Mais je suis loin d'en être sûr. Et j'ai le sentiment, là encore, que c'est à reculons, dans l'obscur, que nous entrons dans la nouvelle année.

33

A Sarajevo, conversation avec le général Brique-mont. Israël et le Vatican : solde de tout compte ? Jésus, Judas et Tarkovsky. Jean d'Ormesson et la littérature. Jean-Claude Fasquelle et son grand-père. Pour en finir avec la biologie, et ses mythes.

Épidémie de révolte à l'état-major des casques bleus de Sarajevo. Ma première réaction : voilà des gens qui, pour certains, ont avalé les 140 000 morts bosniaques, les camps de concentration, les viols, les crimes contre l'humanité, les crimes de guerre – et qui se réveillent quand c'est à eux que l'on s'en prend et à leur honneur que l'on en a. La seconde, que je préfère : mieux vaut tard que jamais et bravo s'ils prennent conscience de ce que nous sommes quelques-uns à dire depuis deux ans et que je répétais, à Sarajevo, il y a quinze jours, devant Briquemont – « Votre mandat est politiquement obscur, moralement inhumain, stratégiquement absurde ; retirer nos forces de Bosnie ? oui si, comme vous me le dites, c'est leur présence qui, finalement, interdit d'intervenir ».

Israël-Vatican. J'entends les analyses politiques des uns. Les commentaires malins des autres. Je lis tout ce que l'on a pu écrire sur l'obligation où se trouvait le Saint-Siège de protéger ses chrétiens d'Orient et de ménager, pour cela, les États arabes. Ce qui me fascine, moi, c'est la dimension vraiment religieuse, c'est-à-dire métaphysique, de l'événement – puisque c'est, si je comprends bien, *parce qu'*Israël n'a pas reconnu le Christ il y a deux mille ans que les chrétiens, *en retour*, ont tant tardé à reconnaître Israël. Miracle, alors, de l'amitié retrouvée. Mais vertige, plus grand encore, devant un malentendu millénaire dont je doute, une fois de plus, qu'un « geste » vienne à bout. Toujours la même histoire, n'est-ce pas ? Le siècle s'achève, à nouveau, dans une sorte de liquidation monstre, avant jugement et inventaire. Mais suffit-il d'une braderie, c'est-à-dire d'une poignée de mains, d'un échange d'ambassadeurs, ou d'un accord, pour en finir avec la sainte – ou criminelle – folie des hommes ?

Dans le *Journal* de Tarkovski, quelques semaines avant sa mort, et en marge d'un *Golgotha* qui sera resté à l'état de projet, ce fragment sur lequel je tombe, le jour même de l'événement : « Jésus se sent coupable à l'égard de Judas ; il est effondré devant la nécessité qui doit faire de Judas un traître ; et comme un homme qui aurait tendu un poison à un autre, il attend avec anxiété que le poison commence à faire son effet ». Tout est dit de ce mystère qui m'obsède depuis des années et qui est, à mes yeux, l'un des mystères du christianisme. Que serait-il, ce christianisme, sans Judas ? pourquoi a-t-il eu besoin, si impérieusement, de sa trahison ? et qu'y a-t-il dans la tête de Judas lui-même en cet instant, si poignant, où il offre son infamie ? Ah ! le point de vue de Judas... Cet évangile selon saint-Judas – à l'évidence, la pièce qui manque...

Étrange destin de Jean d'Ormesson. L'un des rares, dans sa génération, à ne s'être sûrement pas dit, à vingt ans : « Chateaubriand ou rien ». Le seul à n'avoir cessé de répéter : « Non, non, je ne fais que passer, n'allez surtout pas me prêter plus de génie que je n'en ai ». Et pourtant, à l'arrivée, si l'on met bout à bout *La Gloire de l'Empire*, le *Juif errant* et, maintenant, la *Douane de mer*, un ensemble qui finit par faire œuvre – et l'une des plus *composées* de l'époque. Il y a les œuvres annoncées, qui nous arrivent précédées de tous les clairons de la vanité. Il y a les œuvres qui ne préviennent pas et se font dans le dos de leurs lecteurs autant, peut-être, que de leur auteur. Jean d'Ormesson est de la seconde espèce : après l'œuvre au noir, l'œuvre en douce – et le sentiment, pour nous, d'un tour heureux de l'Histoire.

Les *Cahiers* de Barrès chez Plon. Je reviendrai sur le texte même – et l'énigme, notamment, des postures successives de l'écrivain. Cette anecdote, pour le moment, que je ne résiste pas au plaisir d'évoquer. C'est il y a une dizaine d'années. Un comité de lecture chez Grasset. L'un de nous – François Nourissier, il me semble – informe l'assemblée que ces *Cahiers* tombent dans le domaine public et peuvent être réédités. Un tour de table, pour la forme. Une unanimité, quasi immédiate. Et Jean-Claude Fasquelle alors, se souvenant que son grand-père, Eugène Fasquelle, fut déjà l'éditeur de Barrès mais qu'il était aussi celui de Zola, se rappelant le jour où le premier, en pleine affaire Dreyfus, avait exigé que l'on choisisse entre lui et l'auteur de *J'accuse* et, devant l'échec de son chantage, avait lui-même décidé de partir, Jean-Claude Fasquelle, donc, sort de son mutisme pour, à la stupeur générale, et comme s'il était réellement, soudain, devenu le contemporain du grand-père Eugène, trancher avec superbe : « Barrès a quitté la Maison par la porte, il est hors de question qu'il y revienne par la fenêtre ».

Qu'un Eddy Barclay, à soixante-dix ans, fasse un enfant, rien que de très naturel. Qu'une femme du même âge, ou plus jeune, ose en former le vœu, et voilà l'opinion en émoi. Classique ? Sans doute. Sauf quand l'État s'en mêle et prétend, comme c'est le cas, arbitrer le débat par la loi. Désir et loi... Culture et nature... Nature culturelle du désir et, en particulier, de *ce* type de désir... Il y a là toute une problématique, terriblement complexe, dont on aimerait que les responsables aient pris, avant de parler, la mesure. D'une chose, en tout cas, je suis sûr : la détestable régression qui verrait réduire la belle énigme de la filiation à une pure affaire de loi naturelle et, donc, de biologie.

34

La loi Falloux et ses comédies. Un mot encore sur Judas. Une lettre de Machiavel. Merci, Garcin; bienvenue, Prévost.

Ce qui est passionnant, dans cette affaire de loi Falloux, c'est la façon dont, une fois de plus, fonctionne notre République. Rappelez vous 1981. L'opposition de l'époque. Sa défaite. Son désarroi. Et la façon dont un faux pas de la gauche lui permit de se requinquer et d'entamer sa remontée. Eh bien les époques passent. Les hommes changent. Mais il faut croire que les vrais moteurs, les vrais mythes fondateurs, demeurent. Car voici le même scénario, presque le même casting, *mais à l'envers* : un faux pas de Balladur ; l'imprudence d'un Bayrou symétrique de celle de Savary ; et l'opposition d'aujourd'hui, toute à sa divine surprise, qui flaire aussitôt l'aubaine et l'opportunité d'une renaissance. Que la querelle donne un sentiment d'irréalité, peu importe. Que notre enseignement, public ou privé, soit, de toutes façons, en crise et que ceux qui défendent « la laïque » défendent, hélas, un cadavre – nul n'a l'air de s'en aviser. Car tout se passe, en réalité, comme si le seul souci des acteurs était de retrouver leur totem et, autour de la table totémique, de se réincorporer un peu de leur identité perdue... Nous avons abdiqué devant la crétinisation audiovisuelle. Nous avons renoncé, pour la plupart, à apprendre à lire et écrire à nos enfants. Mais nous ranimons une guerre scolaire à laquelle, au fond, nous ne croyons plus et qui n'est que l'occasion de se réinjecter, à toute vitesse, une dose de vitamine et de mémoire. Qui secourons-nous, alors – nos enfants, ou nous-mêmes ?

Nombreuses lettres de lecteurs après ce que je disais, la semaine passée, de Judas et de son évangile manquant. Quoi, me disent-ils ? Ce traître ? Ce vendu ? L'homme qui, pour trente deniers, osa donner le Christ ? Sur l'affaire même des deniers, je renvoie à la dernière en date des biographies de Jésus, celle de Jean-Claude Barreau, chez Plon : je ne crois pas qu'il ait raison, même si l'hypothèse est passionnante, de privilégier à ce point la piste politique (Jésus explicitement comparé à Jean Moulin, les zélotes à un mouvement de résistance et l'Iscariote à un membre de l'IRA) ; mais il est convaincant, en revanche, quand il écarte l'hypothèse d'un geste dont le vrai motif eût été l'appât du gain. Pour le reste, c'est-à-dire pour ce qui concerne la signification théologique de l'acte et, donc, la place du douzième apôtre dans l'économie de la Rédemption, j'invite les esprits curieux à se reporter à un livre plus ancien – et qui, dans mon souvenir, est à la fois romanesque et très précis : *L'Œuvre de trahison* de Mario Brelich. Son idée ? Un Judas victime. Un Judas inspiré par le Christ, jusques et y compris à l'instant fatal. Et centralité du rôle de ce Judas-là dans le dispositif sacrificiel qui est, qu'on le veuille ou non, la pierre d'angle des églises chrétiennes.

Lettre de Machiavel à Francesco Vettori, après la chute de la République et l'exil à San Casciano. « Je passe mes journées, dit-il, dans les tavernes. Je vois des gens de mauvaise vie. Je me mêle, non sans amertume, aux vanités et divertissements du siècle. J'ai la nostalgie, surtout, de mes ambassades et complots d'autrefois. Mais voici venue la nuit – et, avec elle, ce moment béni où je me mets en habit de cérémonie, fais entrer Tite-Live et Thucydide et là, dans mon cabinet, dans cet autre temps qui s'y instaure, deviens ce que je suis, c'est-à-dire l'auteur du *Prince*. » Envie de la citer, cette lettre, à ceux qui me parlent, aimablement bien sûr, de telle véhémence télévisée, de telle intervention, de tel article – sans avoir l'air de savoir combien, pour un écrivain, cela compte finalement peu. Une page réussie, un mot, une ponctuation bien ajustée, un dialogue qui sonne juste : c'est là, et là seulement – le savent-ils ? – que tout se joue.

Le *Pour Jean Prévost* de Jérôme Garcin. D'autres – ici même – reviendront sur les qualités du livre ainsi que sur celles, j'imagine, de l'œuvre de Prévost lui-même. Je saisis, moi, l'occasion de dire, à la fois mon remords, et ma joie. *Remords*, il y a cinq ans, lorsque j'écrivais, pour la télévision, mon histoire des intellectuels, d'avoir oublié Jean Prévost : ils étaient tous là, les grands aînés; aucun, ou presque, ne manquait; jusqu'à Drieu, Brasillach ou Barrès qui avaient droit à leur séquence; et pas un mot, réellement pas un, de ce bel écrivain, héroïque, exemplaire, qui travaillait à son

Stendhal la veille encore de sa mort, sous les balles allemandes, dans le Vercors. *Joie*, aujourd'hui, de voir un essayiste rendre justice à un homme dont j'étais, à ma décharge, bien loin d'être le seul à avoir occulté le nom : le livre, de ce point de vue, n'est pas une commémoration, mais une réhabilitation – et c'est, prenons-y garde, exactement l'inverse. La commémoration plombe ; la réhabilitation sublime. La commémoration ajoute un rivet de plus au bois du cercueil de l'écrivain ; la réhabilitation l'allège, l'élève, le ressuscite. Il y a quelque chose d'étouffant, souvent de morbide, dans la folie commémorative qui s'est emparée de l'époque ; les résurrections sont toujours gaies, heureuses, exaltantes – c'est comme si notre compagnie s'enrichissait d'un nouvel ami. Bienvenue, Prévost, au banquet des nostalgies.

35

Qu'est-ce que la laïcité ? Salman Rushdie, et les pièges de la littérature. Régis Debray, docteur ? Sur un silence des intellectuels. Rocard, Gottwald et la casquette.

Un dernier mot sur cette affaire de loi Falloux. Je ne retire rien à ce que je disais, la semaine dernière, du caractère irréel de ce « grand débat national » dont les termes et les enjeux sont si évidemment archaïques. Reste, cela dit, l'essentiel. A savoir la laïcité même – et ce qu'elle pourrait être si, au lieu d'en ressasser les slogans les plus éculés, nous en remettions sur le métier les concepts fondateurs. La *vraie* laïcité ? Celle qui, par-delà la querelle scolaire, nous permettrait de penser, et combattre, la montée des intégrismes. La laïcité en Algérie. La laïcité en Iran. La laïcité contre les fondamentalismes, c'est-à-dire les pensées du fondement, ou les délires de pureté (car qu'est-ce, étymologiquement, que l'intégrisme sinon la religion de la pureté ?) qui sont en train de redevenir le mal de cette fin de siècle.

Salman Rushdie à Londres. Rencontre, pour *Arte*, avec Claude Lanzmann, Pierre Nora, Fritz Raddatz et moi. Très vite, la conversation se fixe sur le Rushdie que l'Affaire a éclipsé et qui est pourtant le seul qui compte puisqu'il s'agit de l'écrivain. Sa conception du roman. Sa foi dans les pouvoirs du livre. L'affinité de la littérature avec quelque chose qui serait de l'ordre du « diabolique » ou du « pervers ». Et puis – c'est Lanzmann qui parle – la série de citations qui, dans le corps même des *Versets*, semble indiquer qu'une part de lui-même savait, ou anticipait, l'effroyable cataclysme que le texte pouvait provoquer. Salman hésite. Sourit. Il sait que le terrain devient glissant et prend garde de ne pas répondre. Mon explication, plus prudente, mais dont je dois avouer qu'il ne la confirme pas davantage : les livres se font dans notre dos; ils sont toujours plus malins, plus intelligents que leurs auteurs; et c'est pourquoi ils savent parfois, mieux que l'auteur, ce qu'il y a mis.

Le cas Debray. Je ne me lasse pas de m'interroger sur l'énigme du cas Debray. Car enfin voilà un homme qui a combattu en Bolivie, connu la prison à Camiri – voilà un intellectuel qui, lorsqu'il conseillait Castro, Allende ou Mitterrand, ne pouvait pas ne pas avoir en tête quelques-uns des grands modèles de la tradition littéraire du XXe siècle. Serait-il notre Malraux ? Notre Barrès ? Prenait-il le risque ou le chemin, erreurs et reniements aidant, de devenir une sorte de Péguy ? Toutes les hypothèses étaient permises. Toutes. Sauf de le voir, vingt ans après, s'acharner, comme il le fait, à effacer, ou banaliser, sa part de mythologie – le dernier épisode du genre étant cette soutenance de thèse, en Sorbonne, à laquelle la presse, mais lui aussi, semble attacher tant d'importance. Je n'ai rien contre la Sorbonne. Mais tout de même ! Commencer avec le « Che », pour finir entre Dagognet et Bourgeois ! Entrer dans la légende, pour demander son visa de sortie vers l'Université ! J'ai écrit, une fois, un article intitulé : « Régis Debray, un fou qui se prend pour Régis Debray ». Eh bien je me trompais. Car la vérité c'est qu'il ne sait pas, ou ne sait plus, ou veut, pour de mystérieuses raisons, oublier qu'il est ce Régis Debray. Situation unique – et qui ne manque évidemment pas d'allure – d'un écrivain qui aura passé sa vie à tuer la fiction en lui.

Que Boutros Boutros-Ghali sanctionne le général Cot, c'est dans l'ordre. Que la France obtempère, qu'elle ne défende pas ses propres soldats et qu'elle ne saisisse pas l'occasion – pour une fois, justifiée ! – de rappeler qu'elle a, sur le terrain, le plus fort contingent de casques bleus et aurait donc été fondée à donner son avis sur la question, ne surprend, hélas, pas non plus. Ce que l'on comprend moins, c'est le silence des uns et des autres – je pense à ceux, notamment, qu'avait indignés, en son temps, le rappel de Morillon. Le panache est au moins aussi grand. Le scandale, aussi criant. Et l'on n'entend, étrangement, plus personne. Assoupissement des consciences ? Léthargie généralisée ? Ou la Bosnie qui, tout doucement, glisserait hors des esprits ?

La casquette de Michel Rocard, lors de cette manifestation de dimanche. Elle ne lui va pas, cette casquette. Elle ne colle pas avec le personnage. Elle a quelque chose d'emprunté qui surprend les observateurs – jusqu'à ce que l'un d'entre eux s'avise qu'elle a été, non empruntée, mais achetée un jour où l'intéressé alla voir Mitterrand à Latché. Pourquoi l'a-t-il remise, alors ? Et pourquoi en ce jour, qui devrait être celui du réveil de la gauche et donc, pour lui, de l'émancipation ? Toutes proportions gardées, c'est un peu l'histoire de *La Toque de Clementis*, cette nouvelle de Kundera où l'on voit le ministre socialiste Clementis, sur le balcon du Palais, à Prague, prêter sa toque à Klement Gottwald pour, tandis qu'il lit son discours, l'abriter un peu de la neige. Le temps passe. Les socialistes s'en vont. Le gentil Clementis disparaît des photos officielles. Sauf qu'il reste cette photo avec, sur la tête de Gottwald, la fichue toque que rien n'efface. Qui, en l'occurrence, est Gottwald ? Et qui est Clementis ? Je vous laisse le deviner. Une seule certitude : on croit tout effacer et recommencer ; on pense

se débarrasser d'un passé, qui encombre et qui pèse ;
c'est, en politique, péché mortel – il y aura toujours
une toque, ou une casquette, pour rappeler aux étourdis la loi.

36

Défense de Toscan. Le courage de Jean-Paul II.
Drieu et sa préhistoire. Le double régime de la pen-
sée. Marchais, Lacan et le capitaine Achab.

On imagine la scène. Un hôtel de sports d'hiver. Une
conversation qui s'éternise. Des amis qui s'ennuient.
Des jolies femmes, qu'on veut égayer. Le dernier film
d'Altman, *Shortcuts*, que l'on a sans doute en tête et
qui dit, lui, bel et bien (étrange, soit dit en passant,
que l'on n'ait pas fait le rapprochement) : « Los Angeles est une nouvelle Sodome, un tremblement de terre
va l'engloutir ». Et un homme, Daniel Toscan du
Plantier, dont la générosité tient aussi à sa façon d'éle-
ver au rang d'un des beaux-arts l'exercice de la conversation et de ne jamais résister, donc, au plaisir de
faire – offrir ? – un mot. Fallait-il, d'un de ces mots,
faire tout à coup une petite phrase ? Et devra-t-on,
chaque fois que Toscan blague, titrer : « le président
d'Unifrance pense que... Monsieur Cinéma a déclaré
que... » ? Toute la question est là. Avec – réponse
provisoire, mais dont il fait pour le moment les frais –
la folie d'un système dont il convient désormais de savoir qu'il ne fait grâce d'aucun lapsus, s'en empare,
s'en nourrit et le répercute, à l'infini, d'un bout de la
vidéosphère à l'autre.

Jean-Paul II, « réactionnaire » ? Jamais l'ineptie de
la formule ne m'aura parue si manifeste. En quelques
jours, en effet, ce Vatican réputé « conservateur » aura
pris successivement parti pour la défense de la Bosnie,
contre les méfaits les plus criants de la société du
spectacle et de sa télé et contre l'alliance, proposée par
Berlusconi, avec les néofascistes italiens. Sur trois des
grands problèmes de l'heure, sur trois des dossiers

brûlants que les politiques ont à traiter, c'est lui qui, autrement dit, se sera prononcé avec le plus d'audace. Et le plus remarquable est qu'il l'ait chaque fois fait, non pas en dépit, *mais en vertu*, de cette fameuse « rigidité » dont on lui fait souvent procès : la Bosnie au nom du respect de la vie, la télévision parce qu'il songeait aux valeurs familiales menacées – et le refus de la main tendue aux fascistes par souci de préserver l'autonomie et la diversité de la famille politique chrétienne. Vertus de la doctrine. Génie du dogmatisme. Preuve, comme disait autrefois Clavel, que c'est dans l'esprit d'orthodoxie que gît parfois la vraie révolte. Jean-Paul II, le subversif.

Correspondance de Drieu avec André et Colette Jéramec. Passionnant, son rapport à cette femme qu'il aura tour à tour aimée, épousée, humiliée, dépouillée, prise en pitié, haïe – et chez laquelle, à la toute fin, il viendra quand même se cacher comme si le judaïsme, à travers elle, l'avait poursuivi et rattrapé. Mais le plus intéressant, cela dit, c'est encore le jeune Drieu tel qu'il se révèle dans ces premières lettres – exalté, vitaliste, fasciné par la force et le surhomme, rêvant de guerres primitives que les « couilles plates diplomatiques » ne détourneraient pas de leur saine « sauvagerie », anti-intellectualiste, méfiant à l'endroit de la culture et du droit – bref, et pour l'essentiel, déjà obsédé par une musique qui sera, un jour, celle du fascisme. On a toujours l'air de penser qu'il lui serait venu, ce fascisme, comme une maladie honteuse et tardive. On peut ouvrir ce recueil, dès les premières pages, à peu près n'importe où. On constatera que tout y est – encore qu'à l'état naissant – de ce qui viendra nourrir le délire de l'écrivain mûri.

Comment se forment les idées ? Dans l'échange ou la solitude ? La discussion ou la retraite ? Faut-il, pour penser, commercer ou faire oraison, sortir de soi ou y rentrer ? Et qu'est-ce qui est le plus fécond – de ce fameux « débat » dont on déplore régulièrement la perte, ou de la pure « méditation » qui livre chacun à ses forces propres ? Le problème n'est pas neuf. Il a même, et à tout prendre, l'âge de la philosophie. Mais je me le pose chaque fois que, comme aujourd'hui, à Stockholm, je me retrouve dans un de ces colloques où l'on ne sait trop si on perd son temps, ou si on le retrouve. Et la vérité est qu'à ce problème je n'ai jamais su donner de réponse ni opposer de principes solides – affaire de circonstance sans doute, et d'humeur, et de saison.

Georges Marchais à la télévision, commentant le vrai-faux mystère de sa propre succession. Le cynisme du propos. La canaillerie du regard et du ton. Cet air de vieux cabotin qui fait son dernier tour et sent que ça marche encore : « Je suis un fossile, semble-t-il dire ; mais je suis un fossile heureux et n'ai pas la moindre intention d'adapter mon Parti à l'esprit du temps ». On songe aux Italiens, nos voisins, avec leurs communistes ouverts, réadaptés, eux, à la loi du siècle et en passe de devenir, pour le pire ou le meilleur, la dernière alternative au gang des pots de vin. Mais on songe surtout au mot de Lacan, soudain si juste, sur le « narcissisme de la cause perdue » – cette jubilation de l'échec, cette jouissance que l'on éprouve à savoir que l'on va sombrer mais que l'on entraînera dans son naufrage un équipage et un monde. Marchais en capitaine Achab. Marchais en dernier stalinien. L'impudent rictus de Marchais, lançant à son interlocuteur ébahi : « Mon successeur devra être modeste ». Encore un effort, monsieur Marchais – et vous aurez légué à la France le dernier parti stalinien, non seulement d'Europe, mais du monde.

37

La question du chômage comme tragédie et représentation. Shylock moderne. Pourquoi les nouveaux pauvres ne se révoltent-ils pas ? L'abbé Pierre, deuxième. Dieu est-il un scandale ?

Avis aux gouvernants. Touchez à l'école publique ou, d'ailleurs, à l'école libre : vous aurez, aussitôt, 600 000 personnes dans la rue. Ouvrez, comme en Bosnie, de nouveaux camps de concentration. Réhabilitez, comme les Serbes, racisme et nettoyage ethnique. Ou tolérez que nous passions, nous, les Français, d'un à deux, voire trois ou quatre millions de chômeurs. Personne, en revanche, pour manifester. Pas l'ombre d'une révolte. L'insupportable est là. Il frappe, pour ainsi dire, à nos portes. Et nous semblons moins concernés que par l'abrogation de la loi Falloux.

Ce chômeur de longue durée, par exemple, qui proposait, l'autre semaine, d'échanger un rein contre un emploi. La presse en dit un mot. *Le Canard* en fait un dessin, où l'on voit Balladur s'exclamer : « Qu'est-ce que je vais bien pouvoir faire de trois millions et demi de reins ? ». Et l'on voit même, oh ! miracle, quelques employeurs s'en émouvoir. Mais pas un geste officiel. Pas une mesure prise. Un homme en arrive, oui, à sacrifier à l'État-Shylock une livre, non de chair, mais de rein : pas un ministre pour le recevoir; et sommes-nous bien certains, nous-mêmes, de sympathiser avec sa détresse ? Le chômage, comme un accident – terrible, mais qui n'arrive qu'aux autres. Le chômage comme la foudre : elle a frappé mais, heureusement, tombe à côté.

Le plus étrange, au demeurant, c'est l'attitude même des victimes. Car enfin trois millions et demi de chômeurs – auxquels pourraient s'ajouter les centaines de milliers d'exclus, SDF, sans-droits et irréguliers divers – ce serait, si on le voulait, le premier parti de France; et c'est une armée de nouveaux damnés qui, sachant qu'ils ne sont rien et ne seront, hélas, plus jamais tout, pourraient s'autoriser les insurrections les plus extrêmes. Or, là non plus, ce n'est pas le cas. Ni insoumission ni vraie colère. Mais une mystérieuse acceptation qui fait que personne ne bouge – et que les intéressés, bizarrement, se mettent au diapason de l'universelle résignation.

Une explication à cela : celle de la « servitude volontaire » selon La Boétie. Une autre : l'intériorisation de la loi, façon Marx et les marxistes. Une troisième :

l'épuisement ; le désespoir ; des hommes sans force ni ressort qui n'auraient plus d'énergie que pour se ménager de minces espaces de survie. Une quatrième encore, plus goguenarde : « Vous vous étonnez de nous voir si sages ? patience ! vous êtes, tous, de futurs chômeurs ! et grande armée pour grande armée, nous ne sommes, nous, que l'avant-garde d'une troupe immense qui, tôt ou tard, vous enrôlera – rira bien qui rira le dernier ! c'est la réalité qui nous vengera ! » Le chômage comme un destin. La misère comme une calamité. Et si c'était le Chômeur qui, comme le Prolétaire jadis, devenait la figure emblématique du temps ?

L'abbé Pierre ? Bien sûr, il y a l'abbé Pierre. Mais voyez comme, là aussi, les choses tournent étrangement. Les conditions étaient réunies pour donner à son appel un écho plus vaste encore qu'à celui d'il y a quarante ans. La gloire de l'abbé. Son âge. Le parfum de béatification qui flotte autour de lui. La mort qui commence à rôder et faisait de cette campagne une manière de testament. Or à peine l'appel est-il lancé qu'on le sent tomber à plat : remake triste, et un peu vide, de l'opération de 54 – la barbe, la bure, la machinerie de RTL, la voix même, que l'on dirait prélevée sur le cliché d'origine ; mais ce n'est qu'un cliché justement ; pire : un cliché de cliché ; et il y a, dans tout cela, quelque chose qui ne passe plus...

Le remake était-il trop parfait ? C'est cela. Et sans doute y a-t-il, dans la logique même du Spectacle, quelque chose qui s'ajoute au reste pour désamorcer l'indignation. J'essaie d'imaginer l'abbé il y a, non pas quarante ans, mais deux siècles – face, mettons, à un Louis XVI. Les media de l'époque sont là. Ce sont Diderot et d'Alembert. Un faiseur de gravures ou d'images pieuses. Un peintre, pour immortaliser la rencontre. Mais il n'y a rien, dans ce cortège, qui dénature l'événement. Alors que, dans les media d'aujourd'hui, dans le tapage qu'ils fomentent et orchestrent, il y a comme un virus qui décale le sens des choses – et, imperceptiblement, le dérègle. Allez savoir si les victimes elles-mêmes ne se sentent pas déréalisées par

la mise à distance, et en spectacle, de leur misère...
Allez savoir s'il n'y a pas là un grand trou noir qui
avalerait jusqu'à l'évidence, aussi, de la sainteté...

Écoutons, d'ailleurs, l'abbé. Ce qui frappe – et qui
explique, pour une part, son immense popularité –
c'est que cet homme de foi ne parle presque plus de
Dieu. Il parle de la misère, oui. Et de la souffrance des
hommes. Mais on sent bien, quand il le fait, qu'il
s'adresse moins au Ciel qu'au Ministre. Et au lieu
surtout, comme son double d'il y a deux siècles,
d'admonester ledit ministre en lui faisant miroiter les
flammes de l'enfer ou les lumières du paradis, on sent
que c'est presque un technicien qui en exhorterait un
autre. Triomphe de la technique. Désenchantement du
monde. Il a tout compris, l'abbé. Il a pris son parti du
siècle et de sa laïcité forcée. Peut-être a-t-il même,
en fin médiologue, flairé le scandale qu'est devenu
le simple nom de Dieu. Ma question, pour finir : peut-
on, dans un monde où ce nom est imprononçable ou
proscrit, fonder une morale et en formuler les
commandements ?

38

Le sursaut de monsieur Juppé. Comment empêcher
les Serbes de transformer leur recul en victoire. Sara-
jevo n'est pas la Bosnie. Sans perdre un instant, lisez
Julliard ! Comment un événement décisif vous rap-
proche de vos ennemis – et l'inverse.

J'ai assez déploré, depuis des mois, les atermoiements de nos ministres pour ne pas me réjouir, ce matin, du changement de climat. Cette fermeté nouvelle.
Cet ultimatum en bonne et dûe forme. Ces frappes
dont on nous disait qu'elles étaient irresponsables ou
infaisables et qui font, maintenant, l'unanimité. Ces
canons serbes qui, du coup, et au premier avertisse-
ment, semblent disposés à reculer – comme si la
« quatrième armée d'Europe » n'avait attendu qu'une
semonce pour révéler qu'elle n'était qu'un ramassis de

lâches, d'ivrognes et de soudards. Si la nouvelle se confirme, un regret – mais il est de taille : ce qui est pensable aujourd'hui ne l'était-il pas hier ? avant-hier ? dès le premier jour de l'agression ? Difficile, oui, malgré la joie, de ne pas avoir une pensée, ce matin, pour les dizaines de milliers de civils qui sont, depuis deux ans, morts pour rien.

Autre inquiétude. Où iraient ces armements lourds, dans l'hypothèse où ils seraient rendus ? Nous sommes quelques-uns à avoir en tête le précédent des Serbes de Krajina : c'était la fin de la guerre serbo-croate; l'ONU avait mis sous séquestre l'essentiel de leurs batteries; or voici l'offensive croate de Maslenica et quelques minutes leur suffisent pour bousculer la poignée de casques bleus qui veillaient sur les hangars et récupérer, sans coup férir, le matériel confisqué. Je ne suis, certes, pas expert en choses militaires – et j'ai bien noté que je rendais « fou », en m'en mêlant, le bon général Briquemont. Mais il n'y aurait qu'une manière, on le sait, de conjurer la répétition du scénario : stocker ces armements en un lieu qui fût hors d'atteinte des Serbes, en même temps qu'à portée de tir des aviations occidentales. Ou bien nous y sommes prêts et l'ultimatum prend son sens. Ou bien nous n'osons l'exiger et je ne donne pas trois semaines pour que les miliciens de Karadzic (que les Bosniaques, soit dit en passant, ne sont pas autorisés par le communiqué de l'OTAN à remplacer sur les hauteurs de leur ville) transforment la retraite en victoire : ils auraient évité les frappes, sauvé leur armement et reculé pour, le jour venu, mieux sauter sur la ville toujours assiégée.

Autre inquiétude encore. Obtenir la levée du siège de Sarajevo, ce serait bien. Mais obtenir, aussi, Tuzla, ce serait mieux. Exiger, dans la même foulée, que soient enfin respectées les zones de sécurité de Srebrenica, Gorazde, Zepa, ce serait *encore* mieux. Et libérer ce qui peut l'être de la Bosnie-Herzégovine, sauver ce qui survit d'une civilisation bosniaque qui ne s'arrête pas aux murs de sa capitale, ce serait évidemment l'idéal. La politique est-elle affaire d'idéal ? Tout dépend, à nouveau, de ce que l'on veut – et du choix, politique, que l'on fait. Ou bien il s'agit, toujours, d'avoir la paix à tout prix : on se contentera alors de Sarajevo et cette belle victoire symbolique ne fera qu'accentuer la pression sur les Bosniaques – « On vous a fait ce cadeau ; vous n'allez pas, en plus, jouer les jusqu'auboutistes ». Ou bien l'on veut bien admettre qu'une autre partie se noue là, dont le sort du fascisme serbe est l'enjeu : et il faudra accepter que les Bosniaques reprennent, s'ils le souhaitent, une part au moins de leur pays – imagine-t-on les Alliés se contenter, en 1942, d'un périmètre de sécurité autour de Paris et dire, partout ailleurs, aux Allemands : « Bon appétit, messieurs ! va pour la Déportation, cette purification ethnique de l'époque ! »

Cette idée d'un « fascisme » dont la guerre de Bosnie serait le banc d'essai, c'est celle du livre de Jacques Julliard. Tout y est. La mécanique de nos renoncements. L'établissement rigoureux, et daté, de la responsabilité de chacun. Quelques exemples, savoureux, d'erreurs d'analyse de ces militaires qui osent, aujourd'hui, nous faire la leçon. Le culot de ceux, Français et Allemands, qui se sont livrés trois guerres en moins d'un siècle et se permettent de fustiger les « mœurs d'ostrogoths » des Slaves du Sud. Et puis cette thèse, donc, d'un fascisme dont les métastases gagneraient peu à peu l'Europe et que, mystérieusement, nous hésitons à diagnostiquer. Pas de lecture plus précieuse, pour comprendre ce qui a cours. Pas de lecture plus urgente, pour ceux qui répètent : « On n'y comprend rien » – sur le ton de leurs aînés qui, en 1944, anônnaient : « Non, non, on ne savait rien ». Julliard : un clerc qui ne trahit pas. Son livre : un cri d'alarme – le premier – contre ce « fascisme qui vient ».

Un dernier mot. Je n'ai pas toujours, loin s'en faut, été d'accord avec Julliard et je crois même pouvoir affirmer qu'il est, parmi les intellectuels du moment, l'un de ceux dont la philosophie – en gros : péguyste, sorélienne, proudhonienne – m'avait toujours semblé la plus étrangère à la mienne. Stupeur, alors, de le retrouver si proche. Merveille – le mot n'est pas trop fort – de ce texte où j'ai, à chaque page, envie de m'écrier : « C'est cela ; c'est exactement cela ; c'est très précisément ce que j'aurais pu, ou voulu, moi-même écrire ». Cette affaire de Bosnie, depuis deux ans, m'aura séparé de bien des gens que je pensais proches. Voici qu'elle me rapproche d'un homme dont je me croyais irrémédiablement éloigné. Diviser ce qui était uni, réunir ce qui était séparé – casser, pour les remodeler, les affinités ou apparentements de chacun : serait-ce le signe, dans nos vies, d'un événement décisif ?

39

Monsieur de Villiers ferait-il école ? La langue, le député et la bibliothèque. Hommage à André Rousselet. Qu'est-ce qu'elle a de plus, la Duras ? Le Parti communiste et ses patronymes diaboliques. Husserl, 1935. Une visite à François Mitterrand.

Après le « Puy-du-Fou », Carmaux. Et après de Villiers, Quilès – proposant, lui, de célébrer la mémoire de Jean Jaurès. Même grand spectacle garanti. Mêmes cars de touristes fabuleux. Mêmes figurations monstres, sur fond de son et lumière. Et, à la place des chouans, leurs analogues « de gauche » que sont les mineurs héroïques. Archaïsme contre archaïsme. Musée Grévin contre musée Grévin. La vie politique française entre dans l'avenir à reculons.

Intervention du député de la Haute-Vienne jugeant attentatoire à l'honneur de Limoges l'existence, dans la langue française, du verbe « limoger » et demandant à l'Académie française de le retirer de ses dictionnaires. Je passe sur l'ignorance d'un monsieur qui croit que l'on peut, comme cela, sans autre forme de procès, retirer d'une langue un de ses mots. Je passe sur le lapsus qui fait infliger au mot en question le sens même qu'il entend proscrire – que fait-il, le bon élu, sinon demander que l'on « limoge » ce fameux verbe

« limoger » ? Le plus étrange dans l'affaire (et, au fond, le plus inquiétant) c'est la légèreté avec laquelle il entend disposer de ces biens communs que sont la mémoire collective et la langue : il y a de la lobotomie dans l'air – ou peut-être, allez savoir ! le souvenir obscur de ces empereurs de Chine décidant, par caprice et décret, de proscrire des pans entiers du lexique...

A propos d'« empereurs », j'ai toujours bien aimé André Rousselet. Son côté dernier tycoon. Son style de grand condottiere. Ce coup de gueule final – dont on contestera l'outrance mais qui ne manque ni d'allure ni de panache. « Édouard » n'a, bien entendu, « tuer personne ». Et il n'y aura que les Guignols de l'info pour croire que la « victime » soit la réincarnation de Ghislaine Marchal. Mais d'une chose, cependant, je suis sûr. La France, comme d'ailleurs l'Italie, pouvait s'enorgueillir de ces quelques grands seigneurs des affaires qu'elle avait, jusqu'ici, préservés – individualistes à outrance, superbes, un peu mégalomanes et, souvent, *self-made men* : avec André Rousselet c'est un spécimen du genre qui s'en va – et un peu de cette drôle de race qui commence, hélas, de s'éteindre. Après lui ? Après eux ? Un autre capitalisme, il me semble. Plus impersonnel. Moins romanesque. Celui de nouveaux hommes de marbre, et de leur prodigieux savoir-faire.

Il y a des écrivains qui, dès qu'ils font un pas, cristallisent autour de leur nom une nuée de passions et de fièvres contradictoires. Marguerite Duras, elle, fait plus fort encore. Elle n'a pas besoin de bouger. On la *fait* bouger. On écrit sa biographie. Et c'est assez pour que la tempête se déchaîne : le fan club, les adversaires officiels, les critiques les plus réputés, les mânes de Sainte-Beuve et de Proust – jusqu'au président de la République qui y va de son opinion tant l'affaire est d'importance. D'où leur viennent-ils, à ces écrivains-là, cette grâce éminente, ce pouvoir ? Qu'ont-ils de plus – ou de moins – pour être ainsi, perpétuellement, branchés sur le maximum de passion disponible ?

Sacré Parti communiste ! On a noté l'irrésistible trait d'esprit qui fait appeler un infirmier à la direction, donc au chevet, d'un appareil à l'agonie. Ce qui m'amuse, moi, davantage c'est l'ironie des patronymes dont l'appareil en question prend apparemment plaisir à jouer. Il s'accrochait à monsieur Marchais à l'époque où il ne marchait, justement, plus et entamait son sur-place. Il s'incarne dans un monsieur Hue dont le nom signifie « en avant » au moment où il prend acte de son spectaculaire bond en arrière. Lapsus. Fatalisme des noms propres. Les formations politiques auraient-elles, aussi, un inconscient ?

La conférence de 1935 de Husserl. Deux hypothè-ses, dit-il, pour cette Europe en crise. Celle d'un « héroïsme de la raison » qui lui permettrait d'endi-guer la barbarie. Celle d'une « fatigue de l'esprit » qui l'inclinerait, au contraire, à d'infaillibles renonce-ments. Sommes-nous, soixante ans après, vraiment sortis de l'alternative ? L'Europe de la tragédie bos-niaque a-t-elle meilleure formule pour exprimer le choix qui, derechef, se présente à elle ? Une idée, par parenthèse, relevée chez Bernard Thomas, dans *Le Canard* de ce mercredi : refaire, dès à présent, de Sarajevo la ville des prochaines olympiades; peut-être sera-ce, en effet, *la* bonne idée des lendemains de l'ultimatum.

François Mitterrand, que je suis venu interroger – à propos, justement, de la crise bosniaque – sur le rôle, et la position, de la France. Laissons de côté ce qu'il me dit, et que je rendrai public le moment venu. Ce qui me frappe c'est, dans le ton, un mélange de lassi-tude, de désenchantement, de détachement. Comme s'il n'était plus tout à fait ici. Comme si l'exil était commencé et qu'il était déjà là-bas, sur une plage imaginaire, à la façon d'un de Gaulle perdu dans ses songes, ses souvenirs, ses livres et ses regrets. Son Ir-lande – l'Élysée ?

40

Réponse à Jean Daniel. Marcel Duchamp et les désarrois de la droite. Spielberg ou Lanzmann ? La langue des philosophes. Le mentir-vrai de Daniel Rondeau.

« Supposons, écrit Jean Daniel, que les Bosniaques acceptent le plan de paix qu'on leur impose. Imaginons que, sous la pression d'un Occident moins soucieux de rétablir le droit que d'en finir avec la guerre, ils renoncent à recouvrer ce qui, jusqu'à plus ample informé, et selon la loi internationale, demeure leur territoire. Serai-je de ces « jusqu'auboutistes » – Daniel n'emploie pas le mot, mais c'est l'idée – qui regretteront le compromis, le combattront et, éventuellement, le déconseilleront ? Puisque la question est directe, la réponse le sera aussi. Je dirai, ce jour-là, ce que diront les Bosniaques eux-mêmes. Je me rangerai à une décision qui appartient au président Izetbegovic, à son armée, à son parlement – et à eux seuls. Mais nul ne m'empêchera de penser alors – et de dire – l'évidence qui s'imposera : à savoir que le fascisme aura triomphé – obtenant par la paix ce qu'il n'était, qu'on le veuille ou non, pas arrivé à gagner par la guerre.

La gauche est en coma dépassé. Mais la droite se porte-t-elle vraiment mieux ? Vanités de Raymond Barre. Impatiences de Jacques Chirac. Perfidies d'un Giscard que l'on sent décidé, lui, à jouer le tout pour le tout. Sans parler des seconds, troisièmes ou quatrièmes couteaux qui s'essaient, tour à tour, à l'occasion des européennes, au jeu délicieux des petites phrases – « un instant d'attention, s'il vous plaît ! une seconde de projecteur ! je suis prêt à tout dire, tout faire, tout essayer – pourvu que me soit accordée cette miette de visibilité qui est, sous l'empire du Télétat, la forme suprême de l'existence ». Le romancier se réjouira du spectacle de ces passions mises à nu. L'analyste se résignera à ce qui apparaît, en cet âge cathodique, comme l'ordinaire du jeu démocratique. Si j'étais un responsable ou un électeur de la majorité, je crois, en revanche, que je m'inquiéterais – songeant à la phrase de Duchamp : « Chacun pour soi, avant le naufrage ».

Un mot, puisque j'évoque Duchamp, sur le film de Spielberg. Je n'ai rien à ajouter à ce qui a pu être dit – notamment ici – sur la force du film, sa beauté, l'émotion qu'il dégage, sa vertu. Reste la question de son style, de son régime de vérité – reste, pour parler comme Duchamp, cet art du « trompe-l'œil » dans lequel il a choisi de s'inscrire et auquel il doit, en effet, quelques-unes de ses performances. On songe aux grands illusionnistes du genre. On songe aux Goncourt louant tel ou tel peintre d'avoir si exactement rendu « la transparence d'ambre du raisin blanc, le givre du sucre de la prune, la pourpre humide des fraises, la couperose des vieilles pommes ». Mais était-il question, cette fois, de vieilles pommes ? Auschwitz, puisqu'il s'agit d'Auschwitz, était-il une nature morte dont il convenait de rendre jusqu'au plus humble ou terrible détail ? Vieille question de ce qui est nommable, et de ce qui ne l'est pas. Éternel problème de ce qui, dans la tradition juive et dans cet épisode, surtout, de sa tragique histoire, doit demeurer infigurable. S'il y a un péché dans le film, c'est le péché d'idolâtrie. Et il y a, quand on parle de la Shoah, une seule forme possible de piété : ne pas céder à la tentation de l'image – qu'elle soit peinte, taillée ou filmée. Un seul, comme on sait, y parvint – que *La Liste de Schindler* contraint, une fois de plus, à nommer : l'*iconoclaste* Claude Lanzmann.

Pourquoi, chez les philosophes, ce qu'il est convenu d'appeler le « jargon » ? A quelle logique obéit-il – et ne peuvent-ils, réellement, s'en passer ? Je me pose la question à la lecture du livre de Vincent Peillon consacré à Merleau-Ponty – puis des pages de Merleau lui-même, que je retrouve dans la foulée. Soit, comme c'est ici le cas, une philosophie nouvelle. Soit, la composant, des concepts inédits ou neufs. Il y a deux façons, et deux seulement, de faire en sorte qu'ils passent et s'imposent. Soit conserver les mots anciens

– mais usés et marqués par l'usage : le texte sera limpide, mais induira l'esprit sur de fausses pistes. Soit adapter les noms aux choses – et, pour des concepts neufs, inventer des mots qui le soient aussi : la lecture butera sur ces mots, elle paraîtra, de prime abord, plus obscure – mais ne sera-t-elle pas, cette « obscurité », la condition même de la rigueur et, par conséquent, d'une clarté supérieure ? Éloge, en philosophie, du jargon.

On connaît les romans de Daniel Rondeau. On se souvient de ses engagements. On sait avec quelle ferveur il a, depuis vingt-cinq ans, chaussé les bottes de cet aventurier dont son ami Roger Stéphane a naguère fixé le type. Ce qu'il nous donne aujourd'hui c'est, avec ces *Fêtes partagées* que publie Nicole Lattès, le paysage imaginaire – c'est-à-dire, pour un écrivain, réel – où, depuis le tout début, la partie se jouait en secret. Anecdotes. Rencontres. Croquis, pris sur le vif ou à distance. Voyages. Conversations. Il y a de l'« exercice d'admiration » dans ce recueil et, à travers l'exercice, une manière, à peine déguisée, de décliner son identité. Rondeau abat son jeu. Il nous dit qui il admire, qui le hante ou le fascine. Et c'est, en parlant des autres, une façon de parler de soi – mais plus juste, plus précise, que s'il nous avait, en pied, brossé son autoportrait. Heure, toujours émouvante, d'un mentir-vrai qui est, pour les romanciers, le seul moment de sincérité.

41

Touche pas à ma langue. Ironie de Resnais. Avatars de la volonté de pureté. Un nouveau Willy Brandt. Écraser l'infâme ? La vraie injure à la langue française.

Monsieur Toubon veut nous donner une loi sur la langue française. J'ai beau faire, je ne comprends pas. Et elle me semble, cette idée, au moins aussi saugrenue que celle du parlementaire de l'autre semaine qui, par amour de la ville de Limoges, voulait supprimer des dictionnaires le verbe « limoger ». On ne touche pas à la langue, telle est la loi. On ne la réforme pas par décret. Et s'y risquerait-on que ce ne sont jamais ces mouvements-là que retient, *in fine*, l'histoire. La langue classique, par exemple ? C'est la langue de Molière, pas celle de l'Académie – et Dieu sait si les académiciens s'y entendaient, en ce temps, à légiférer !

Ironie de l'histoire. C'est *Smoking / No smoking* d'Alain Resnais qui triomphe aux Césars. Voilà le grand film français de l'année. L'exception culturelle dans sa gloire. Voilà le type de cinéma dont la France a, en effet, tout lieu de s'enorgueillir. Or, non content d'être adapté d'un texte de théâtre anglais il porte, jusque dans l'adaptation, un titre insolemment britannique. Qu'en pense monsieur Toubon ? Qu'aurait dit sa future loi si elle avait eu à en juger ? Aurait-on interdit le film ? L'aurait-on débaptisé ? Resnais ou le plus éclatant des pieds de nez à l'obsession d'une police de la langue.

Le grand problème, en ces matières de langue : celui du désir de pureté – porteur, là comme ailleurs, de bêtise et de régression. D'un côté les nostalgiques d'une langue pure, c'est-à-dire naturelle et maternelle – le totalitarisme n'est jamais loin. De l'autre ceux qui savent qu'une langue n'est jamais naturelle : ce sont les écrivains réinventant, comme dit Proust, leur propre langue étrangère – et c'est aussi le peuple, avec son goût des langues vivantes, mouvantes, inventives, bref impures. L'histoire d'une langue ? Les écrivains et le peuple. Le peuple et les écrivains. Jamais, au grand jamais, les ministres de la Culture.

A propos, justement, de langue – cette *autre* objection à *La Liste de Schindler*. L'auteur a tenu, pour faire vrai, à tourner son film en noir et blanc. Vérité pour vérité, n'était-il pas aussi important de faire jouer les acteurs en allemand ? et n'a-t-il pas, en acceptant le changement de langue, perdu quelque chose d'encore plus essentiel que la maigreur décharnée des corps, l'effroi dans les regards, l'inquiétante silhouette des SS ou la couleur de la nuit sur les camps ? Lisez les témoignages. Écoutez les survivants. Il y avait dans l'intonation allemande des « *schnell* », « *raus* » ou « *juden* » glapis par les « kapos », une vibration qui était constitutive de leur martyre : jusqu'à l'aboiement des chiens dont Jankélévitch disait qu'il finissait par « sonner allemand »... Auschwitz en anglais ? Ce n'est pas un sacrilège, mais c'est une faute. Car le mot, c'est le verbe et le verbe, en l'espèce, c'est l'histoire.

Conversation avec Marek Halter qui m'annonce sa *Liste de Schindler* – cette épopée des Justes qu'il a retrouvés dans le monde entier et qui lui racontent, mais sans fiction, comment ils ont sauvé des juifs. Très vite, nous parlons de la tuerie d'Hébron. Notre colère. Notre honte. Mais aussi l'attitude d'Itzhak Rabin désarmant les extrémistes et demandant pardon aux victimes. « Y a-t-il beaucoup d'autres exemples, me demande Marek, d'un chef d'État réunissant toutes les télévisions de la planète pour, après une tuerie, faire ainsi, publiquement, pénitence ? » « Il y a Willy Brandt, dis-je, agenouillé à Varsovie. » « Eh bien, me rétorque-t-il, mettons que Rabin prenne, ces temps-ci, l'allure d'un Willy Brandt israélien. »

Que l'intégrisme soit musulman, chrétien ou, comme ici, juif, il doit, cela va de soi, être condamné et combattu. Mais faut-il pour autant, et sous prétexte que Dieu peut tuer, tenir en suspicion toute espèce de religion ? La vérité est qu'il y a, là aussi, deux erreurs étrangement symétriques. Ceux qui, comme autrefois Foucault, s'inclinent devant la spiritualité politique : tueurs du FIS algérien et, maintenant, assassins d'Hébron. Ceux qui, tels de mauvais Voltaire, arguent des crimes de ces derniers pour confondre toute spiritualité dans une vague « infamie » que la démocratie devrait « écraser » : ce sont nos nouveaux laïcs et leur haine, fanatique, du sacré. Le bon *distinguo* : celui qui, comme pour les langues, ferait le partage entre le désir de pureté (littéralement, l'intégrisme) et l'acceptation de l'impureté (propre de la démocratie, mais aussi des grandes religions).

Cette polémique autour du SMIC-jeunes. Ce qui m'y intéresse, c'est encore, et toujours, la langue. Car enfin « SMIC-jeunes »... La laideur du mot... La disgrâce de tous ces mots qu'inventent les mêmes politiques qui prétendent, par ailleurs, nous imposer leur réforme de la langue : « ZUP » pour les banlieues, « CHU » pour les hôpitaux, sans parler des « tucistes » et autres SDF que l'abbé Pierre a bien raison de préférer appeler les « couche-dehors »... Question : y a-t-il une catégorie de Français qui s'expriment, globalement, plus mal que les hommes politiques ? Autre question : est-il bien nécessaire de faire la guerre au franglais si c'est pour nous fourguer cette « novlangue » qui, doucement, entre dans nos lexiques ? Réponse dans la *Défense de la langue française* d'un certain Raymond Queneau – où l'on verra que l'urgence est moins de « défendre » ou non la langue que de savoir de quelle langue on parle, quelle langue parlent les États et à quelle langue, au juste, nous tenons.

42

En ces temps d'ordre moral. Michel Foucault et Fun Radio. *Qui est ministre de la Culture ? Heur et malheur des doubles vies. Monsieur Balladur et les sondages.*

Dieu sait si je ne suis pas jeuniste et si m'exaspère la propension moderne – en fait, totalitaire – à se prosterner devant la jeunesse, à sacraliser tout ce qui la touche et à voir dans ses moindres mots la manifestation d'un évangile. N'empêche. Dans l'affaire dite de *Fun Radio*, c'est *Fun Radio* qui a raison et les censeurs qui se déshonorent. En sont-ils là, vraiment ? En sommes-nous là, en France, vingt-cinq ans après Mai 68 ? Un bon réflexe, évidemment, qui aura stoppé net la vague de crétinisme : celui d'Alain Carignon, ministre de la Communication, venant tenir au micro de ladite radio le propos républicain qui s'imposait mais qui, en ces temps d'ordre moral, fait presque figure de provocation. La politique, c'est comme la culture : des ré-

flexes, rien que des réflexes – ce que les Grecs appelaient la « vertu », une « disposition de l'âme », une
« nature ».

On pourrait évidemment affiner et rappeler ce que
disait Foucault dans la *Volonté de savoir*. Le vrai pouvoir, expliquait-il, n'interdit pas mais force à dire. Il
ne réprime pas une parole libre, supposée pure ou
spontanée – il la pousse à s'exprimer ou, en tout cas, la
rend possible. Et c'est pourquoi, aurait-il conclu, la
réaction d'un pouvoir républicain ne pouvait être, en
l'occurrence, que celle-là : au lieu d'un refoulement
qui n'eût fait qu'envenimer le mal, l'aménagement d'un
espace public où l'on invite chacun à parler. La liberté
des auditeurs, dans ce cas ? La révolte qu'ils voulaient,
ou croyaient, ainsi exprimer ? Elle aura triomphé,
cette révolte, le jour – mais ce ne sera plus l'affaire,
alors, ni du ministre ni de leurs tuteurs – où ils auront
appris à se taire et à jouir de l'autre plaisir : celui,
délicieux, de n'avoir soudain *rien à dire*.

Dans la comédie politique contemporaine, Jack
Lang invente un genre : celui du ministre qui ne l'est
plus mais se conduit de telle façon que tous, à commencer par lui et, plus grave encore, son successeur,
semblent penser qu'il l'est resté. Un exemple entre
mille : l'hommage à Melina Mercouri où c'est son
deuil que les media guettent, ses mots qu'ils enregistrent – comme si, ministre sans l'être, il continuait de
régner même s'il ne gouverne plus. Et une victime,
forcément : Jacques Toubon dont l'éclipse fait peine à
voir et à qui on brûlerait de dire : « Allons ! c'est
vous, le ministre ! vous l'êtes depuis presque un an !
cessez donc de vous conduire en humble candidat au
mandat qui est le vôtre ». Ne dites pas à Jacques Toubon qu'il est en charge de la culture. Je le soupçonne
de se croire encore apparatchik au RPR.

En ces temps de commémoration permanente et
méthodique, à l'heure où le moindre mort se voit ins-
tantanément béatifié, il devient presque risqué de dire
ce que, en conscience, vous inspire sa disparition.

Melina Mercouri, justement. Il est vrai qu'elle porta à l'écran quelques-uns des plus beaux rôles du répertoire contemporain. Mais il est également vrai que dans l'autre vie, celle du ministre, elle incarna ce qu'il y eut de pire dans le socialisme grec et, donc, européen. Que retiendra, alors, l'Histoire ? Sur quelle image le film, le vrai, se figera-t-il ? Et vaut-il mieux avoir été le chantre du nationalisme culturel de monsieur Papandreou – ou la mère de Romain Gary dans l'admirable adaptation de la *Promesse de l'aube* ? Éternel dilemme des êtres qui vécurent, naquirent et moururent plusieurs fois.

Politique toujours. La chute de Balladur dans les sondages. L'un l'impute à ceci. L'autre l'attribue à cela. Le troisième développe sa théorie sur l'inévitable usure du pouvoir et la banalité de ses maux. La vérité c'est que nul n'en sait rien et que le même trait – les reculs répétés, par exemple, dans le conflit d'Air-France, puis dans celui des marins pêcheurs, puis dans l'affaire dite du « SMIC-jeunes » – peut être indifféremment déchiffré comme signe d'un goût pour le dialogue ou preuve, au contraire, d'une prise défaillante sur le réel. La France, en dix mois, n'a pas changé – voilà qui, en tout cas, est sûr; pas plus, d'ailleurs, que monsieur Balladur dont l'imperturbable style, le caractère, l'ont enchantée et qui, soudain, semblent la lasser; en sorte que la leçon est peut-être, tout simplement, celle-ci : la politique est le seul domaine où, contrairement à l'adage et l'usage, *les mêmes causes ne produisent jamais les mêmes effets*.

Cette versatilité, ce caprice, ce jeu de la grâce et de la disgrâce, cette façon de hisser un homme sur le pavois puis, sans raison, de l'abaisser, ces ferveurs sans cause, ces désaffections que rien n'explique, cette frivolité d'une opinion qui fait et défait les princes au gré de sa seule humeur, n'était-ce pas l'apanage des princes justement – ce privilège qu'on leur reconnaissait mais qui, lorsqu'il s'agit d'elle, l'opinion démocratique, se voit soudain sommé de produire motifs et raisons ? Eh bien je me demande, moi, si elle doit les produire, ces motifs – et s'il n'y a pas, dans cette incorporation par le corps social du souverain principe d'arbitraire, l'infaillible marque, au contraire, de la mutation démocratique. La démocratie c'est le peuple-roi. C'est *tout* le peuple-roi. Et c'est donc, il faut s'y faire, l'imprescriptible droit à l'humeur, à ses sautes et à son *insondable* mystère.

43

Encore la fièvre des commémorations. Balladur, créature littéraire. Esprit de Mai, es-tu là ? De Gaulle et les femmes. L'Allemagne interdite d'antinazisme ?

Le monde devient un musée et la vie intellectuelle un jubilé. Tout y passe. Les anniversaires. Les rétrospectives. Les morts. Les naissances. Le centenaire de ceci. Le tricentenaire de cela. Les écrivains et les savants. Les grands événements et les infimes. Jusqu'à Georges Pompidou dont on s'apprête à célébrer, entre Voltaire et Rabelais, le vingtième anniversaire – de quoi au juste ? on ne sait plus ! mais on célèbre ! on fête à grand fracas ! tout le monde est sur le pont pour l'inévitable cérémonie ! comme si le siècle finissant ne pouvait s'épargner une occasion de communier dans sa propre mémoire. L'Europe ne fait plus l'Histoire. Elle l'empaille. Et, l'empaillant, elle l'épuise. Le temps de l'Histoire finie aurait-il commencé ?

Qui est l'auteur masqué de ce *Journal d'Édouard* que publie, ces jours-ci, Olivier Orban ? Il a bien du talent, en tout cas. Un art, consommé, du portrait. Il a, comme dans tous les pastiches réussis, l'art de se glisser dans la peau – c'est-à-dire, en l'occurrence, dans la langue – du modèle qu'il s'est choisi. Confirmation éclatante de ce que j'ai, personnellement, toujours cru – à savoir : 1) que la politique est la forme moderne, non du tragique, mais du roman ; 2) qu'elle est, en ces temps de basses eaux littéraires, l'un de nos derniers gisements de minerai, de matière première, romanesques ; 3) que les intéressés ne deviennent vraiment eux-mêmes que lorsque ce romanesque les saisit et que l'on ne parvient plus à les démêler de leur double fictif, ironique – mais, d'une certaine façon, plus vrai que nature. Édouard Balladur baisse dans les sondages. Mais il devient une créature de fiction. En termes de destin, ceci vaut bien cela – voyez Mitterrand.

Les hommes politiques ont, comme les autres, leur scène traumatique originaire. C'est une rencontre pour l'un. Un appel du 18 Juin pour l'autre. C'est un Congrès de Tours pour le troisième, une grande querelle, une conversation. Eh bien je me demande si, pour l'actuel Premier ministre, cette scène primitive où tout se joue et, à l'infini, se rejouera, n'est pas celle de Mai 68 – ce cauchemar qu'il vécut, jeune fonctionnaire, auprès de Georges Pompidou et dont le souvenir ne l'aurait, dit-on, plus quitté. Il ne pense qu'à cela, raconte l'auteur du faux « Journal ». Il en voit partout les signes. Il les guette. Les hallucine. Une manifestation de marins pêcheurs, un monôme étudiant, une colère vague, et voilà le spectre de l'explosion sociale qui revient, le sol qui se dérobe – voilà cet homme serein, épris de calme et de volupté, que l'on sent magnétisé par cette tempête ancienne. Balladur, l'homme hanté. Politique et hantologie. De la compulsion de répétition, comme principe d'action politique. Avec danger, évidemment, du faux pas et du lapsus : ce risque, bien connu, de susciter ce que l'on redoute, de hâter ce que l'on croit conjurer – cette façon d'être aimanté par le vertige que l'on prétend, justement, éviter.

Un autre livre, celui de Nicole et Albert du Roy, sur la longue série de méprises, rendez-vous manqués ou batailles gagnées qui amena, un jour d'avril 1944, un certain Charles de Gaulle à reconnaître le droit de vote aux femmes. Ce qui fascine, dans cette affaire, c'est moins de savoir comment on y est arrivé que comment on a pu, si longtemps, s'en passer. On sait comment fonctionnait un stalinien. On comprend, même si on ne les approuve pas, les arguments d'un adversaire de la pilule ou d'un partisan de la colonisation. On conçoit, à la limite, comment pouvaient raisonner les adversaires de principe du suffrage universel. Mais comment, le principe de ce suffrage étant admis, le pays des droits de l'homme a pu en priver si longtemps « l'autre moitié du ciel », ce que la génération de nos grands-pères et de nos pères pouvait bien avoir dans la tête pour s'accommoder d'une société où les femmes ne votaient pas – voilà qui, à la lettre, passe l'imagination et l'entendement. Un demi-siècle à peine. Et le sentiment, très rare, d'un temps aussi reculé que la plus reculée des civilisations – Athènes, par exemple, où l'on invente la démocratie mais en refusant aux esclaves, métèques et autres barbares toute participation à la vie de la Cité.

Printemps 1944, toujours. Et autre anniversaire : celui du Débarquement. Avec cette question, qui déchaîne bien des passions : devait-on y associer, ou non, l'Allemagne ? et valait-il mieux prendre les Allemands tels qu'ils furent ou tels qu'ils devraient être, rêvent d'être et, souvent, sont devenus ? La meilleure idée est celle de Pierre Bergé proposant de réunir cinquante « jeunes » Allemands, nés le jour du Débarquement, et qui viendraient se réjouir avec nous de la défaite historique du nazisme. L'idée me plaît parce qu'elle prend à la lettre l'idéal du moi des Allemands d'aujourd'hui. Elle rompt avec l'idée, haïssable, de culpabilité collective sans les exempter pour autant du nécessaire travail de deuil. Elle dissocie les fils des pères sans tout à fait nier – d'où leur participation à l'événement – que, lorsque les raisins des seconds furent trop verts, les dents des premiers en sont, tout de même, « agacées ». Et puis elle me rappelle *Les Enfants de minuit* – ce merveilleux roman où Salman Rushdie invente sa série de personnages nés à l'heure même de l'indépendance de l'Inde. Où la politique, à nouveau, se voit rattrapée par la fable.

44

Gorazde comme Sarajevo. Pourquoi Rocard devrait lire Colombani. Nicolas Sarkozy et l'amour de la

*politique. Faulkner et le cinéma. Jean-Marie Rouart
et le jardinier de Ghislaine Marchal*

J'ai interrompu ce bloc-notes, il y a trois semaines,
sur la Bosnie (et, soit dit en passant, *pour* la Bosnie
puisque j'achevais, pendant ce temps, le montage de
Bosna !). L'actualité veut, hélas, que je reprenne le fil
avec la même Bosnie – puisque la guerre n'est pas
finie et recommence de plus belle à Gorazde. Question
simple, mais à laquelle nul ne comprendrait que l'on
tarde trop à répondre : ce que l'on a fait à Sarajevo,
pourquoi ne le fait-on pas à Gorazde ? combien de
nouveaux massacres faudra-t-il ? combien de nouveaux morts pour rien ? et devra-t-on se résigner à ce
que le réveil de l'Occident dans cette affaire n'ait été
qu'un vague sursaut, une émotion brève, une convul-
sion – l'une de ces tétanies de la conscience dont les
démocraties cathodiques sont coutumières et qui sont,
en ces circonstances, une forme raffinée de démission ? Pardon d'y revenir. Mais la preuve a été faite
que, quand l'Occident veut, il peut. Il n'a donc plus la
moindre excuse pour éviter d'aller au bout – et arrêter,
une bonne fois, la purification ethnique en Bosnie.

La gauche survivra-t-elle au socialisme, demande
Jean-Marie Colombani dans son livre ? On ne saurait
mieux dire. Car enfin la gauche a beau s'en défendre.
Elle a beau ruser, protester et nous faire le coup de sa
« double » ou « triple » tradition. Elle vivait adossée à
un dispositif, baptisé « socialiste » par le XIXe siècle.
Ce dispositif n'avait lui-même cessé de vivre dans
l'orbite d'un « communisme » qui en était à la fois le
repoussoir, le négatif, la frontière, le référent, l'étoile
fixe. En sorte que la mort de l'un impliquait nécessairement celle de l'autre – et leur débâcle à tous deux
celle de la gauche tout entière. Catastrophe ? Oui, catastrophe. Mais chance aussi. A condition que nous
entendions le message et préférions à la lumière des
étoiles mortes celle de la lucidité et de l'invention.
Pour un homme de gauche – et Colombani en est – il
n'y a, aujourd'hui, qu'une urgence. Oublier le socialisme. En finir avec le mot lui-même. Et refonder alors

autre chose, qui porterait un autre nom et échapperait à la fatale attraction. On dit que Michel Rocard aurait renoncé à son « big bang » et négocierait avec monsieur Hue les termes d'un nouveau contrat. Il a tort. Et il saura pourquoi, s'il lit Colombani.

Berlusconi en Italie. Tapie à Paris. Quelle chance quand, au détour d'une émission de télévision apparaît un personnage dont le style tranche avec la démagogie qui semble faire loi en Europe. C'est, à gauche, une Martine Aubry. Mais c'est, à droite, un Nicolas Sarkozy dont je comprends mieux ce soir, en l'observant chez Cavada, l'intérêt pour Georges Mandel. Comme lui, il aime la politique. Comme lui, il y consacre sa vie. Comme lui encore, il sait que cet amour est chose noble, consubstantielle à la démocratie. Et comme lui toujours il voue à cette politique un sacerdoce bien singulier – dont on sent, en l'écoutant, qu'il n'est exempt ni de passion ni d'ambition ni même, pour parler comme les moralistes du Grand Siècle, d'« amour de soi » ou de « souci de la gloire ». Un sacerdoce sans sainteté. Un amour de la vie publique qui l'accepte, cette vie publique, dans tous ses états et ses servitudes. Et si c'était *la* bonne distance ? Et si c'était *la* formule qui permet d'échapper à ces délices symétriques, et symétriquement redoutables : la haine et l'idolâtrie de la politique ; le populisme et la foi des vertueux ; le procès, toujours fascisant, d'une politique rejetée en bloc – et les prestiges, toujours totalitaires, d'une volonté de pureté qui n'est que l'autre nom de l'intégrisme ?

Réédition, chez Gallimard, des meilleurs scenarii de Faulkner. C'est drôle. Mais je n'ai jamais compris comment un écrivain pouvait écrire *pour* le cinéma. Écrire *et* tourner, oui. Tourner *comme* on écrit, bien entendu. Mais un scénario ! Ce squelette de livre auquel, dans le meilleur des cas, le genre s'apparente ! La servilité d'un rôle qui consiste à souffler à un autre – le cinéaste – le canevas d'une œuvre qu'il achèvera sans vous ! J'admire – et c'est peu dire – l'auteur de *Tandis que j'agonise*. Mais j'avoue que la lecture de

Stallion Road et de *L'Avocat de province* me laisse pantois. Une hypothèse – à vérifier dans la dernière en date de ses biographies, celle de Frédérick R. Karl : le drame des écrivains dont l'argent devient la muse...

Bizarre aventure que celle de Jean-Marie Rouart. On le croyait directeur littéraire au *Figaro*. Obsédé par l'Académie française. Perdu, à jamais, entre Prévost-Paradol et Drieu. Or le voici qui surgit avec un livre étrange, un peu fou, qui s'intitule tout simplement *Omar* – oui, Omar, le fameux Omar, ce jardinier maro-cain, meurtrier présumé de Ghislaine Marchal, sur lequel la gauche bien pensante se permet de mauvais jeux de mots et dont lui, Rouart, refait littéralement le procès – convaincu, nous dit-il, que cet homme sim-ple, sans défense et mal défendu, aura été la victime d'une effroyable erreur judiciaire. Pourquoi ce livre ? D'où vient-il ? Par quelle obscure alchimie de la vie, ou de l'esprit, le destin d'Omar Raddad est-il entré en résonance avec celui de l'auteur d'*Avant guerre* – au point de lui inspirer cette minutieuse contre-enquête ? On songe évidemment à Zola, prenant fait et cause pour Dreyfus. Ou à un Barrès à l'envers – qui aurait écouté le jeune Léon Blum venu plaider, devant lui, la cause du capitaine. On songe à tous les écrivains aux-quels il est donné, une fois au moins, de rencontrer une grande cause. Mieux : c'est le moment, toujours énigmatique, où un écrivain déjoue l'image que l'on avait de lui, le programme qu'il s'était lui-même fixé, l'identité où il se trouvait enfermé. Un pas de côté – et il naît, cet écrivain, une seconde fois.

45

Mitterrand et ses morts. Le Président « m'a tuer ». Entre Lacan et Delacroix. Le temps des cannibales. Dieu n'est pas amour.

Après Bérégovoy, Grossouvre. Les morts du prési-dent. Ses suicidés. Cet effrayant cortège d'ombres, qui donne à cette fin de règne une si lugubre coloration.

De Gaulle eut plus de chance. Il eut l'esprit de mourir *avant* et de laisser à ses compagnons loisir de porter son deuil. Lui, Mitterrand, fait l'inverse. Il est, là aussi, l'anti-de Gaulle. Car il survit à sa fratrie. Il la voit, sous ses yeux, disparaître. Cet homme hanté par la mort, ce président qui inaugura son premier septennat, au Panthéon, dans une crypte, achève le second dans les chapelles ardentes et les cimetières. C'est comme un père qui survivrait à ses fils. C'est un repas totémique à l'envers où il reviendrait au Père de triompher de son engeance. Son chagrin, que l'on devine. Sa solitude, grandissante. Mais aussi cette question dont, par-delà l'imbroglio des « affaires », on ne peut douter qu'elle l'obsède : du point de vue du Pouvoir, et de l'Histoire, et de la Légende, que valait-il mieux – être pleuré par les siens ou devenir, petit à petit, celui qui les enterrerait tous ?

Je pense à ce qu'il peut bien penser quand il lit (et c'est, depuis huit jours, ce qui s'imprime partout) : « Ces hommes étaient dans la détresse; ils appelaient, on ne les rappelait pas; il attendaient un signe, le signe ne venait pas; ils sont morts de désamour et c'est lui, le Prince, qui les tue en leur retirant son affection ». Il s'interroge, le président. Il ne peut que s'interroger. Il songe à André R. qu'il n'a pas appelé depuis longtemps. A Michel C., qu'il perd de vue. A Georges K., qu'il devrait inviter plus souvent à déjeuner. Et Claude E. – depuis quand ne lui a-t-il pas parlé ? Et Louis M. ? Et Georgina D. ? Et Maurice F. qui, à ce qu'on lui rapporte, n'irait pas non plus très fort ? Supposons – ce qu'à Dieu ne plaise – que Georgina ou Maurice F. succombent, demain, à un malaise : va-t-on encore le lui imputer ? écrira-t-on dans les gazettes : « C'est le président qui " l'a tuer " » ? Insinuations. Spéculations obscures – et qui doivent, forcément, l'affecter. Mais cet autre souci, plus intime et, j'en fais à nouveau le pari, plus obsédant : la ronde des disparus; ces morts comme un reproche; cette culpabilité sans crime qu'amis et ennemis s'accordent à lui coller sur le dos.

Sa lassitude. Son impatience. Ces gens qui, tels des oisillons, réclament au Père pélican leur dose, leur dû, de tendresse. Sa colère, même. Oui, par-delà le chagrin, j'imagine sa colère face à cet enchevêtrement d'âmes et de corps qui disent tout attendre de lui, vraiment tout – raisons de vivre et de mourir compris... Lacan appelait ça « le tas ». Delacroix, le *Radeau de la méduse*. Sauf que, sur ce radeau-là, on ne tend pas le bras vers un peu d'eau mais vers un peu d'amour – et il en a assez, soudain, de ces toxicomanes de l'amour souverain ; et il en a assez, plus encore, de ce rôle de pourvoyeur d'amour où l'on voudrait l'enfermer. Ingrat ? Bien sûr, il lui arrive d'être ingrat. Mais c'est sa façon à lui de respirer. La seule ressource, pour se libérer du fardeau. Je disais, l'autre semaine : « Son Irlande, c'est l'Élysée ». Eh bien il a envie d'Irlande, parfois. Il a envie de penser à lui, à la paix de son âme, à son salut. C'est si lourd, à la fin, cette demande – cette soif d'amour, que rien n'étanche.

Est-ce qu'il en demande, lui, de l'amour ? Et à qui, mon Dieu, en demanderait-il ? A la France ? Elle ne l'a jamais aimé. Aux Français ? Il ne leur ressemble pas assez. Aux siens ? A ces fameux « fidèles » dont il serait le viatique incarné ? Ils ne l'aiment pas. Ils l'adorent. Ou, ce qui revient au même, l'idolâtrent. Il les voit bien, chaque matin, qui scrutent son visage vieillissant, épient ses regards ou ses humeurs. De l'huissier à l'ancien ministre en passant par le plus dévoué des conseillers, il les voit qui le guettent, font moisson de signes et d'impressions. Ils ne pensent qu'au livre qu'ils tireront de lui ; à leurs futurs, et misérables, mémoires ; aux images qu'ils garderont et qui, au train où vont les choses, pourraient être son plus solide héritage. Ce qu'il y a de beau dans l'amour, pense-t-il, c'est qu'il s'adresse et s'arrête à vous. Or cet amour qu'on prétend lui porter, il le traverse ; il le transperce ; il va au-delà de lui – jusqu'à l'invisible signifiant dont il est, encore, le tenant. Il est le président. Donc le Pouvoir. Et on n'aime pas le pouvoir comme on aime un être de chair. Est-ce qu'il s'en formalise ? Aurait-il, même, l'idée de s'en plaindre ?

Ah ! que ne sont-ils taillés comme lui, tous ces braves et vieux familiers qui gémissent après l'amour disparu ! Que ne savent-ils ce qu'il sait, lui, depuis le premier jour : que le pouvoir n'est pas amour, mais guerre ; qu'il n'est pas communion, mais solitude ; qu'il n'y a rien, réellement rien, à en espérer, dans l'ordre de l'affect et du sentiment ! Tous les hommes d'État savent cela. Aucun, de Gaulle compris, n'a douté de ce lot de vilenie et de trahison que le vrai pouvoir suscite. Et si c'était, pour le coup, un trait commun entre de Gaulle et lui ? Et si c'était par là que, envers et contre tout, il demeure un grand politique ? La rumeur s'enfle autour du président. Le scandale gronde. Mais une part de lui triomphe en secret – celle qui a tissé ces liens maléfiques et sait, depuis toujours, qu'ils ne sont rien.

46

Des caméras pour Gorazde. Une image de Vladimir Jirinowski. Ce qui reste d'un homme. Françoise Giroud et le cas Collard. Le Balladur de Szafran et Domenach.

Gorazde la tragédie. Gorazde la honte. Gorazde l'énigme aussi – car d'où vient que l'on ait su arrêter les Serbes à Sarajevo et qu'on capitule devant les mêmes, cette fois, de si misérable façon ? Dans la confusion, et le désarroi, une explication – la seule que j'aie : nous avions des images de Sarajevo ; nous n'en avons pas de Gorazde ; et c'est peut-être, hélas, la différence... Pas d'images, pas d'émotion. Pas d'émotion, pas d'intervention. Ainsi va le monde, c'est-à-dire le Spectacle. Jadis, on disait : si Dieu n'existe pas, tout est permis. Aujourd'hui Dieu est Image – en sorte que la formule devient : si l'image n'existe pas, alors tout est possible – jusqu'aux plus effroyables carnages, commis en toute impunité. Il faut des vivres, pour Gorazde. Il faut des armes. Mais il faut, *aussi*, des caméras, oui, de simples petites caméras, capables de briser l'autre blocus – celui de l'œil et de la conscience.

Images pour images – et nous ne quittons pas vraiment la Bosnie – l'incroyable image, l'autre semaine, de Jirinowski, à Strasbourg. Il est dans les jardins du Consulat de Russie. Il voit la petite troupe protestant contre sa venue. Il trépigne. Éructe. Et le voici qui, tout à coup, déracine quelques plans de tulipes, arrache des mottes de terre et, au comble de la fureur, les jette sur les manifestants. Cette image d'un chef de parti – le premier parti de Russie ! – jetant, en signe de haine, des fleurs et de la terre sur ses adversaires est proprement sidérante. Elle est même, sauf erreur, unique dans les annales du geste politique. Que l'on ne s'en étonne pas davantage, que l'on ait l'air de trouver la scène cocasse mais pas plus extraordinaire que cela, que tous les médiologues de France et de Navarre ne soient pas déjà occupés à la disséquer et interpréter, prouve l'anesthésie de l'opinion, son accoutumance à l'obscène – à moins que ce ne soit sa secrète résignation à voir les pitres et les salauds mener, désormais, le bal.

Que restera-t-il de Pierre Bérégovoy, nous avait demandé Anne Sinclair, à « 7 sur 7 », le jour de la mort de l'ancien Premier ministre ? Chacun y était allé de son explication politique, ou logique. J'avais dit, moi : « Ce qui restera, c'est son suicide ». Eh bien regardez le livre de Jérôme Clément paru l'an dernier chez Calmann-Lévy et qui, soit dit en passant, donne avec le recul de bien précieuses lumières sur le climat de la mitterrandie finissante. Regardez le film de Serge Moatti que l'on verra dans quelques jours (sur *France 2*) et auquel la conjoncture confère, aussi, une singulière actualité. Cet homme – Bérégovoy – a fait des choses. Il a nourri des ambitions. Il avait, à sa façon, une certaine idée de la gauche, et de la France, et du monde. Or de cette suite de passions et d'engagements, de ce torrent de rêves, de désirs aboutis ou de chimères, bref de cette biographie politique qui ne fut pas, tout compte fait, l'une des moins riches, ni des moins dignes, il ne demeure en effet qu'un geste : cet instant, ce battement de cil – cet ultime, et fatal, moment du suicide.

Il y avait ce jour-là, sur le plateau de *TF1*, Françoise Giroud. Et j'en profite pour dire un mot de l'étrange querelle que, depuis quelques jours, on cherche à son *Journal d'une Parisienne*. C'est un livre très beau. Une chronique qui fait honneur à notre meilleure tradition diariste. C'est une leçon de vie, et un morceau de littérature. Faut-il que le système soit devenu fou pour le réduire aux six lignes qu'il consacre au cas Collard ? Comme Françoise, j'ai aimé les *Nuits fauves*. Comme Françoise, je hais les petits esprits qui, réduisant la savante complexité d'une œuvre à la trop simple figure de son auteur, transforment le mentir-vrai du film en je ne sais quels faux aveux où l'homme se trahirait. Mais de là à cet interminable feuilleton, de là à ce pitoyable *reality-show* qu'est devenue l'affaire Collard, il y a un pas que l'on n'aurait pu franchir si la machine à fabriquer des mythes n'était si déboussolée. Hier, elle produisait Che Guevara. Avant-hier, James Dean. Avant avant-hier, Rimbaud. Aujourd'hui, Cyril Collard. Drôle d'époque.

Enfin lu le Szafran-Domenach sur les rapports de Balladur et Chirac. Je dis « enfin » parce que je ne manque jamais, en principe, les essais politiques de Szafran. Information. Percussion. Style, surtout. La politique comme un roman. Ses jeux, comme un théâtre. La comédie du pouvoir avec sa noblesse et ses bassesses, ses petits crimes et ses grands mensonges. Ce qui m'y retient, cette fois – et fait que je ne suis pas mécontent, après tout, d'avoir tardé à m'y plonger – c'est l'ahurissant écart entre le portrait du Premier ministre à l'instant où le livre le saisit (« achevé d'imprimer » : 8 mars 1994 !) et l'actuelle défaveur dont l'accable une opinion de plus en plus servilement soumise à la loi du zapping généralisé. La question qu'on ne peut manquer de se poser, du coup : qu'en pense l'intéressé ? comment vit-il ce retournement ? était-il dupe de cet état de grâce, ou d'extase, dont il jouissait il y a quelques semaines encore ? A lire le portrait qu'en brossent Domenach et Szafran, la réponse est plutôt non. Et c'est pourquoi, d'ailleurs, à l'inépuisable petit jeu du tiercé politique, je maintiens mon pronostic : Balladur

toujours favori – à moins (et c'est mon vœu) que la gauche, d'ici là, ne se décide à retrouver un élan, une idée, un
programme, une foi – en un mot, un candidat.

47

*Mitterrand à Izieu. Giscard à la Mutu. Nixon à
Marrakech.*

Mitterrand à Izieu. Il y a, là aussi, deux Mitterrand.
Le Mitterrand résistant. Le Mitterrand dont le nom de
guerre était Morland. Le jeune, et courageux, Mitterrand qui sut, quoi qu'on en dise, prendre le parti de
l'honneur. Et puis il y a l'autre Mitterrand qui s'ingé-
nie, depuis quarante ans, à brouiller les traces du
premier : l'ami de Bousquet, l'indulgent, l'homme à la
gerbe sur la tombe du vainqueur de Verdun, le conci-
liateur-né qui n'a jamais renoncé au rêve étrange de
rassembler ce qui reste de la France libre et ce qui
survit de la France pétainiste. Quel est le bon, dira-t-
on ? le vrai ? et cette mémoire à géométrie variable
quand, et où, sonne-t-elle juste ? Une chose, en tout
cas, est sûre. Aujourd'hui, à Izieu, c'est le premier qui
a parlé. C'est lui, le résistant, qui a de nouveau pris le
dessus. Et c'est avec la part Morland de lui-même que
Mitterrand s'est réconcilié quand, d'une voix forte, il a
enfin dit : « Vichy ne fut ni un accident, ni une aber-
ration de l'Histoire française – et l'État républicain,
par conséquent, est comptable de son infamie. » Une
image, au passage, très belle, quoique fugitive, captée
au journal télévisé : celle du vieux président se pen-
chant à l'oreille d'une dame, très voûtée, très ridée, qui
ressemblait à Marguerite Duras et devait être la responsable de l'endroit. Que lui dit-il ? Quelle confidence chuchotée ? Quel souvenir lointain, et partagé ?
Je suis de ceux qui jugent qu'il serait plus que temps,
sur cette affaire (comme, d'ailleurs, sur une ou deux
autres), que nous n'ayons plus, enfin, *qu'un Mitterrand*. Mais il y avait dans cette image quelque chose
de poignant, qui balayait toute réticence et rapprochait
irrésistiblement de lui : comme un passé qui ne passait

pas et se transmettait là, entre survivants, sous nos regards.

Giscard à la Mutualité. Nous sommes deux ou trois mille, rassemblés autour de la cause bosniaque. Il y a là, à la tribune, des intellectuels et des artistes. Un ex-communiste et un responsable de SOS-racisme. Il y a deux anciens Premiers ministres – Laurent Fabius et Michel Rocard – à qui l'atmosphère de cette Mutualité n'est pas non plus trop étrangère. Et voilà qu'au milieu de la soirée, dans la salle enfiévrée par les discours de Julliard, Bruckner ou Piccoli, sous cette voûte enchantée où l'on croit entendre l'écho des voix de Gide, Malraux, Aragon, Sartre ou Camus, arrive un aérolithe, chu d'on ne sait quel ciel et qui a nom Giscard d'Estaing. Choc des symboles. Télescopage des signes et des images. L'ancien président, c'est évident, n'a jamais mis les pieds à la « Mutu ». Il est surpris. Vaguement curieux. Il a l'air ostensiblement courtois qu'il devait avoir, en 1974, quand il débarquait dans les prisons ou invitait à petit-déjeuner les éboueurs sénégalais. Et il y a dans cette rencontre de deux mondes quelque chose d'extraordinairement incongru : Louis XVI débarquant à la Bastille; ou un grand bourgeois orléaniste haranguant les militants blanquistes – ou encore, plus prosaïque, l'équivalent, mais à l'envers, des intellectuels de gauche qui entrent à l'Académie. L'image en dit long sur l'état de la société française et les mouvements browniens qui la traversent. Mais elle en dit encore plus long sur cet étrange personnage qu'est décidément l'ex-président. Il n'est pas de la famille, et il le sait. Ses éventuels électeurs ne lui sauront nul gré d'être ici, et il le sait aussi. Mais ce qu'il sait encore – et c'est pourquoi il est venu – c'est qu'il est ce drôle d'animal, atypique, qui n'est jamais mieux lui-même que lorsqu'il est hors de lui. Contre-pied. Contre-emploi. Singulier destin, oui, que celui d'un homme dont les meilleurs rôles sont aussi les plus improbables – et qu'une étrangeté fatale condamne à l'incartade. Physiologie du coup. Politique – esthétique ? – du désaveu et de l'écart.

Nixon à Marrakech. C'est il y a six ou sept ans. Je n'ai jamais raconté la scène tant elle me parut, sur le coup, irréelle. C'est la fin de l'après-midi. Le soir tombe. L'homme du Watergate est assis, à une petite table, devant un verre de thé à la menthe, sur la terrasse du café qui surplombe la place Djema El Fna. Il est seul. Il a l'air de rêver. Nul ne semble lui prêter attention ni, je crois, le reconnaître. Un photographe passe, par hasard. Il s'approche. Il lui demande, incrédule, s'il est bien Richard Milhous Nixon. L'ancien Président sourit. Hésite. Puis la vieille bête politique reprend, une fraction de seconde, le dessus. Il se compose un sourire. Pose un instant. Puis retourne à son verre de thé, son coucher de soleil, sa rêverie. A quoi songe-t-il, à cet instant ? Que veut-il ? Croit-il encore, à ce moment-là, qu'il transformera sa mort politique en destin et que, comme n'importe lequel de nos présidents européens, il trouvera dans son échec l'occasion d'un rebond, d'une résurrection, d'une grandeur peut-être ? Aujourd'hui, les jeux sont faits. Sa faute, sans doute. Ce mauvais sort qui le poursuivait. Mais l'affaire, aussi, d'une Amérique qui use ses vedettes, les tue et n'aura jamais su les mythifier de leur vivant. L'Amérique et ses *has been* définitifs. L'Amérique ou le *come back* impossible. L'Amérique et son warholisme spontané : star dix minutes, ou dix jours, ou dix ans – pas un de plus ; pas de sursis ; on y meurt dans l'oubli, ou d'une overdose de barbituriques, ou en sirotant un thé à la menthe, sur la place Djema El Fna. L'Amérique et sa mélancolie. L'Amérique et son ingratitude. Le doigt de Dieu, en Amérique, ne s'attarde pas. Ce mot de Fitzgerald – qui en savait un bout sur la question : « Dans la vie des héros américains il n'y a jamais de second acte ».

48

Lire Daney. Rushdie et Sarajevo. Le dernier mot de Larbaud. Encore la gauche et le socialisme. « Allègre mais pas trop ». Minc face à Tapie ?

Dans les *Entretiens* de Daney avec Toubiana qui paraissent, ces jours ci, chez POL, cet éloge de *Nuit et Brouillard* – le seul, en vérité, que tolère ce type de film : « Un beau film ? non ; un film juste ».

Rushdie exaltant Sarajevo. C'est dans *Libération* de ce matin et je vois que cela surprend. Pourquoi ? C'est la même chose, pourtant. Car c'est le combat, dans les deux cas, des lumières contre l'obscurantisme, de la liberté contre l'intégrisme. Et c'est également le combat, qui sera celui de la fin du siècle, pour un Islam laïc, réconcilié avec les droits de l'homme, la démocratie, la tolérance. Quand Rushdie ira-t-il à Sarajevo ? Il le désire, je le sais. Il y sera le bienvenu, je le sais aussi. Ne manque que l'accord de ceux – car ce sont, au fond, les mêmes – qui tiennent, et Sarajevo, et Salman Rushdie, prisonniers.

Cette scène du *Mémorial* de Las Cases, reprise par Rosselini dans un de ses fameux entretiens aux *Cahiers*. Le jeune Napoléon au siège de Toulon. Il a peur, tout à coup. Un officier, près de lui, s'en étonne : « Mais tu trembles comme une feuille ! » Et cette réponse du futur empereur : « Si tu avais la peur que j'ai, tu aurais foutu le camp depuis longtemps ».

Le livre de José Cabanis sur *Dieu et la NRF*. Ma surprise, comme chaque fois, devant cette grande affaire – brûlante et secrète, vitale et presque clandestine – que fut la « conversion » chez la plupart de ces écrivains. Mais également ce mot, glané au détour d'une page – le dernier de Valéry Larbaud, celui qu'il ne cessera plus de ressasser car c'est le seul qu'il peut encore proférer après son accident cérébral : « Bonsoir les choses d'ici bas ». Aussi terrible, et aussi beau, que le « Crénom » de Baudelaire.

Le *Premier Homme* de Camus. Tardé à le lire. Car éternel problème des brouillons d'un écrivain. Publier ? Ne pas publier ? Et si on publie, comment ? Sur quel registre ? Sur quel ton ? Ma position, finalement – et en dépit du malaise : il faut que les textes sortent ; oui ; tous les textes ; le seul problème, c'est le paratexte.

Nombreux courrier à la suite de ce que je disais l'autre semaine du livre de Colombani et de la nécessité, pour la gauche, si elle veut renaître et rester la gauche, d'oublier le « socialisme ». L'affaire est pourtant simple. C'est énorme, un nom. C'est comme une sorte d'aimant. D'attracteur de mémoire et de sens. Ça amène à vous, non seulement des gens (c'est-à-dire une sociologie) mais une tradition (c'est-à-dire un destin). Et la vérité, la voici : quand ça va mal dans les noms, ça va mal dans les têtes ; quand ça va mal dans les têtes, ça va mal dans les choses ; et tant que ce parti s'appellera « socialiste », tant qu'il portera ce nom usé, plombé, presque vérolé, tant qu'il s'encombrera de ce mot dont Camus, justement, disait qu'il est « comme une brûlure pour la moitié de l'humanité », il sera cet appareil maudit que l'on verra, sous nos yeux, jour après jour, se désagréger.

L'Europe passe plus de temps à réglementer la chasse à la palombe qu'à interdire la chasse aux Bosniaques. Le mot est de Michel Rocard. C'est la vraie phrase « de gauche » de la semaine.

La victoire de Mandela est un événement plus lourd de conséquences que la chute du Mur de Berlin. Le mot est de Roland Dumas. C'est le type même du faux mot de gauche, de la petite phrase facile, étourdie, irresponsable.

Un ami musicien. Avec ce projet de loi sur la langue française on avait déjà du mal à avoir envie d'un « hot dog », d'un « hamburger », ou d'entrer dans une « pizzeria ». Mais *quid*, maintenant, de la musique ? Quelle langue devra-t-elle parler ? Faudra-t-il dire « en avant » pour « andante » ? « Calmos » pour « adagio » ? Et « allègre mais pas trop », pour « allegro ma non troppo » ?

Le fascisme est une « ruine pitoyable » écrivait Pasolini, il y a vingt ans, presque jour pour jour, dans un de ses *Écrits corsaires*. Où en serait-il aujourd'hui ? Que dirait-il de cette vraie « ruine pitoyable » que devient l'Italie à l'heure où les néofascistes entrent au gouvernement ?

A propos de fascisme, ce procès, apparemment « parisien », entre un histrion des lettres et une critique littéraire – Josyane Savigneau. Dignité de l'insultée. Infamie de l'insulteur. Bassesse du procédé qui consiste, pour faire passer l'infamie, à convoquer la tradition pamphlétaire en général, la liberté de parole muselée, l'insolence nécessaire, le scandale et ses prestiges, la littérature et ses pouvoirs – j'en passe, mais suis certain de ceci : nous avons, nous aussi, nos critères ; et nos clignotants ; et nos alertes rouges ; allez savoir si la diabolisation des critiques, le fait de les traîner dans la boue, la haine de la critique en soi, ne seraient pas l'analogue, dans les lettres, de la haine de la politique ! Phobie de la médiation. Symptomatologie, commune, du délire.

Alain Minc à *France Inter*. Sortir du socialisme c'est bien, dit-il. Mais en sortir par le populisme ce serait, hélas, presque pire. Le populisme ? Eh oui ! Il a, en France aussi, un visage – qui est celui de Bernard Tapie. Minc propose un débat public. L'intéressé, aux dernières nouvelles, se dérobe. Dommage.

49

Et si le communisme revenait ? Relire Althusser. Sollers, éditeur. Dizdarevic à Paris. A quoi sert la mémoire ? Daney, Griffith et Malraux. Preneurs d'otages et d'images.

Retour des communistes en Hongrie. Les gens ont l'air surpris. C'est le contraire, moi, qui m'eût étonné. Car enfin soyons sérieux. L'Allemagne a mis cinquante ans à faire le deuil de douze ans de nazisme. L'Europe centrale allait-elle, en cinq ans, liquider cinquante ans de stalinisme ? Naïveté, avec le recul, de notre béatitude d'hier. Sottise de ceux qui, en 1989, nous annonçaient la fin de l'Histoire. Lisez plutôt, de Stefan Heym, *Chronique du roi David*...

Un qui n'y croyait pas, à la fin de l'Histoire : mon maître Louis Althusser – dont je salue, au passage, l'édition des *Entretiens avec Fernanda Navarro* dans la collection « l'Infini », dirigée par Philippe Sollers. Il faut lire ces textes. Il faut relire Althusser. Oh ! Pas à cause du *Capital*, bien sûr ! Mais à cause de lui. Vraiment de lui. Et parce que nous n'en avons pas tant que cela, des maîtres qui donnent à penser contre *toutes* les eschatologies – eussent-elles le souriant visage de l'utopie démocratique. Et si c'était cela qu'il voulait dire quand il parlait d'« antihumanisme théorique » ? Et si c'était le sens des formules célèbres, et obscures, sur le « procès sans sujet » ? Althusser ou l'impossible fin de l'Histoire.

Un mot sur cette rencontre Althusser-Sollers. Ça devrait surprendre, là, pour le coup. Il devrait y avoir des gens pour dire : rien n'est plus saugrenu que de voir les derniers mots de la bouche d'ombre althussérienne recueillis par l'auteur du *Secret* – cet « ex-maoïste » dont Paris ne sait trop s'il s'est « reconverti » (*sic*) dans le « papisme », le « voltairianisme » ou, carrément, le « libertinage ». L'effet, en tout cas, est là. C'est un Althusser dépoussiéré. Sans dogmes ni corset. Un Althusser dont on découvre (il était temps !) qu'il était, lui aussi, un écrivain. Supposons le malin – ou le bon – génie qui a présidé à la rencontre. Je l'imagine assez bien, disant : « Laissez vivre Althusser ! laissez-le, fût-ce à titre posthume, vivre enfin sa vie de grand écrivain » – ou bien scandant, à la mode d'autrefois, quelque chose comme : « Li-bé-rez Al-thus-ser ! »

Retour à Paris de Zlatko Dizdarevic, l'âme d'*Oslobodjene*, ce journal de Sarajevo qui n'aura jamais cessé de paraître pendant toute la durée de la guerre et qui résume à lui seul la résistance intellectuelle des Bosniaques. Il nous revient avec un livre, lui aussi. Un grand beau livre de colère qui s'intitule *Portraits de Sarajevo* et que je me surprends à feuilleter, puis à lire, comme on parcourt un paysage familier. Hommes et femmes dans la guerre. Figures de la résistance. Courage, au quotidien, d'un peuple qui ne veut pas mourir. Portrait de Jovan Divjak, ce général-courage qui est aussi un héros de mon film et que je retrouve ici, tel que la littérature le ressuscite. Fiction ? Vérité ?

Je le vois bien, maintenant, le point de résistance à *Bosna !* : ce seront ces séquences de la guerre d'Espagne, de la Résistance, du ghetto de Varsovie, que je mets en vis-à-vis des images du martyre bosniaque. Elles sont essentielles, pourtant, ces séquences. Elles font corps avec le film. Car pourquoi la mémoire, si ce n'est pour servir au présent ? Pourquoi tant d'opiniâtreté à cultiver, préserver, le souvenir, si ce n'est pour, à son échelle, mesurer les tragédies du moment ? Une fois de plus, Daney : à quoi bon honorer le souvenir de la Shoah s'il n'offre pas à l'humanité « la métaphore de ce dont elle fut *et reste* capable » ?

Long chapitre, dans le livre de Daney, sur ce fameux « travelling de kapo » qui avait tant indigné Rivette et qui, pour la « nouvelle vague », était l'exemple même de ce mauvais « esthétisme » dont il fallait se garder. Lu, en regard, *Esquisse d'une psychologie du cinéma*, ce texte de Malraux que je ne connaissais pas et que rééditent Gallimard et la FNAC. La légende veut, dit l'auteur, que Griffith ait été éperdument ému, un jour, par la beauté d'une actrice en train de jouer dans un de ses films. Il fit tout pour reproduire l'effet. Tout, aussi, pour le grossir. Il tourna, et retourna, la scène – mais de plus en plus près, afin de mieux fixer l'instant béni. Et c'est ainsi, par amour donc, qu'il inventa le gros plan, le découpage, voire le montage. Je ne sais si la légende est vraie. Mais je sais que, pour le coup, elle est vraiment du Malraux.

Perplexité des chancelleries. Les preneurs d'otages serbes ne réclament pas de rançon – ils ont leurs onze détenus mais, au mépris de toute logique, n'exigent apparemment rien en échange. La clef de l'énigme ? Ils ont compris l'essentiel. Et s'ils n'exigent rien c'est qu'ils attendent tout de ce que nous leur offrons sans qu'ils aient à le demander : des images de ce « procès » qu'ils nous annoncent, dont nos télévisions se disputeront la « couverture » et qui vaudra, *ipso facto*, « reconnaissance » de leur justice et de leur État. Violence et images. Terreur et spectacle. Des Brigades rouges à Karadzic, toujours la même logique – specta- culaire – du terrorisme.

50

Une liste pour Sarajevo. La politique et son syndi- cat. La Bosnie, c'est l'Europe. Irons-nous jusqu'au bout ? Le courage de Stasi, l'engagement de Rocard.

Ne pas répondre, évidemment, à l'invraisemblable concert d'injures qui salue, depuis dimanche, mon an- nonce, à « l'Heure de vérité », d'une possible liste pour Sarajevo. Un mot, tout de même, pour dire que ce n'est jamais bon signe quand les responsables politi- ques insultent les intellectuels. Un mot pour dire, aussi, que la proposition méritait mieux que ce réflexe corporatiste, cette sainte alliance des appareils qui va de Chevènement à l'UDF et des communistes à de Villiers. Et un mot, surtout, pour regretter qu'il ne se soit pas trouvé une voix, ce matin, dans ce déferle- ment d'imprécations, pour faire entendre ne fût-ce qu'une note d'émotion, ou de compassion, à l'endroit des Bosniaques et de leur martyre. Touche pas à mon vote, dit l'un. Hors de mes plates bandes, dit l'autre. Bouillie de chat idéologique, tonne le troisième – porte-parole, à ce qu'il paraît, du parti de Jaurès et de Léon Blum. Mais pas un, non, pas un, pour trouver les mots simples – de respect, d'hommage – qu'impo- sait le calvaire de Gorazde, Bihac, Zepa, Sarajevo. Comme c'est étrange...

Le président de la République. La voix du président de la République lui-même, mêlée à celles du syndi- cat. Un jour je raconterai. Un jour je dirai comment, jusqu'au tout dernier moment, j'ai cru que Morland finirait par poindre sous Mitterrand et prendrait, *in extremis*, le parti du courage en Bosnie. Et un jour, surtout, je dirai (je le dis, d'une certaine manière dans *Bosna !*) quand, et comment, j'ai compris qu'il n'en serait sans doute rien et que, entre la démission et le droit, il avait, dès le premier jour, pris son parti de la démission – quitte à jouer, cyniquement, la carte du gendarme serbe. Qu'il me soit permis, cela dit, et peut-être pour la dernière fois, de lui répondre d'une phrase. « Non, l'alternative n'est pas, en Bosnie, celle de la négociation et d'une imaginaire guerre totale ; non, les Bosniaques ne nous ont jamais demandé ces 150 000 hommes dont vous brandissez, à nouveau, la menace ; oui la question, *la seule question*, est de savoir si nous nous sentons comptables de la liberté de ce pays – si nous nous décidons aux frappes aériennes qu'il attend depuis deux ans ou si, faute de le défendre, nous lui reconnaissons ce droit à se défendre lui-même dont vous disiez un jour, devant moi, à votre homologue Izetbegovic, qu'il est, en effet, un droit sacré. Lever, ou non, l'embargo sur les armes – telle est, *si nous n'intervenons pas*, la vraie alternative. Le reste est faux-semblant, et vous le savez bien. »

Pourquoi une liste, cela dit ? Et pourquoi, dans cette drôle de mêlée qu'est une bataille électorale, des hommes dont ce n'est ni le goût ni le métier ? Réponse : parce que c'était le seul moyen, voilà tout. Parce qu'il n'y avait pas d'autre voie pour contraindre les grandes listes à se prononcer. Parce qu'il n'existe pas, dans l'Europe d'aujourd'hui, de question politique plus vitale et que c'était la seule, étrangement, qui laissait nos ténors sans voix. La Bosnie, c'est l'Europe. C'est la tolérance, le mélange, la traversée des frontières et des cultures. C'est le principe d'une identité qui transcende, sans les annuler, appartenances et nations et c'est donc, strictement, l'Europe. Or une campagne européenne se préparait où la question bosniaque allait, tout bonnement, passer à la trappe. Une campagne de routine. Une campagne comme si de rien n'était. Une bonne campagne des familles d'où l'on aurait évacué ces embarrassants fantômes que sont les morts et les vivants de Bosnie. Pardon de les avoir, avec d'autres, invités au rendez-vous. Mais il y avait urgence. Une Europe qui en faisait le deuil était une Europe mort-née.

Irons-nous au bout ? C'est la question. Et j'avoue qu'à l'heure où j'écris, je ne le sais moi-même pas encore. De deux choses l'une. Ou bien les grandes listes se ressaisissent. Elles répondent à l'appel. La France est le pays où le débat européen tourne autour de la seule question qui vaille et qui est celle des moyens à mettre en œuvre pour sauver, très vite, la Bosnie. Nous aurons fait notre travail – et cette liste de témoignage n'aura, espérons-le, plus lieu d'être. Ou bien l'inertie reprend le dessus. Le cynisme l'emporte sur le civisme européen. Les monstres froids de la politique vaquent à leurs petites affaires et, passé le temps d'un sursaut de convenance ou de façade, persévèrent dans l'indignité. Et alors, oui, cette autre liste existera – car il n'y aura pas trop, pour sauver au moins l'honneur, de Léon Schwartzenberg et de ses amis.

La Mutualité, hier soir. Les représentants des grands partis venus, face à une salle houleuse, répondre à l'interpellation. Êtes-vous favorables, oui ou non, à l'application, sous peine de frappes aériennes immédiates, des résolutions onusiennes ? à l'intégrité de la Bosnie ? au retour des réfugiés dans leurs foyers ? au jugement des criminels de guerre avec lesquels, jusqu'à présent, nos diplomates négocient ? êtes-vous favorables enfin, et en ultime recours, à la levée de l'embargo sur les armes ? Réponse embarrassée – mais courageuse – de Bernard Stasi. Engagement – mais iront-ils, eux aussi, au bout ? – de Michel Rocard et de Jean-Pierre Cot. Appel de Brice Lalonde, nous offrant de fondre sa liste dans une liste « Bosnie », ouverte à tous. Pari gagné ? Pression réussie ? Nous sommes quelques-uns, à la tribune, qui nous surprenons à rêver : et si, le 12 juin, Sarajevo devenait, pour de bon, la capitale symbolique de l'Europe ?

51

Encore la « liste ». Au commencement était Kouchner.
Vingt ans après. Izetbegovic à Paris. Chevènement,
saddamite et philoserbe.

Liste ou pas liste ? C'est sur cette question que je
terminais mon « bloc-notes » de la semaine dernière.
Aujourd'hui – jeudi – la question est toujours là.
Même si j'ai, depuis, quelques éléments de réponse.
Baudis s'est prononcé pour le principe de l'intégrité
territoriale bosniaque, pour le retour des réfugiés dans
leurs foyers et pour la mise en fonctionnement d'un
tribunal international qui devrait, en bonne logique,
disqualifier deux ou trois des personnages avec lesquels les « médiateurs » occidentaux « négociaient »
jusqu'à présent. Rocard réitère son attachement à la
cause bosniaque et, devant la faillite, désormais pa-
tente, du système de sécurité collective et de l'ONU,
accepte la mort dans l'âme, mais accepte, la levée de
l'embargo sur les armes à destination de Sarajevo. Les
familles politiques se divisent. Le président de la République se découvre. L'ancien président Giscard
d'Estaing et le Premier ministre s'interrogent, et nous
le font savoir. La vérité est que cette campagne électorale ressemblait, à s'y méprendre, à un premier tour de
présidentielles. Eh bien la voilà qui, grâce à la liste,
devient vraiment européenne – c'est-à-dire, inévitablement, bosniaque. Je n'en attendais, pour ma part,
rien de plus.

Je ne voudrais pas trop insister – ni avoir l'air de pa-
voiser. D'autant que cette liste Sarajevo que la presse
s'obstine à présenter comme une « liste BHL », je n'en
fus, au mieux, que le premier porte-parole – l'idée ini-
tiale revenant, si je ne m'abuse, à des « collectifs contre la purification ethnique » qui l'avaient eux-mêmes
reprise à Bernard Kouchner, avant de la confier à Pascal Bruckner, Michel Feher, Romain Goupil, Gilles
Hertzog et quelques autres. Mais enfin, quelle victoire ! La Bosnie était, il y a huit jours, *le* thème dont
nul ne parlait. Des élections allaient avoir lieu où il

n'en serait pas question. Des partis devaient s'affronter avec, pour quasi programme commun, cet assourdissant silence. Aujourd'hui, c'est le contraire. Aucune liste, aucun candidat, ne pourront plus la contourner. Nul ne pourra se présenter aux électeurs s'il n'a sa doctrine sur la question. La Bosnie y gagne, évidemment. Mais aussi la démocratie, et la clarté de ses débats.

« Jusqu'auboutistes » et « modérés », disent-ils au sujet de notre petit groupe. Quelle drôle d'idée, là encore ! Et, surtout, quelle leçon ! Car c'est faux, bien entendu. Les supposés « jusqu'auboutistes » – Glucksmann et Goupil pour ne pas les nommer – tenant au contraire, dans nos réunions, des propos au moins aussi raisonnables que les prétendus « modérés » que nous serions, Rondeau, Hertzog et moi. Mais voilà. C'est ainsi. Et même si la chose est sans fondement, même si je n'ai jamais été si proche de Glucksmann, par exemple, que depuis le début de cette affaire, c'est bel et bien l'image que nous renvoient les commentateurs : déjà une sorte de Parti – avec tendances, courants, sous-courants, lignes plus ou moins dures, affrontements, fractions. Attention, danger ! Si c'est à cela que les choses tournent, si c'est dans ce moule qu'on nous enjoint de nous couler – alors, oui, il vaut mieux arrêter.

Izetbegovic à Paris. Le hasard fait qu'il vient de la Mecque. Quoi ! la Mecque ? Vous dites, vraiment, la Mecque ? Votre musulman libéral, moderne, ouvert, etc., a le culot d'aller à la Mecque – et, comble d'insolence, de ne pas hésiter à le faire savoir ? Trouble autour de moi. Malaise à l'aéroport, chez quelques-uns des journalistes. Et comme un aveu, tout à coup, de ce que l'on reproche *aussi* à cet homme... A une radio qui m'interroge, je dis – et cela tombe sous le sens : l'idée d'un musulman rentrant d'un pèlerinage aux lieux saints n'est pas, en soi, plus choquante que celle d'un Premier ministre français qui va, le dimanche, à la messe. Dans un cas comme dans l'autre, affaire de conscience. Dans un cas comme dans l'autre, rien qui soit de nature à entamer la laïcité de l'État.

Jean-Pierre Chevènement. La politique de la France, dit-il à peu près, est chose beaucoup trop sérieuse pour être confiée à B.-H.L. Il a sans doute raison. Mais que dire d'un homme qui était ministre de la Défense à la veille de la guerre du Golfe et préféra quitter son poste qu'avoir à la conduire ? Tout se tient, quand on y pense. Comme d'habitude, tout se tient. Saddamisme, hier. Philoserbisme, aujourd'hui. Le tout sur fond de refus de Maastricht. Et, un peu plus en amont, plus loin dans le fond du décor, un maurrassisme très ancien que le « réancrage à gauche » n'a jamais effacé. Les hommes ont la mémoire courte. Mais l'histoire a la mémoire longue. Et l'histoire des idées, notamment, n'oublie – il faut le savoir – jamais rien. L'honneur, en tout cas, de cette liste : avoir su faire l'union sacrée de de Villiers, Le Pen, Chevènement et quelques autres. La note d'amertume – ou de tristesse : des amis, que je ne veux pas nommer, mais qui m'attaquent, ce matin, sur un ton dont je ne les imaginais pas capables. Réconcilié avec les uns. Séparé, désormais, des autres. C'est le lot, j'imagine, de ce type d'événements – énormes, bouleversants, attracteurs de passion, de sens et, encore, de mémoire.

52

Toujours la liste. Encore et toujours la comédie humaine. Pourquoi il fallait s'arrêter. De quelques ambiguïtés. Campagne d'explication. Jusqu'au bout, dit-il.

Insulté quand j'annonce la liste. Insulté quand je la désavoue. Comme si une partie de la classe politico-médiatique n'avait le choix, me concernant, qu'entre deux reproches contradictoires : celui de la personnalisation à outrance; celui d'une prétendue inconséquence. Pour le coup, les voici comblés. Car ils auront puisé, tour à tour, dans chacun des deux stocks. Et le manège est si bien réglé, la comédie si finement montée que je serais presque tenté d'en rire si l'enjeu – bosniaque – n'était si lourd.

L'insulte la plus basse – mais aussi, quand on y pense, la plus absurde : le « Courage, fuyons ! » d'Alain Juppé. Le « courage », en effet, n'a pas grand-chose à voir avec tout ça. Mais enfin, et à tout prendre, la décision difficile, douloureuse, était – et Monsieur Juppé le sait bien – non pas de poursuivre mais d'arrêter; non pas d'épouser le mouvement mais de le contrarier. Si facile de se laisser porter par la vague... Si tentant de chevaucher, le temps de deux petites semaines, la flatteuse fortune qui s'offrait là... Et l'effort à fournir, au contraire, pour brider l'indéniable élan que nous avions donné...

Le plus comique – mais là, je ne nommerai personne : ces gens qui n'ont découvert la Bosnie, et leur amour pour elle, qu'avec le dépôt de cette fameuse liste et qui condamnent, *urbi et orbi*, l'abominable bande des six (Hertzog, Glucksmann, Rondeau, Goupil, Bruckner et moi) qui l'aurait lâchement trahie. Ils savaient à peine, il y a trois semaines, où étaient Tuzla et Gorazde. Ils n'avaient vu de Sarajevo que les images de leur « 20 heures ». Et les voilà mués en ombrageux champions d'une cause dont nous serions, nous, les liquidateurs. On croit rêver. Mais on ne rêve pas. Admirables croquis, au contraire, de l'éternelle comédie humaine.

La vérité sur cette décision ? Il y avait un contrat clair. Oh ! Pas un contrat avec tel ou tel. Mais un contrat entre nous et nous. Nous avions toujours dit : « liste suspensive ». Nous avions répété : « Pas question de faire une liste pour le seul plaisir de faire une liste ». Eh bien nous avons tenu parole. La liste avait un sens tant qu'elle imposait la question bosniaque au cœur du débat européen. Elle perdait toute espèce de signification dès lors qu'elle devenait une machine – de plus – à fabriquer des députés.

Les sondages ? Mais non ! Pas les sondages ! Le résultat, quel qu'il soit, flattait les initiateurs de la liste. Mais ce résultat, quel qu'il soit, condamnait *aussi* la Bosnie. Image anticipée de ce fameux « camembert » électoral des soirs de résultats. La liste coincée, *quel qu'en soit le score*, dans le lot des « petites listes ». Quelques points de plus que Laguillier. Quelques points de moins que Bernard Tapie. L'équivalent, à peu de choses près, de la liste « Chasse, pêche, nature et tradition ». Et le sentiment, à l'arrivée, d'une cause minoritaire – alors que chacun sait qu'il y a une immense majorité de Français pour soutenir la cause bosniaque.

Des impressions aussi. Des vibrations diffuses. Ces voix qui nous portaient, ce courant de sympathie, ces gens qui m'interpellaient dans la rue et m'exhortaient : « Tenez bon ! ne lâchez pas ! » – tous des amis de la Bosnie, vraiment ? tous de fervents militants du refus de l'épuration ethnique ? Hum... Ce parfum, que je connais trop. Ces accents, qui ne trompent pas. Cette idée – diffuse, oui – que la classe politique a fait « faillite » et qu'un vote doit la « sanctionner ». Peut-être est-ce vrai, d'ailleurs. Peut-être faut-il, oui, sanctionner les politiques. Mais ce n'était, pour le coup, la vocation d'aucun d'entre nous. Et la Bosnie valait mieux que de servir d'exutoire à cette protestation confuse – où se mêlait, je le sais bien, le pire et le meilleur.

Rennes, hier. Caen, ce matin. Grenoble, Lyon, Montpellier, dans les jours qui viennent. Je me serais passé, c'est sûr, de cette « campagne » d'explications. Mais il le fallait, je crois. Nous le devions à ceux – sincères – qui voulaient vraiment cette liste. Et comme il n'est dans mon habitude ni de me dérober, ni de me taire... Questions des uns. Colère des autres. Débats houleux, parfois. Mais le message, pour l'essentiel, passe. Et les amis de la Bosnie, les vrais, comprennent finalement bien la logique d'une démarche qui dit : « L'urgence n'est pas de bâtir, sur le dos des Bosniaques, on ne sait quel nouveau parti ; elle est de réformer les partis existants, de peser sur leurs dirigeants et, au delà du 12 juin, de tout faire pour infléchir la politique bosniaque de la France ».

Jeudi matin. Léon Schwartzenberg, aux dernières nouvelles, « continuerait ». Mais continuer quoi, au juste. Avec qui ? Au nom de quoi ? Et quel sens aura, désormais, la poursuite d'une aventure désavouée par ceux qui l'ont voulue, pensée, portée – et qui sont, *in fine*, venus lui demander de les représenter ? Pauvre Léon ! L'image de lui, cette fameuse nuit. Son incrédulité, d'abord. Sa déception. Sa fureur, ensuite. Ce refus, presque pathétique, de voir se dérober, si près du but, l'objet de son désir. Peut-être s'était-il pris au jeu, dans le fond. Peut-être y croyait-il, à son quarteron de députés investissant, sous sa houlette, l'hémicycle de Strasbourg. Et peut-être, du coup, ira-t-il en effet « au bout ». Juridiquement, il en a le droit. Mais moralement ?

53

Les vétérans, et après. Soljenitsyne en Russie. Journalisme ou roman ? Edwy Plenel et l'éloge des « chiens ».

Commémoration du Débarquement. Les images du passé. La résurrection des vétérans. Toutes les ressources du Spectacle mises au service de l'événement. La France entière à l'heure de ces GI qui, pour l'amour de la liberté, venaient mourir ici, à 8 000 kilomètres de chez eux, sur ces petites plages de Normandie. Et cette question, alors, qu'on ne peut pas ne pas se poser – même si elle doit tempérer la douce euphorie du moment : pourquoi ce qui fut possible hier ne l'est-il plus aujourd'hui ? ce parti de la liberté qu'embrassèrent tout naturellement nos aînés, d'où vient que l'on soit, en Bosnie, si réticent à le reconnaître ? Réponse d'un ami, ce matin : « Ce ne sont pas les temps qui changent; ni les âmes; c'est l'évidence de la cause à défendre; la plus ou moins vive clarté de ses enjeux – on savait, en 44, où étaient le Bien et le Mal; alors que, de nos jours... cette ambiguïté généralisée... cette confusion des signes et sentiments... sommes-nous si sûrs, vraiment, de nos réflexes, de nos repères ? »

L'explication est courte. Elle est même, tout bien pesé, franchement spécieuse. Car à quoi ressemblait-il au juste, ce parti de la liberté, en 44 ? et sommes-nous bien certains que l'affaire fût, *même alors*, si claire qu'on nous le dit : tout le Bien du monde d'un côté, tout le Mal de l'autre et la démocratie dans un camp où Staline cohabitait avec Roosevelt, l'Armée Rouge avec les G.I. ? L'Histoire est toujours incertaine, voilà le vrai. Toujours aléatoire. Elle l'est sans nul doute, aujourd'hui. Mais elle l'était aussi, en ce temps-là. De même qu'elle l'avait déjà été, quelques années plus tôt, quand la juste cause de la République espagnole recrutait dans les rangs de la Guepeou autant que chez les démocrates. S'il y a une leçon à tirer des résistances passées, c'est celle-ci : une Histoire jamais tout à fait arbitrée, jamais transparente à elle-même – jusqu'à ce que les hommes s'en emparent, s'y engagent et en réduisent la part d'équivoque.

Soljenitsyne en Russie. Retour manqué, disent les commentateurs. Tiens ! Quelle drôle d'idée ! C'est l'inverse, moi, qui me frappe – et l'extrême réussite, au contraire, du périple ! Passer par Vladivostok, par exemple. Rentrer parmi les siens en suivant la course du soleil. S'arranger, accessoirement, pour ne surtout pas passer par l'Europe. Voler de clocher en clocher. Monter, lentement, vers Moscou. Ces popes qui l'attendent. Ces villages qui le fêtent. Les vierges qu'on lui présente, comme dans un roman de Tolstoï. Ce côté retour de l'île d'Elbe, à l'échelle de la terre russe et de ses espaces. Ce pas lent. Ces forêts de symboles. Cette volonté – mais est-ce, même, une volonté ? – de déjouer la fièvre qui, à nos yeux, devait accompagner l'événement. « Vous vouliez du tapage ? Un retour en son et lumière ? Eh bien non. Je prends mon temps. Ce n'est pas moi qui me plie au temps, c'est le temps qui se pliera à moi. Je vais mon pas. J'attends mon heure. Nulle sollicitation, nulle urgence, ne me feront dévier du cap – celui de mon âme, celui de mon œuvre ». Singulier Soljenitsyne ! Quand tombait le mur de Berlin, il achevait le livre qu'il avait en chantier. Tandis que le communisme implosait, il réécrivait inlassablement ses livres anciens. Aujourd'hui les caméras du monde entier voudraient lui prescrire le rythme, le style, de son voyage. Aucune importance ! C'est lui qui, de nouveau, avec une arrogance paisible, nous prie d'entrer dans ses raisons et de nous ajuster à ses obsessions. Dieu sait si les dites obsessions me sont devenues étrangères, voire, pour certaines, antipathiques. Reste la force de cette patience. L'endurance de cette lenteur. Reste la présence d'un écrivain qui fait bloc avec soi-même. Un homme qui se conduit ainsi est, proprement, invulnérable.

Chacun se rappelle l'image du président de la République apostrophant, à Nevers, les « chiens » qui, en salissant « l'honneur » de Pierre Bérégovoy, l'avaient, selon lui, conduit au suicide. Un an après, un chien répond. Mieux : le chef de la meute des chiens, celui dont François Mitterrand avait, paraît-il, le nom en tête, prend la plume et relève le défi. Son nom : Edwy Plenel. Son livre : *Un temps de chien*. Son argument : mettons, oui, que nous soyons des chiens, mais au sens de Flaubert, de Baudelaire ou des Cyniques – ces chiens solitaires et bénis, sans domicile ni complaisance, dont l'honneur est de chasser, *traquer*, la vérité. Terroristes, les journalistes ? Populistes ? C'est l'étouffement de cette vérité qui favorise le populisme. C'est la prolifération des affaires, et leur impunité, qui alimentent le mépris de la chose publique. Et c'est le mérite de la presse au contraire que de porter, dit Albert Londres, « la plume dans la plaie ». Journalisme et vérité. Journalisme et investigation. Du journalisme conçu comme une machine à explorer l'autre face des sociétés, l'envers de leur décor – toute cette part invisible, semée d'ombres et de recoins, que le Spectacle dérobe aux regards. Je ne connais pas Edwy Plenel. Et je ne suis, d'ailleurs, pas sûr qu'un homme qui se réclame de Péguy et du jeune Marx soit, réellement, de ma famille. N'importe. Son livre garde, au moins, trois mérites à mes yeux. Sa langue, magnifique. Cette « bataille du secret », que je fais mienne. Et puis cette figure d'un journalisme qui ne peut qu'éveiller de troublants échos aux oreilles d'un écrivain : cette plongée dans la coulisse des sociétés, cette exploration de leur part d'ombre, cette idée que rien ne sert d'écrire si ce n'est pour sonder « l'envers des êtres et des choses » – qu'est-ce d'autre que la définition, selon Bataille et quelques autres, de la littérature et de ses pouvoirs ? *Un temps de chien* est un livre d'écrivain. C'est aussi un texte étrange – où vacille la frontière entre journalisme et roman.

54

L'énigme de Villiers. Qui sera le Berlusconi français ? Tapie, Stavisky, la gauche et le peuple. Bye bye Michel Rocard ? Monsieur Juppé et le Rwanda.

Le plus étonnant chez de Villiers : la composition même de sa liste. Car enfin regardez bien. La « Vertu », avec le juge Jean-Pierre. La « ploutocratie », avec Goldsmith. Le « néopétainisme » avec lui, de Villiers. Le « gaullisme » avec Charles de Gaulle junior. Bref tous les symboles de l'époque. Tous ses signifiants les plus massifs. Et des signifiants qui – plus extraordinaire encore – devraient, en bonne logique, ne pas cohabiter sans s'annuler. Or voici le miracle. Loin de se gêner, ils se renforcent. Au lieu de jurer, de s'abjurer les uns les autres, ils se composent au contraire et forment les ingrédients du succès. Une liste comme une affiche. Une liste comme une publicité. Une liste comme une image de synthèse ou comme une machine à synthétiser les images.

Un équivalent de de Villiers ? Berlusconi. Mais si ! Réfléchissez ! Craxi et les démo-chrétiens. La mafia et la vertu. Fini, l'héritier des fascistes – et Bossi, le ligueur, partisan de la sécession des provinces du Nord. Bref, tout et le contraire de tout. Cacophonie et chaos assurés. Et pourtant non ! Tout va plutôt très bien. Et de ce cocktail détonnant, qui exploserait au visage de n'importe quel autre que lui, surgit un objet nouveau – et qui marche. C'est, exactement, le syndrome de Villiers.

Un autre détail, d'ailleurs. Curieux qu'il soit, lui aussi, passé inaperçu. Quel est le métier de de Villiers ? Son *vrai* métier ? Entrepreneur de spectacle. Oh ! un petit spectacle. Un tout petit entrepreneur. Mais enfin, un entrepreneur quand même – qui a commencé sa carrière avec du théâtre et des images. Le « Puy-du-Fou » n'est pas « Canale Cinque », et le député de Vendée n'a pas encore sa télé. Mais que fait-il au soir du succès ? Il insulte une télévision. Que dis-je ? Face aux Français, médusés, son premier geste de vainqueur est de s'en prendre à la télé par excellence – je veux parler de TF1. Tout le monde dit : « Le Berlusconi français, c'est Tapie ». Eh bien non. C'est, peut-être, de Villiers.

Tapie, justement. L'autre vainqueur de ces élections. Et l'autre défaite de l'esprit public. Car enfin voilà un homme qui a les polices et les huissiers aux trousses. Voilà un politicien aux abois dont la presse guette moins les petites phrases que les convocations chez le juge Beffy. Or c'est cet homme-là qui triomphe. Et c'est lui qui, tout à coup, incarne la nouveauté à gauche. Tapie voyou ? Tapie Stavisky ? On peut le dire, bien entendu. Mais cela ne suffit pas. Car l'énigme reste entière. 12% des Français ont-ils voté pour Stavisky ? Et d'où vient – car c'est un fait – que ce Stavisky-là incarne, pour partie, la rage, les rancœurs, l'espérance du peuple de gauche ?

On peut toujours protester : « Tapie n'est pas le peuple ». Ou : « L'homme du *Phocea*, le milliardaire propriétaire de l'OM, ne peut, sans abus d'image, prétendre incarner le peuple ». Tapie s'en moque. Et il a raison. Car l'homme est une chose, le signifiant en est une autre. Et il y a loin de ce que l'on est à ce que l'on finit par incarner. Prenez Mitterrand : Maurrassien ; amateur de Chardonne, formé par les pères maristes, dans l'amour de son terroir – c'est lui qui, à un moment donné, porte les valeurs de la gauche. Prenez les communistes italiens : communistes, oui, rigoureux – ont-ils eu peine, pour autant, à se reconnaître en Berlinguer, le marquis rouge ? Mystère de l'incarnation. La vérité est que Tapie a su parler au nom du peuple – là où Rocard, par exemple, a échoué.

Cet échec de Rocard. Échec d'un homme ? D'un parti ? Ou échec, bien plus grave, d'une certaine idée – exigeante – de la politique et de la gauche ? J'ignore, à l'heure où j'écris, ce qu'il adviendra, précisément, de Rocard. Mais je sais l'homme qu'il est. Je connais – nous connaissons – la conception qu'il défend de l'action, du débat, publics. Et le fait est bien là : cette conception ne fait, provisoirement, plus recette ; elle ne vaut soudain plus rien à la bourse aux valeurs idéologiques ; et il n'est pas exclu que son apôtre devienne la mauvaise conscience de sa famille, un Mendès éternel, un Cassandre – une idée de la politique, en effet ; mais périmée ; dévaluée. Rocard, pièce de musée ? Ce serait terrible. Ce serait ajouter la faillite à l'échec. Mais ce n'est, hélas, pas impensable.

Pendant le spectacle, la tuerie continue. Sacré Alain Juppé ! Il y avait déjà eu, sans qu'il bronche, entre trois et cinq cent mille morts au Rwanda. Hécatombe sans précédent. Record horaire mondial du génocide. Or des orphelins sont massacrés, en direct, devant une caméra. Sursaut, alors, du ministre. Diplomatie cathodique, audimatique, tétanique. Et émotivité d'un État qui ne réagit, décidément, qu'aux images. Nul ne trouverait à y redire si l'on ne devinait, l'émotion passée, la léthargie prête à revenir. De qui monsieur Juppé a-t-il cure – des corps rwandais suppliciés, ou de la conscience malheureuse des Français ?

55

Tous contre Rocard. Attention au « syncrétisme » ! La rage de Mitterrand. Comme un bœuf sur la langue. Rocard, Président ?

Un tout dernier mot – car abondance de courrier – sur cette affaire de « liste Sarajevo ». S'il me fallait une dernière preuve du bien-fondé de notre attitude je la verrais dans le spectacle pitoyable de la mise à mort de Michel Rocard. Ce n'était pas l'affaire de cette liste ? Non. Mais c'était l'un de ses effets. Et même si nous avions d'autres raisons – propres à la Bosnie, et que j'ai exposées ici même – de ne pas aller au vote, je me réjouis d'avoir pressenti *aussi,* et accessoirement, celle-là. Il y avait – il y a – une poignée d'hommes d'État en France. Michel Rocard – avec Jacques Delors – était, à l'évidence, du nombre. Fallait-il, sous quelque forme que ce soit, participer de son discrédit ? Ne fallait-il pas, au contraire, tout faire pour le sauver ? Cette curée... Ce parfum d'hallali... Impératif catégorique : sortir du rang des meurtriers.

Le terme de « mise à mort » est-il trop fort ? Peut-être. Mais je n'en vois pas d'autre pour décrire l'étrange spectacle offert, pendant quelques jours, par ces alliances de fortune, ces rapprochements de circonstance, tout ce jeu politique ou guerrier dont l'unique objet était, chacun le sentait, d'éliminer le Premier Secrétaire du PS ! Jusqu'à ce hiérarque mitterrandien qui se réjouissait publiquement du « syncrétisme » miraculeux dont le Parti donnait l'image et qui ne se rendait pas compte que, ce faisant, il vendait la mèche. Car qu'est-ce, au juste, que le « syncrétisme » ? C'est un mot grec qui, littéralement, veut dire : « tous ensemble contre le Crétois » – étant entendu que « Crétois » était le nom (grec, toujours) de ce que nous appelons, nous « bouc émissaire ». Rocard, le Crétois. Rocard, le bouc émissaire. Je ne crois pas à l'innocence en Histoire. Mais on ne m'enlèvera pas de l'idée que ces socialistes sont des gens, décidément, bizarres. Ils ont un honnête homme, Pierre Bérégovoy : ils le laissent se suicider. Ils en ont un autre, Michel Rocard : union sacrée pour le chasser. Leur parti a perdu, soit. Mais est-ce la faute d'un seul homme ? Et le parti de Roland Dumas, celui de l'affaire Pelat et des livraisons d'armes au Rwanda, n'avait-il rien de plus urgent, vraiment, que de remplacer Rocard par l'obscur Emmanuelli ?

Le plus terrible, dans l'affaire, c'est évidemment le rôle de Mitterrand. Bien sûr, il ne l'avouera pas. Et on peut même lui faire confiance pour, maintenant que son compte est bon, adresser à la victime l'un de ces « signes » dont il a le secret et qui achèvera de brouiller les pistes. Mais les faits sont là. Et l'obscène triomphe d'un Tapie, instrumentalisé par l'Élysée. Et l'acharnement, jamais démenti, contre le patron d'une « deuxième » gauche qui eut toujours, sur la « première », une longueur d'avance en matière de rigueur, de rectitude, de morale. On dit, paraît-il, au PS : « Mitterrand laissera le Parti dans l'état où il l'a trouvé en entrant – discrédité, exsangue ». Je l'imagine, moi (mais cela revient au même) sous les traits du vieil empereur de la *Marche de Radetzky* de Joseph Roth : la mort, autour de lui, achève de « tracer ses cercles »; il y a les amis disparus; les rivaux écartés ou disqualifiés; il y a le grand « champ de ruines » qui menace feu son empire; mais il s'y dresse, seul, « telle une tige oubliée », achevant de semer alentour « le trouble, la ruine, le chaos ». L'empereur de Roth s'appelait François-Joseph et apprit ce qu'il en coûtait de jouer avec la tempête. Le nôtre s'appelle François Mitterrand : de quelle ruine sera-t-il le témoin – l'acteur ou le jouet ?

Des erreurs de Rocard ? Oui, bien sûr, il y a eu des erreurs. A commencer par celle-ci. Ce nominaliste émérite, cet expert en métaphores plus audacieuses les unes que les autres, l'artisan du « big bang », celui de la « nouvelle alliance », cet homme qui n'a cessé, depuis deux ans, de jouer avec les mots ou de les réinventer, il y a un mot auquel il s'est toujours gardé de toucher – alors que c'est celui, justement, qu'il avait au bout de la langue et dont il ne cessait, à travers les autres, de parler secrètement. Ce mot, c'est celui de socialisme. Et je tiens qu'il fut, ce mot, *le* non-dit fatal du rocardisme. Mais bon ! Que pèse un non-dit face au désastre moral d'un parti qui n'aura su être fidèle ni à sa mémoire ni à ses devoirs ? Et à qui faut-il jeter la pierre : à l'homme qui aura tenté, *in extremis*, de rendre à ce Parti un peu de sa dignité – ou au Parti qui l'a corseté, étouffé et qui voudrait lui faire porter, maintenant, le poids de ses péchés ? Là aussi, étrange logique.

L'avenir. De deux choses l'une. Ou bien une page est tournée – et pas seulement dans la biographie de Michel Rocard : fin d'une époque; fin d'un certain style, d'une certaine manière de faire de la politique; la démagogie l'aura emporté sur la démocratie; Rousseau sur Tocqueville; Tapie et les siens auront gagné; et derrière Rocard – qu'on le sache bien – c'est Delors, Balladur, Martine Aubry, Strauss-Kahn qui sont, à terme, condamnés. Ou bien rien n'est joué; le triomphe du populisme n'est pas inéluctable; sursaut de l'intelligence; retour de la politique; le dernier mot à la parole, c'est-à-dire à la culture; le plébiscite, en fin de compte, ne l'emporte pas sur la république; et naît un grand mouvement « démocrate » dont les « socialistes » ne seront qu'une composante et dont la figure tutélaire, dégagée de ses attaches partisanes, pourrait enfin être... Michel Rocard.

56

Un nouveau Diderot pour TF1. *Nietzsche et l'Algérie. Tapie, le symptôme. Faut-il se pâmer devant Joseph Beuys ? Pas de guerre tribale au Rwanda. Bernanos à Kigali. Idéologie française ?*

Avoir l'air sincère, tout en jouant. Pénétré de soi, alors qu'on compose. Paraître authentique, *surtout authentique*, à l'instant même où l'on travaille à produire l'effet désiré. C'est l'attitude du comédien. C'est celle, plus que jamais, du politique. Avec, en prime, cet impératif qui va de soi pour le premier mais dont le second s'avise rarement : ce jeu du vrai et du semblant, de l'authenticité et de ses leurres, tout l'art est de faire en sorte qu'il ne se voie à aucun prix – contre-performance, l'autre soir, sur *TF1* d'un Jacques Chirac appliqué à « parler vrai » alors que l'on croyait lire, comme en sous-titres, les prescriptions de son conseil en communication et stratégie. Diderot, voici deux siècles, écrivait le *Paradoxe sur le comédien*. Quel est le nouveau Diderot qui écrira le « Paradoxe sur le comédien politique » ?

Déjeuner, chez Alain Carignon, avec le président de « Reporters sans frontières », Robert Ménard, très préoccupé de la spirale de l'horreur qui n'en finit pas d'ensanglanter l'Algérie. Crimes des intégristes... Terreur – symétrique ? – de l'État-FLN... Ce mot de Nietzsche qui, tandis qu'il parle, me revient et qu'il faudrait pouvoir opposer à ceux qui ne veulent pas entendre que notre avenir se joue, aussi, de ce côté-là de la mer Méditerranée : les « bons Européens » sont des « Méditerranéens par naissance » qui « aiment le Sud dans le Nord et le Nord dans le Sud ». Sommes-nous ces « bons Européens » ? Aurons-nous la force, encore, de le devenir ? L'échéance est proche. L'urgence, chaque jour plus pressante.

Tapie en examen. Passons sur l'éventuelle « maladresse » des juges. La question, la *vraie question*, est de plus en plus celle-ci : Tapie est-il populaire malgré les affaires ou à cause d'elles ? en dépit de l'opprobre ou grâce à elle ? ce parfum de scandale, est-ce l'obstacle à une ascension qui, sans cela, serait irrésistible – ou est-ce, au contraire, son ressort et le signe d'une décomposition plus avancée que ne le croient les plus pessimistes d'entre nous ? Étrange climat... Singulier désarroi...

Tout ce bruit autour de Joseph Beuys et de la rétrospective qui s'ouvre à Beaubourg. On croit toujours que le problème c'est son côté jeune Allemand, pilote, en 1943, de la Luftwaffe. Pas du tout ! Ou, du moins, pas seulement ! Car il y aura aussi le vieil écolo, obsédé de vitalisme, qui dira, au soir de sa vie, que « la nature est l'élément, la référence déterminante, de toute conception de la liberté ». Pour un artiste, le mot le plus sot. En esthétique, le point de vue qui tue. J'ajoute – et c'est l'essentiel – que je n'ai jamais admiré les « performances » du dernier de nos théosophes.

Une colère de Wole Soyinka, le grand écrivain nigérian, Prix Nobel de littérature, auquel je n'avais plus parlé depuis notre rencontre à Milan, il y a sept ou huit ans, avec Mario Vargas Llosa. Allez-vous, dit-il à peu près, recommencer, avec le Rwanda, vos erreurs d'analyse sur la Bosnie et, sous prétexte que ce sont des « Blacks », nous refaire le coup de la guerre tribale et de sa sauvagerie sans âge ? La vérité est que si les bourreaux sont bien « Hutus » et les victimes, en majorité, « Tutsis » – elles se retrouvent aussi, ces victimes, du côté des « Hutus modérés » et interdisent de réduire, donc, le massacre à je sais quel affrontement « inter-ethnique ». L'affaire, autrement dit, n'est pas tribale, mais politique. Encore, et toujours, politique. Et c'est l'analyse politique qui, sur le Rwanda, manque le plus.

Manque aussi, bien sûr, le courage. Pas celui, forcément, de s'engager au-delà de ce que nous faisons. Mais celui de dire les choses. Simplement, de les dire et de ne pas se résigner à nos tragiques ou honteuses équivoques. Ces lignes de Bernanos dans *Le Chemin de la Croix-des-Âmes*. Dieu sait si Bernanos n'est pas de mes auteurs favoris. Mais ce texte, écrit en juin 1941, vaut, mot pour mot, pour aujourd'hui. « L'immense erreur psychologique », dit-il, de ceux qui « dirigent » la France « n'est pas de l'avoir fait capituler », mais « d'avoir voulu, coûte que coûte, justifier la capitulation » – elle est d'avoir donné à cette capitulation « le caractère d'un acte moral, désintéressé, vertueux » et « d'avoir fait approuver cet acte par les professeurs de droit et les archevêques ». Toujours la même histoire : pire que le Mal, la justification, la transfiguration, la sanctification, *la dénégation*, du Mal.

Hommage – à propos de courage – au jeune Arno Klarsfeld, l'un des avocats qui eurent, l'hiver dernier, à plaider contre Touvier. Tous, on s'en souvient, s'en tinrent à la thèse de la « pression allemande » et de la « complicité avec l'occupant » – condition *sine qua non*, en droit, pour qu'il y ait crime contre l'humanité et que le crime soit imprescriptible. Seul lui, Klarsfeld, osa dire : « Tant pis si, en droit pur, j'affaiblis, ma position ; mais, au droit, je préfère la justice – qui est, aussi, mémoire et vérité ; or la vérité, dans cette affaire, c'est que nulle pression allemande, nulle intelligence avec l'ennemi, ne contraignirent le milicien à se conduire comme il le fit ; autonomie de Vichy ; souveraine liberté de ses acteurs ; avant d'être des « collabos », les fascistes français étaient fascistes et telle demeure, pour nous, la plus accablante de leurs leçons ». Cette paradoxale et forte plaidoirie, Fayard l'édite ces jours-ci. A lire, absolument, si l'on veut ne rien ignorer de ce que fut « l'Idéologie française ».

57

Sarajevo, Kigali et Alger. Sauver Taslima Nasreen. Jean Daniel, écrivain. Un axe Fitzgerald-Hemingway ?

Nous avions bien dit, n'est-ce pas, que la liste Sarajevo ne se sabordait que pour renaître ? Eh bien voilà. Nous y sommes. Ce n'est plus une liste, bien sûr. Mais c'est encore, d'une certaine façon, la Bosnie. Car il s'agit, cette fois, d'un « Comité de réflexion et intervention » (le « C.R.I. ») dont on jettera les bases, ce samedi 9, à Paris, au Théâtre de l'Odéon et qui tournera autour de l'idée que « L'Europe commence à Sarajevo, Alger, Kigali... ». Je tiens aux points de suspension. De même que je tiens – nous tenons – à l'élargissement d'un petit groupe qui ira de Finkielkraut à Françoise Giroud, de Daniel Rondeau à Jacques Julliard, de Milosz et Geremek à Goytisolo, Dizdarevic et Citati – l'essentiel étant que des intellectuels, venus d'horizons très divers, acceptent de se retrouver pour tenter de réfléchir ensemble. A quoi ? A la politique étrangère de la France. A celle, peut-être, de l'Europe. Aux convulsions de ce que l'on a – un peu vite – nommé « l'après-communisme ».

Un ami commun me dit que Chirac s'est attristé, la semaine dernière, de ce que j'écrivais du côté un peu « mécanique » de sa performance télévisée le soir où

157

il présentait le premier tome de ses *Réflexions*. Il a tort. Car je ne visais ni le livre (que j'ai lu, et que je trouve bon) ni l'homme (que je connais, et qui n'est pas le moins aimable de nos nombreux présidentiables), mais un système (qui les dépasse tous et dont il n'est qu'une victime parmi bien d'autres). Pour le reste (l'élection de l'an prochain) nous serons nombreux, le moment venu, à nous prononcer sur des critères qui ne seront plus, j'espère, ceux de cette navrante « politique-spectacle ». Chirac ou Balladur ? Delors ? Un autre ? On verra bien. Mais la confusion est telle, l'obscurité des temps si profonde, que je n'exclus pas que les choses, là aussi, se jouent à Kigali, Alger, Sarajevo : ces lieux où soufflent, à défaut de l'esprit, les vents de la barbarie et où il faudra bien que l'on entende, enfin, la voix de la vraie France.

La liste des possibles n'étant, en matière d'horreur, jamais finie, voici une nouvelle figure du tragique sur laquelle il faudra bien que se prononcent les prétendants au pouvoir suprême. C'est une femme. Elle est écrivain. Elle vit dans un pays – le Bangla-desh – que je connais, que j'ai aimé et où j'ai même passé un bout de ma jeunesse. Elle s'appelle Taslima Nasreen et le fait est que, comme Salman Rushdie, les intégristes musulmans n'ont pas aimé un de ses romans et l'ont condamnée à mort. La différence avec Rushdie ? C'est une femme. Ses assassins menacent, si on ne la leur livre pas, de livrer la ville – *sic* – aux serpents. Et le gouvernement de Dacca, loin de la protéger, cède aux fanatiques et entend la traduire en justice. Rushdie sans l'Angleterre. Rushdie, moins Scotland Yard. Un Rushdie qui, plus exactement, aurait *aussi* Scotland Yard aux trousses et ne pourrait compter que sur nous, opinion publique internationale, pour échapper aux assassins. Qui bougera ? Qui parlera ? Depuis deux semaines, avec « Reporters sans frontières », je sonne à toutes les portes. La vérité oblige à dire que c'est la raison d'État qui, pour l'heure, a le dernier mot.

Ma lecture de la semaine : *L'Ami anglais* de Jean Daniel. On y croise une génération de héros qui, trop jeunes pour l'Espagne, se sont illustrés, quelques années plus tard, dans les troupes de Leclerc. La guerre est finie. Ils sont jeunes. Ils sont beaux. Ils sortent de l'épreuve auréolés de gloire. Tout leur est promis : pouvoir, amours, carrières brillantes, œuvres. Or quelque chose leur dit que le meilleur de leur vie est derrière eux et que rien ne vaudra jamais ces instants d'éternité, vécus dans la désinvolture, où le courage lui-même n'était qu'une grâce parmi tant d'autres. Sur ces thèmes – si propices à la littérature – l'auteur tisse deux récits, et un court roman, où l'influence de Camus se fait curieusement moins sentir que celle d'un Lawrence romancier ou d'un Fitzgerald guerrier. Daniel écrivain ? On le savait. Un Daniel qui se serait trompé de vocation, de destin ? On le soupçonne. Lui-même le pressentait-il quand, publiant, il y a longtemps, son premier roman, il l'intitulait *L'Erreur* ? On peut le penser. Une chose, en tout cas, est sûre : c'est à cette « erreur » là que l'on doit la belle aventure de *L'Observateur*.

Il vient de se tenir à Paris une bien singulière cérémonie. Cela se passait, près de la Seine, à la fondation Mona Bismark. Et l'on y croisa, huit jours durant, une petite foule de fétichistes et de maniaques dont l'obsession tenait en deux noms : Fitzgerald et Hemingway. Le second buvait-il du Pouilly ou du Muscadet ? Le premier avait-il une aversion pour les cravates de soie ? Zelda portait-elle des soutien-gorges ? Que se passa-t-il, à la fin de l'été 1926, sur la plage de la Garoupe, entre Picasso et Sarah Murphy ? Et qu'en est-il de cette scène fameuse, suggérée dans *Paris est une fête*, où les deux romanciers auraient comparé la taille de leur sexe ? La bizarrerie n'est pas que l'on se réunisse pour célébrer des écrivains. Ce n'est même pas cet assaut d'érudition, ce climat de dévotion et de piété, qui font l'ordinaire des colloques savants. Non. L'étrange, c'est que les deux tribus se soient ainsi retrouvées ; c'est que les deux sectes rivales, célébrant deux cultes rivaux – celui, pour aller vite, du mélancolique et celui du surmâle – se soient, ici, réconciliées ; l'étrange, *l'exceptionnel*, c'est qu'elles se soient offert ici, à Paris, dans une quasi-clandestinité, une sorte de messe en commun. L'axe Fitzgerald-Hemingway : la surprise littéraire de l'année ; la plus improbable, et la plus secrète, des hérésies.

58

Triomphe de la loi du sang. L'appel de l'Odéon. Sollers, la littérature et la critique. Foucault, Athènes et Jérusalem. Juppé et Hurd vont en mission. PPDA, entre loups et bergerie. Après l'édit de Caracalla. Rushdie, Nasreen, Ménandre et Baudelaire.

Hobbes. Chapitre 29 du *Léviathan*. La division des pouvoirs dans l'État. La Trinité des personnes divines. Toute la question de l'intégrisme est là. Tout le problème de son triomphe – ou des stratégies à inventer pour, au contraire, le conjurer.

Après Kim Il-sung, Kim Jong-il. On croit à une blague. Mais ce n'en est pas une. Car c'est ainsi que, à Pyong-yang, se fait la transmission du pouvoir. Est-ce le fils qui succède au père ? Un tueur à un autre tueur ? Mettons que le communisme réinvente le principe dynastique. Ou que, dans tous les sens, l'emporte *la loi du sang*.

Les meilleurs écrivains le connaissent et le reconnaissent. Il a quarante ans. Il pourrait être, à lui tout seul, « agitateur culturel depuis 54 ». Il s'appelle Francis Bueb et c'est à lui que nous devions, samedi dernier, cette « Rencontre de l'Odéon » entre intellectuels européens. Comme un parfum des années trente. Mais les *autres* années trente – celles de l'antifascisme et de ses meetings comme des grand-messes.

Les Allemands sur les Champs-Élysées. Sur le principe, rien à redire. Mais ce malaise, tout de même. Cette gêne, sans doute absurde. Et cette part de moi qui, ce jour-là, préférera ne pas être à Paris.

Philippe Forest prépare une histoire de *Tel Quel*. Je le reçois. Nous parlons de Sollers. Et je m'aperçois, en lui parlant, qu'il est peut-être (Sollers) l'un des derniers témoins d'une longue et belle tradition : celle de ces écrivains qui sont *aussi* des critiques. Après eux ? A part lui ? L'artiste qui ne dit rien et qui croit manifester ainsi l'un des signes, éclatants, du talent.

Toujours le Rwanda. On a dit trois cent mille morts. Puis cinq cent mille. On frôle, aujourd'hui, le million. Et que font les coupables, pendant ce temps ? Où sont-ils ? Mais dans la « zone de sécurité », voyons ! Sous protection française ! Imaginer, en 1945, mêlés à la foule des réfugiés, les criminels de guerre nazis : on les a désarmés; éventuellement sermonnés et désavoués; mais enfin ils sont là – bénéficiant, comme les autres, de la manne humanitaire et de ses formidables équivoques.

Foucault, à la fin de sa vie, pensait qu'il n'y avait pas de geste plus *actuel* que celui de relire les Grecs. Moi, aujourd'hui, comme à l'époque du *Testament de Dieu* et de mes dialogues avec Lévinas : quelques pages du Talmud, quelques versets d'Osée ou du Livre de Samuel – où je trouve l'essentiel de ce dont j'ai besoin pour apprendre (vaste programme !) à ré-aimer la politique.

Juppé et Hurd vont en mission. Leur tâche ? Faire accepter aux Serbes leur mirobolant plan de partage. On imagine le discours : « Chers et honorables assassins, distingués spécialistes du nettoyage ethnique, nous feriez-vous l'immense plaisir d'accepter la moitié de ce pays que vous avez conquis, ravagé, nettoyé – et que nous vous supplions, donc, de consentir à conserver ? »

Toujours les meurtres en Algérie. Après les Français, les Russes. Après les Russes, les Italiens. Comme un corps qui n'en finirait pas de s'amputer de ses membres étrangers. Comme un peuple qui ne se lasserait pas d'explorer les cercles de son enfer. Et puis – il faut bien le dire – comme une spirale de la terreur aux interminables, et terribles, tours. Comprendre, oui, que l'Europe commence *aussi* à Alger.

Bosnie encore. Le mot est de Pavese dans *La Maison sur la colline*. Mais il me fait, irrésistiblement, penser aux millions de morts de Bosnie dont Messieurs Hurd et Juppé font visiblement leur deuil. « Qu'allons-nous faire de ceux qui sont tombés ? Il n'y a peut-être que les morts à le savoir et il n'y a qu'eux pour qui la guerre soit finie pour de bon ».

Il y a des gens que l'on connaît trop et dont le nom est une ombre qui occulte ce qu'ils écrivent. Un spécimen du genre : Poivre d'Arvor. On croit tout savoir de lui. On a tort. Car il vient de publier un livre étrange – le plus drôle, le plus vrai, le mieux informé des livres de politique-fiction de l'année. Il ne se résume pas. Il se lit. Si, du moins, l'on consent à bien se souvenir de son titre : *Les Loups et la Bergerie*.

Union ! Union ! Ils n'ont que ce mot à la bouche, les Européens d'aujourd'hui. Et si les choses étaient plus compliquées ? Et s'il ne s'agissait, surtout, ni d'« union » ni d'« unité » ? C'est quand les Empires s'unissent qu'ils s'effondrent. C'est au lendemain de l'édit de Caracalla que l'Empire romain s'écroula. Ne pas se lasser de le répéter : il n'y a pas d'identité européenne puisqu' Europe n'est que l'autre nom du rejet de *tout* projet identitaire.

Le texte archi-connu de Valéry sur les « civilisations » qui savent, « maintenant », qu'elles sont « mortelles ». On oublie toujours de citer la suite – qui me touche infiniment plus : « Les circonstances qui enverraient les œuvres de Keats ou celles de Baudelaire rejoindre les œuvres de Ménandre ne sont plus du tout inconcevables : elles sont dans les journaux ». Les journaux, ce matin ? La lettre, dans *Libération*, de Rushdie à Taslima Nasreen.

59

Karadzic à Genève. La prostate du président. Rendez nous Carignon. Salut à Laurent Fabius. Rire avec Robbe-Grillet.

Genève. La ville de Voltaire et de Rousseau. De Joyce et de Borges. L'une des villes les plus littéraires, les plus inspirées d'Europe. Et puis, en même temps, une sorte de hall de gare planétaire où l'on peut croiser, à tout moment, les types les moins recommandables : Tarek Aziz au moment de la guerre du Golfe, tel tueur proche-oriental ou, ce matin, dans l'hôtel voisin du mien, le Serbe Karadzic venant apporter sa « réponse » au plan de paix occidental. C'est la face noire de Genève. Mais c'est aussi son côté farce, ou son côté ville vaudeville ; c'est son côté, non plus Borges, mais Feydeau – avec ses fausses fenêtres, ses entrées dérobées, ses chassés-croisés : je venais, l'autre semaine, y retrouver Izetbegovic ; je pourrais y rencontrer tout à l'heure – flânant, comme moi, au bord du lac – Radovan Karadzic et ses tueurs... Genève, ville-refuge. Genève, ville de tous les exils et de toutes les tolérances. Genève ou le seul endroit, au monde, où même un criminel de guerre peut se promener sans être arrêté. Scandaleux, ou rassurant ?

Le cancer de Mitterrand. L'obscénité des media. Le voyeurisme des citoyens. Toute cette comédie de la maladie, cette mise en scène et en spectacle. Il y avait les opérations à cœur ouvert. Voici une opération en place publique. Pas un détail qui nous soit épargné. Pas une misère qui n'ait sa glose, et son nom. Jusqu'au médecin personnel du président, le désormais fameux docteur Gluber, qui est en passe de devenir l'un des personnages clefs de la République et dont on lira bientôt les bulletins de santé avec la même attention que les communiqués du Gouverneur de la Banque de France. Est-ce la personnalité du patient ? La fonction ? L'homme qui détient le code nucléaire et a souverainement pouvoir de mort, serait-il comptable, devant nous, de sa mort propre et de son corps ? C'est ce que l'on dit. C'est ce dont je doute. Car guerre nucléaire pour guerre nucléaire, le risque était autrement plus grand au temps de De Gaulle ou Pompidou – et on les laissa souffrir, guérir ou mourir en paix... Un seul vœu, pour ma part – très simple : celui d'une prompte guérison; et dans un an, ou davantage, voir revenir le temps des libres conversations d'autrefois – quand il n'était pas président et que nous pouvions être en désaccord sans que ce fût, de ma part, crime d'opinion et lèse-majesté.

Démission d'Alain Carignon. L'événement émeut ceux qui, à Paris, avaient pris l'habitude de voir en lui une sorte de ministre de la culture-bis : l'ami des cinéastes et des écrivains, le défenseur d'*Arte* et de *Fun Radio*, l'homme de l'exception culturelle, l'oreille la plus attentive quand il fallait alerter le gouvernement sur la situation des intellectuels algériens ou sur celle de Taslima Nasreen – le ministre que nous sommes allés voir quand il fut question, l'hiver dernier, d'ouvrir entre la Bosnie et la France les fameux corridors de la liberté. Qu'il y ait de la dignité dans son geste, c'est certain. Et rien n'est plus absurde, soit dit en passant, que la comparaison avec un Tapie qui n'a cessé, lui, de ruser avec la justice, de s'en jouer, de courir d'une immunité à l'autre et de concevoir ses mandats comme autant de boucliers. N'empêche. Dignité, justement, oblige. On espère que la justice saura, en l'occurrence, faire diligence – et rendre, lumière faite, le ministre à son ministère.

Autre cas : celui de Laurent Fabius, et de l'interminable affaire du sang. Chacun sait que l'ancien Premier ministre est littéralement innocent de la mort des hémophiles contaminés. Chacun sait qu'il prit, dès qu'il fut saisi du dossier, les décisions qui s'imposaient. Mais peu importe. La rumeur court. Elle s'enfle. Elle semble devoir le poursuivre comme la tache de sang de Lady Macbeth. En sorte que, là aussi, on rêve d'un débat où la vérité serait enfin dite. La vérité ? C'est que l'on confond, dans cette affaire, deux ordres. Celui de la responsabilité politique qui, en effet, ne se divise pas : un ministre est responsable de son cabinet; et ce principe est à la base de l'éthique républicaine. Celui de la culpabilité personnelle – qui est, en revanche, propre à chacun : un homme n'est coupable, en conscience, que de ce que sa conscience a conçu; et sauf à transformer l'exigence de justice en recherche du bouc émissaire, on ne peut passer outre ce principe – qui est celui de l'éthique tout court. « Responsable, mais pas coupable » ? Eh oui ! Les mots firent bondir. Mais c'était pourtant, strictement, la formule qui convenait.

Une note gaie pour terminer : le dernier Robbe-Grillet. J'ai lu, sur ce livre, des critiques savantes et graves. J'ai lu des considérations sur l'art de l'auto-biographie, ses pièges, ses ruses, le jeu du réel et de l'illusion, l'unité du sujet, ses doubles. Ce qui me frappe, moi, c'est l'infinie cocasserie du récit : les petites lâchetés de Sartre, les mensonges de Duras, la méchan-ceté de « la duchesse de Beauvoir », les vanités de Claude Simon, le dogmatisme sexuel de Foucault – toute une tranche d'histoire contemporaine, avec l'envers de son décor, sa part d'inavouable et d'ironie, ses lapsus. Cet homme a voulu être pape (du nouveau roman). Le voici qui raconte l'aventure (ces *Derniers jours de Corinthe* sont le troisième, et dernier tome, de ses Mémoires). Et, comme toujours quand on a fait de sa vie une fiction (et vice-versa), il révèle une irrésis-tible drôlerie. La sienne. Mais aussi celle de l'époque.

60

Manuel du savoir-mourir au temps du communisme. Spectre de Vergès, ombre de Carlos. Que ferez-vous le dernier jour ? Lire Taslima Nasreen. Le diable (littéraire) attrapé par le titre.

Le communisme n'en finit décidément pas de nous surprendre par les formes de son agonie. On avait eu la mort douce des Polonais. Le suicide des Allemands. Les Ceaucescu et la mort guignol. Le coma dépassé des Soviétiques. Le collapse foudroyant des Albanais. La catalepsie bulgare. La mort par overdose des Serbes. On voyait même, depuis peu, une voie chinoise vers le néant – sur fond de frénésie commerçante et d'immobilité impériale. Or voici qu'à cette série déjà bien saturée le vieux Fidel ajoute une variante inédite : ces milliers de *boat-people* qui embarquent, chaque nuit, sur des radeaux de fortune, en direction des côtes américaines et inventent, ainsi, la mort par hémorragie, vidange ou perte vive. Un jour, peut-être, l'île se sera vidée. Cuba ne sera plus dans Cuba mais dans la base US de Guantanamo. Et ce jour-là le communisme qui se voulait une philosophie de l'aube et dont les États ne nous ont finalement rien apporté, ni dans l'ordre de l'Art, ni même dans celui de l'Esprit, pourra se vanter d'avoir enrichi cet autre répertoire : celui des diverses façons, pour une société, de s'acheminer vers sa fin.

Vergès et Carlos. Le terroriste et son avocat. L'avocat et son terroriste ? Je ne les connais finalement pas trop mal tous les deux puisque j'en avais fait, il y a dix ans, les héros du *Diable en tête* et que ce roman les saisissait à l'exact moment de leur destin où l'actualité nous les ramène : le terroriste vieilli, bouffi par l'alcool, lâché par les siens, pathétique ; l'avocat, plus Fregoli que jamais, avec ses faux mystères, son affectation dandie et cette façon de convoquer la passion là où les mets sont refroidis. Ce qui me trouble c'est, comme d'habitude, de voir comme le réel rattrape la fiction. Mais c'est aussi de constater à quel point ces personnages, qui ont été ceux d'une époque, semblent soudain déphasés. Des revenants, en somme. Des fantômes. Le genre d'hommes qui, comme Castro, n'ont apparemment pas compris que, depuis la chute du mur de Berlin, une page de l'histoire du monde était tournée.

Un mot, à propos de fantômes, de ce climat de commémoration dans lequel nous avons, plus que jamais, baigné tout cet été – et ce jour notamment (sauf erreur, celui de l'Assomption) où l'on vit, dans la même journée : l'arrestation, donc, d'un revenant du terrorisme qui portait lui-même le nom (Ilitch) d'un revenant de la Révolution ; le spectacle des antifascistes d'hier revenant, à grand renfort de nostalgie, sur les plages du Débarquement de Provence ; l'image enfin, vingt-cinq ans après, de ce Woodstock en différé – avec ces fondamentalistes du remake qui prétendirent avoir trouvé, quelques centaines de mètres plus loin, la vraie colline inspirée et y organisèrent, toujours le même dimanche, un ersatz de l'ersatz. Jamais, je crois, l'époque n'était allée si loin dans la confusion, le télescopage, la jouissance de son propre clonage. Et je me suis, ce soir-là, moi-même pris à rêver de ce que pourra bien être, dans un peu plus de cinq ans, le dernier jour du millénaire : je n'ai pu l'imaginer que comme une célébration monstre, doublée d'une ébriété de mémoire, où le siècle serait, pour de bon, noyé dans ses propres déchets.

Le livre de Taslima Nasreen. J'apprends ici, en cette fin d'août, que le livre de Taslima Nasreen est sorti. Grande hâte de le lire. Impatience de cette voix – qui est celle d'un écrivain dont nous ne connaissions que le visage. Nasreen était un « cas » – elle redevient une romancière. Son nom était celui d'une « affaire » – il sera, pour nous aussi, celui d'une œuvre. Et la voici, cette œuvre, offerte au seul tribunal devant lequel un auteur, non seulement consent, mais aspire à rendre compte : celui de la critique, de ses lecteurs et de ses pairs. Bienvenue, Taslima Nasreen. Vous êtes doublement libre : loin des imams bengalais qui voulaient vous voir en prison, ou pendue ; mais loin, aussi, des militants auxquels vous fournissiez – moi compris – une fort honorable matière à s'indigner et batailler.

Un chagrin de passage. Ai-je rêvé ou le livre de Sagan s'appelait-il, sur épreuves, *Un pas à l'envers* ? Sagan, et ses titres. Sagan, et son génie des titres. Il y aurait, au-delà de Sagan, toute une histoire à écrire du rapport des écrivains et de leurs titres. Il y a ceux qui commencent par le titre et ceux qui commencent par le livre. Ceux pour qui le livre sort du titre et ceux pour qui le titre est cette touche finale que les miniaturistes chinois appelaient « le point de l'âme ». Il y a les livres qui changent de titre (*Les Fleurs du mal*, qui s'appelaient *les Limbes*). Il y a ceux qui ont plusieurs titres (*Hôtes de passage*, *Le Miroir des limbes*, *La Corde et les Souris*, *Lazare*, *Antimémoires* – on se perd, littéralement, dans les derniers titres de Malraux). Il y a les titres traduits, où l'incertitude même de la traduction (les *Possédés* ou les *Démons* ?) introduit comme un ultime, et éternel, tremblé. Il y a les auteurs heureux, qui titrent (comme Drieu) toujours plus haut que le livre et ceux (Jacques Laurent) qui s'appliquent à trouver des titres décevants, inférieurs à leur ouvrage : comme si, par une sorte de dernière pudeur, ils voulaient nous dissuader d'entrer dans le livre – « Circulez, il n'y a rien à voir ». Les livres et leurs titres. Les écrivains et le mystère de leur baptême. Quel érudit nous proposera-t-il cette *autre* histoire de la littérature, et de ses trafics emblématiques ?

61

Balladur et Delors : l'époque des non-candidats. Les Français sont-ils dévots ? Sarajevo et nous. L'exception allemande. Le vrai visage des intégristes.

Nous sommes déjà en campagne. Je veux dire en campagne présidentielle. Mais l'étrangeté de l'affaire tient à ce que les candidats réels s'effondrent les uns après les autres – et que seuls les virtuels continuent de survivre et de s'affronter. Candidat virtuel contre candidat virtuel. Candidat non déclaré contre candidat non déclaré. C'est comme une compétition sportive dont la règle serait : « Arriveront en finale les deux seuls champions à ne s'être pas inscrits dans la course ». Ou bien : « N'ont une chance de l'emporter que ceux qui n'auront pas couru ». Delors ? Balladur ? Un autre ? Deux lois, et deux seulement. La première : se déclarer, c'est mourir un peu; l'avantage est à celui qui saura tenir le plus longtemps dans cet état de non-candidat. La seconde : nous aurons, le moment venu, la campagne la plus brève de l'histoire de la République; le vainqueur idéal ne doit-il pas être, à la limite, celui qui ne se manifestera qu'à la toute dernière seconde ?

Réponse à un lecteur – et même, me dit-on, plusieurs – surpris par ce que je disais, la semaine passée, des cérémonies du Débarquement. Je n'ai rien, bien entendu, contre les commémorations. Et je trouve même, fallait-il le préciser ? que c'est le moins que nous devons à ceux qui se sont battus et qui, parfois, sont morts pour que nous ayons, cinquante ans après, la liberté de les célébrer. Ce qui me choque, en revanche, c'est : 1) la banalisation de ces anniversaires et le fait que, dans la nouvelle industrie de l'hommage, tout finisse par se confondre (en l'occurrence, Woodstock et l'antifascisme); 2) leur pétrification – le fait que le souvenir des fascismes d'hier ne soit de nul secours pour penser ceux d'aujourd'hui (par exemple, le fascisme serbe)... La mémoire, dit Valéry, est comme un « capital ». Elle peut « fructifier », mais aussi « péricliter ». Et il suffit, pour qu'elle « périclite », que l'on renonce à lui faire « travailler » la « pâte » du temps présent. En sommes-nous là ? Je crois. Et c'est pourquoi nous souffrons, *en même temps*, de ces deux maladies aux symptômes paradoxaux : amnésie et hypermnésie; overdose de souvenirs – et leur mutuelle paralysie.

Bosnie, justement. Je lis, ici ou là, que l'on songerait enfin à lever l'embargo sur les armes à destination de Sarajevo. Sur le principe, ce n'est que justice. Et je ne peux que redire ce que j'ai maintes fois écrit : à savoir que l'on ne peut indéfiniment priver un peuple de son droit sacré à l'autodéfense. J'ajoute cependant – et je ne me suis pas privé, cela non plus, de le répéter – qu'il y aurait manière et manière de lever cet embargo et que la pire serait celle qui signifierait : « Vous vouliez des armes ? en voici ! mais à partir de là, débrouillez-vous ! ce geste nous exonère de toutes nos dettes à votre endroit ! ». Armer les Bosniaques, autrement dit, ce sera bien. Mais ce ne sera qu'une pièce – il est vrai, essentielle – d'un dispositif politique plus vaste. Et il devra, ce dispositif, prévoir – entre autres – la protection des villes que l'ONU a déclarées « zones de sécurité » et dont nous avons, à ce titre, la charge morale et militaire.

On oublie toujours, quand on parle de l'ex-RDA, que c'est le seul pays au monde à être, en 1945, *directement* passé du nazisme au communisme. La preuve, en somme, de leur parenté. La terre, par excellence, de leur unité. Le laboratoire, vivant, où ils se sont enchaînés l'un à l'autre. Et l'un des hauts lieux, pour cette raison, de l'histoire européenne de l'infamie. Cette page est-elle, enfin, tournée ? Oui si l'on en croit le départ de Berlin, cette semaine, des derniers soldats de l'armée rouge. Non, si l'on écoute le grondement de ces « Kaoten » et autres « skinheads », qui sont l'équivalent moderne des « voyous publics » de Nietzsche et ne se lassent apparemment pas de semer le trouble dans les villes orientales du pays. Et puis ces archives de la Stasi qui semblent n'en pas vouloir finir, elles non plus, de dégorger leurs périlleux secrets... A quand l'histoire vraie de ce qui fut l'Allemagne de l'Est ?

Si le nazisme et le communisme furent l'affaire du siècle qui s'achève, l'islamisme radical pourrait bien être celle du siècle qui commence. Un document, à cet égard. C'est, dans *L'Observateur* de la semaine dernière, l'étonnant entretien d'Olivier Rolin avec Hassan al-Tourabi – l'homme fort du Soudan, en même temps que l'un des idéologues les plus en vue de cet islamisme montant. D'habitude, quand on dit « islamisme », on pense « particularisme ». Ou « nationalisme ». On réduit le phénomène à je ne sais quelle « régression locale », ou « crispation identitaire », dont l'un des crimes serait, d'ailleurs, d'enfermer l'islam lui-même dans la prison d'un intégrisme aussi borné qu'archaïque. Or ce qui frappe dans cette conversation c'est, au contraire, le modernisme du discours. Son ouverture au monde. C'est le fait qu'il se veuille, et s'affirme, porteur d'un message ambitieux, destiné à tous les hommes. C'est son universalisme, en un mot : un universalisme noir, mais un universalisme quand même

– dont rien ne dit qu'il soit moins armé, ni peut-être moins fondé, que le nôtre pour l'emporter. « Nous voulons que le monde entier devienne islamique », dit-il. Et on frémit. Car on sent, derrière le propos, non pas la fanfaronnade du terroriste, ni le dogmatisme du chef religieux, mais une prétention à l'unité qui est comme une réplique, ou un effet de miroir, de la nôtre. Universalisme contre universalisme : tel est le défi; tel est l'enjeu; et c'est *pour cela* que la bataille sera celle de l'époque qui vient.

62

L'affaire Mitterrand. Trente ans de perdus ? Ceux qui ne s'en sont pas sortis. De Gaulle-Mitterrand : la guerre des patronymes. Le parti d'Estienne d'Orves et de Guy Mocquet.

Chagrin et pitié. Ce sont les premiers mots qui viennent. Car j'ai aimé cet homme. Je l'ai admiré. J'ai dû voter pour lui, toutes élections confondues, un nombre incalculable de fois. Et voici que d'un de ces fameux « placards » qui meublent la mémoire française ressortent quelques clichés – et que le successeur de Blum et de Jaurès, celui qui, depuis trente ans, incarnait la gauche française, apparaît comme un ancien vichyste qui continue, un demi-siècle après, de trouver à René Bousquet une « carrure exceptionnelle ». On aura beau dire. Les esprits forts auront beau plaider que l'on savait. Il y a dans la précision de l'information, dans son énormité, quelque chose qui glace les sangs et passe tout ce que l'on soupçonnait : cette célèbre francisque par exemple, n'avais-je pas moi-même fini par croire à la fable de la décoration « tactique », permettant au résistant Morland de mieux abuser les occupants ?

Soyons précis. Ce que je savais, ce que nous savions tous, c'est qu'une majorité de Français avait été pétainistes. Mais attention ! Pas 100%, monsieur Glavany ! Une majorité ! Ce qui excluait, non seulement les résistants, mais les centaines de milliers d'indifférents qui s'abstinrent, à tout le moins, de tremper dans l'infamie. Ah ! Si seulement Mitterrand n'avait été qu'indifférent ! Ou cynique ! Ou sceptique ! Mais non ! Il a cru en Vichy. Il a été – avant, en 1943, d'entrer en Résistance – de ces maréchalistes de conviction qui rêvèrent d'une « révolution nationale » c'est-à-dire, si les mots ont un sens, d'un fascisme anti-allemand, repeint aux couleurs de la France. Il a désiré sa francisque. Il l'a méritée. Et c'est là l'information. Et c'est cela qui est terrible. Cette photo de lui, face à Pétain. Imaginons-la publiée avant 1981. François Mitterrand serait-il, aujourd'hui, président de la République française ?

D'autant, et c'est l'autre information, que le président ne renie rien. Il a l'habitude, dira-t-on. Il est, depuis toujours, et quelle que soit la question (nationalisations, franc fort, communistes, austérité, le reste) celui qui change tout le temps, sans jamais dire qu'il a changé. Mais là ! Le vichysme ! Était-il si difficile de glisser, dans les confidences à Pierre Péan et, jeudi, à Franz-Olivier Giesbert, ne fût-ce qu'un mot de regret ? une phrase de contrition ? Au lieu de quoi, cet entêtement... Cette façon d'assumer sa vie en bloc... Ces propos désabusés – indignes de lui, indignes de nous – sur l'obscurité des temps, l'incertitude extrême des engagements... Et puis cette phrase, la plus effrayante, car elle en dit long sur l'idée qu'il se fait de lui-même et de son destin : « Je ne m'en suis pas trop mal sorti ». Sorti de quoi, au juste ?

Car tout est là. De l'image que Mitterrand se donne de lui même, ressort inévitablement – parce qu'il est notre président – une version de l'histoire, et une façon de l'écrire. Or ce qu'il nous dit c'est, au fond, ceci : on pouvait être pétainiste *et* résistant; il y avait des gens honorables à Vichy; on pouvait respirer le même air que le Maréchal, avaler le statut des juifs, ne rien dire sur la rafle du Vél d'hiv ou même, comme Bousquet, l'organiser – et rester un « bon Français ». Une *jeunesse française*, dit le titre du livre : et telle est, en effet, l'idée qu'il se fait de la France ; et telle est, en effet, l'idée qu'il se fait de sa jeunesse – la sienne et celle de son pays. La France méritait mieux. Guy Mocquet, Estienne d'Orves, tous ces jeunes hommes qui avaient son âge et qui, eux, ne s'en sont pas « sortis », méritaient-ils de voir ainsi réécrite l'Histoire du Vichy qu'ils ont combattu ?

Le pire, c'est qu'on a le sentiment, du coup, dans la lumière réfléchie de cette confession, de voir s'éclairer les zones d'ombre de la biographie mitterrandienne – et cela aussi est triste. La gerbe. L'Algérie. L'amnistie aux généraux félons. Schueller. La littérature. Ah ! Cette chère vieille littérature. Elle ne se trompe finalement jamais. Et on a toujours tort de préférer Chardonne à Céline, Drieu à Malraux. La haine pour de Gaulle, aussi. La haine *de* de Gaulle. Oui, cette haine que j'ai toujours trouvée étrange, et même injuste, je la comprends soudain un peu mieux. Comme si le général avait deviné, lui... Comme s'il avait aussitôt flairé, derrière le résistant ambigu, le vichyssois de cœur... Et comme s'il y avait là, résumant le demi-siècle, le duel de deux patronymes : celui – « de Gaulle » – qui semblait voué à incarner une France éternelle ; et ce « Mitterrand » qui signifiait l'homme du « milieu des terres » et pouvait prédestiner à demeurer fixé là, les pieds dans la glaise nationale, plutôt que de s'envoler pour Londres, au nom d'une certaine idée...

Je pense à lui, Mitterrand. Je pense à ce duel qu'il a perdu. Je pense au souci qu'il avait de l'Histoire, et à la façon dont il a étrangement tout gâché. Je pense au reste de la vie, et au reste de son mandat, et à la manière – nouvelle, il me semble – dont on le verra désormais. Les ennemis, bien sûr. Mais aussi les amis. Les chefs d'États étrangers. Les partenaires européens quand la France, dans quelques mois, reprendra la présidence tournante de l'Europe. Quel sera son crédit ? Quelle autorité lui restera-t-il ? Que penseront messieurs Kohl ou Clinton quand il leur fera la leçon et qu'ils verront, à travers lui, l'ombre de René Bousquet et de sa « carrure exceptionnelle » ? Et lui, comment se sent-il ? Comment vit-on, lorsque l'on a tout dit ? Libéré ou pestiféré ? Absous, ou plus tourmenté ? Et a-t-il tout dit, d'ailleurs ? Vraiment tout ? Et pourquoi, en définitive, l'a-t-il fait ? Sous l'empire de quelle contrainte ? Lui aussi méritait mieux. Pitié. Chagrin.

63

A nouveau Mitterrand. Une curée, vraiment ? Non, on ne savait pas tout. La vraie faute du président. L'autre mystification.

En un sens, tout est dit. Les archives sont ouvertes. Les cartes sont sur la table. Et, le premier choc passé, je comprends – je partage – la lassitude de ceux qui songent : « Voilà ! c'est fini ! aux historiens de travailler, maintenant ! à eux de recouper les sources, les informations contradictoires ! et quant au président lui-même, laissons-le à ses mauvais rêves, sa bonne conscience, ses lapsus, ses trous de mémoire vertigineux, ses demi-vérités, ses dernières ruses – sa souffrance aussi, et cette humiliation étrange qu'il semble s'être infligée ». Si je choisis pourtant, cette semaine encore, d'y revenir, c'est qu'il y a eu, depuis, le pathétique épisode de cette comparution en haute cour médiatique qu'il a voulue ; et, à cette occasion, dans le sillage de la longue et inouïe conversation avec Jean-Pierre Elkabbach, quelques commentaires qui, plutôt que d'éclairer le débat, augmentent son opacité.

L'argument de la « curée » d'abord. Des antifascistes de la première heure comme Gilles Martinet, des socialistes courageux comme Dominique Strauss-Kahn ou d'autres, s'émeuvent, à juste titre, de ce qui leur apparaît comme une insupportable duperie. Et voici des mitterrandiens improbables qui trouvent du dernier chic de s'émouvoir de cette « curée » contre un vieil homme malade, presque seul, à bout de souffle. Que dans la part de comédie qu'implique un psychodrame de cette ampleur, il y ait forcément une place pour ce rôle – supposé flatteur – de la belle âme brandissant son indulgence, on pouvait aisément le prévoir. Mais que les simples gens de ce pays, que ceux qui aspirent, notamment, à une gauche donnant réellement, et enfin, congé à ses fantômes, se laissent intimider par le chantage, voilà qui serait navrant. Car enfin, soyons raisonnables. Le propre d'une curée étant de laisser au chasseur l'initiative de serrer la proie, que dirait-on d'une victime qui convoquerait elle-même la meute et déciderait, souverainement, du lieu, de l'heure, du rituel ? C'est ce qu'a fait le président. C'est lui, seul, qui a résolu de « tout » dire. C'est lui, l'a-t-il assez rappelé ! qui a désigné jusqu'à son journaliste-confesseur. Et c'est pourquoi il n'est pas admissible, cher Giesbert, d'entonner ainsi, avec les godillots du mitterrandisme le plus orthodoxe, le grand air de la clémence indignée...

L'idée que l'on savait tout et que ni le livre de Péan ni la conversation avec Elkabbach ne nous apprennent rien que nous ne sachions déjà. Peut-être y a-t-il là, en revanche, une part de vérité. Mais un peu, toutes proportions gardées, comme le Goulag avant Soljenitsyne. Ou le passé nazi de Heidegger avant le livre de Farias. Cette drôle de façon, oui, de savoir sans savoir. Cette connaissance d'un troisième genre, mixte de lucidité et d'hypnose, dont il faudra bien, un jour, tenter de produire la théorie – et qui, à l'image de ces vampires dont on dit que le reflet ne se fixe pas dans les miroirs, ne parvient pas, elle non plus, à s'imprimer dans les esprits. Mais enfin... Restent, en marge de ce savoir flottant, deux ou trois « détails » que l'on ne connaissait, eux, pas du tout et qui, comme toujours, font basculer les choses. A commencer par cette information dont on ne pouvait, par définition, disposer que lorsque l'intéressé la livrerait : François Mitterrand, qui fut un maréchaliste fervent, ne semble, cinquante ans après, n'avoir rien appris, rien renié.

Car tout est là. Face à l'autre débat qui consiste à se demander ce qui est le plus grave, d'avoir été vichyste dans sa jeunesse ou d'avoir continué, dans l'âge mûr, de recevoir René Bousquet dans le saint des saints républicain, on est tenté de répondre qu'il y a une troisième faute, plus impardonnable encore – qui est de réhabiliter, sans le dire, une forme de vichysme. Oh ! certes pas le Vichy des « collabos ». Moins encore celui de ces miliciens dont on jette régulièrement un spécimen – Touvier, Barbie... – en pâture à l'opinion. Mais un vichysme doux et presque modéré, un vichysme « antiboche » et, au fond, « patriote », le vichysme d'Uriage, des Chantiers de Jeunesse ou d'un Maréchal Juin première manière – ce vichysme français avec lequel il apparaît que l'un des projets du président aura peut-être été de nous réconcilier. L'entêtement, si éloquent, de ce quadruple « non ! » martelé devant un Elkabbach qui l'adjurait, une fois de plus, de condamner solennellement, au nom de la France, l'horreur de notre révolution nationale...

Un dernier mot tout de même. Si grand que soit le trouble, et si vive la nausée, il serait pour le moins curieux de voir le chef de l'État porter soudain seul le poids de l'indignité. Hier une certaine légende disait : « Tous vichystes sauf la gauche » – et Paul Guilbert a raison d'écrire, dans *Le Figaro* de ce mercredi, que c'était ignoble. Aujourd'hui, un refrain symétrique voudrait nous faire entendre : « Tous innocents, sauf Mitterrand » – et le tour de passe-passe serait trop providentiel pour être honnête. A ces illusionnistes de la dernière heure, on rappellera, à tout hasard, le cas de ce « parti des 75 000 fusillés » qui consentit à se reconnaître, si longtemps, dans la personne d'un ancien travailleur volontaire chez Messerschmidt, en Allemagne. Ou bien l'on demandera quel effet cela faisait de se retrouver, non pas « une dizaine de fois », mais chaque mercredi matin, à la table du Conseil des ministres, aux côtés d'un certain Papon dont la justice établira peut-être que le palmarès, en matière de crimes contre l'humanité, valait bien celui de Leguay ou de René Bousquet. Le deuil est là. Qui pourra, demain, s'y dérober ?

176

64

*Le rêve bosniaque fracassé ? La vraie mort de la
ville. Izetbegovic et Rushdie. Le reste de la Bosnie.*

Rude semaine pour la Bosnie. Parce que revers militaire ? Reprise des bombardements sur Sarajevo ?
Non. Des informations contradictoires. Des déclarations maladroites. Quelques articles – dont celui, ar-
gumenté, du correspondant du *Monde*, Rémy Ourdan.
Et, à partir de là, une de ces rumeurs un peu folles,
comme seul Paris sait en produire. La Bosnie serait
devenue « islamiste ». Sarajevo aurait basculé dans le
« fondamentalisme ». Et le rire gras des malins, trop
heureux de l'aubaine : ne vous l'avait-on pas dit ?
n'était-il pas clair, depuis le début, qu'un mollah se
cachait derrière chacun de ces combattants dont vous
faisiez des martyrs ou des héros ? Ils l'ont dit, en effet.
Et j'ai, moi, pensé le contraire. D'où, sans attendre, le
rappel de quelques évidences.

1. La folie fondamentaliste est *d'abord* une folie
serbe. Ce sont les Serbes qui ont voulu la partition. Ce
sont eux qui, d'emblée, ont voulu une Bosnie musul-
mane, aux côtés d'une Bosnie serbe et d'une Bosnie
croate. Cet État serait leur victoire. Ce serait la victoire,
désormais sans partage, de la purification ethnique et
de ses principes. On comprend que les amis de Monsieur Karadzic pavoisent. Le triomphe de l'islamisme à
Sarajevo, la défaite des démocrates, des universalistes,
des Européens qui constituaient, jusqu'aujourd'hui,
l'écrasante majorité de la ville serait, non seulement
ce qu'ils annoncent, *mais ce qu'ils souhaitent*, depuis
deux ans et demi.

2. Cette défaite, si elle advenait, serait aussi la nôtre : celle de l'Occident et de la politique suicidaire
qu'il a menée. Je n'ai cessé de le dire – pourquoi ne le
rappellerais-je pas ? c'est *précisément* pour conjurer la
perspective d'un État islamiste au cœur de l'Europe,
qu'il fallait arrêter les Serbes. C'est *précisément* pour
ne pas créer des « réserves » de musulmans – j'ai écrit,

ici, des « bandes de Gaza » – qu'il fallait enrayer le
processus. Nous ne l'avons pas fait. Nous avons préféré faire de l'humanitaire que prévenir le risque – annoncé – de ce désastre européen. Devra-t-on jouer les
étourdis, ou les indignés, le jour où, le pire étant
advenu, il faudra récolter ce que l'on aura semé ?

3. Qu'il y ait des fondamentalistes à Sarajevo, nous
le savons depuis toujours. Mais ils n'y ont jamais été
qu'une infime minorité – tenue à distance, au demeurant, tant par la population que par le pouvoir. Que ces
fondamentalistes, qui sont les vrais alliés des Serbes,
profitent de la situation, que leur discours, à mesure
que le pays s'enfonce dans le malheur, devienne chant
des sirènes, bref, qu'il se trouve un nombre croissant
de gens pour, en Bosnie, prêter l'oreille à ce prêche :
« Cet Occident auquel vous avez tant cru et qui vous a
abandonnés, à vous, maintenant, de le renier ; cet
Islam dont ils vous font grief, brandissez-le comme un
étendard » – comment s'en étonner ? L'étonnant est
qu'ils ne l'aient pas fait plus tôt. L'étonnant – le miracle – est que Sarajevo ait tenu si longtemps et soit
resté, jusqu'à présent, le seul lieu de l'ancienne Yougoslavie où l'on résistait, en dépit de tout, à la vague
intégriste et à son enchaînement fatal.

4. Izetbegovic. Je connais Izetbegovic. Il est mon
ami. Je pense être le sien. Et nous avons, on l'imagine,
eu maintes occasions d'évoquer ces questions – jusqu'à sa dernière visite à Paris, en mai dernier, où il
m'avait longuement interrogé sur Salman Rushdie et
où je lui avais dit mon désir de venir, avec lui, à Sarajevo. Je ne peux imaginer que cet homme-là soit
devenu un « islamiste ». Je ne peux concevoir qu'il se
résigne au naufrage du rêve bosniaque qu'il a incarné.
Et si cela était ? Et si je m'étais, si nous nous étions
tous, trompés ? Eh bien je le dirais. Et, évidemment, je
romprais – la mort dans l'âme, mais je romprais. Car
son combat ne serait plus le mien. Sa Bosnie ne serait
plus ma Bosnie.

5. Je vais retourner à Sarajevo. Je n'y étais plus allé
depuis le tournage de *Bosna !* et, donc, j'y retournerai.

Je veux écouter. Regarder. Je veux me rendre compte, par moi-même, de l'ampleur de la régression – si régression il y a. Car de deux choses l'une. Ou bien la Bosnie demeure ce foyer de culture cosmopolite qu'elle a été depuis cinq siècles – et qu'elle est, je le répète, demeurée, en dépit de tout, pendant ces deux années et demi d'une guerre atroce. Ou bien ce n'est plus le cas et, sous les assauts conjugués de la barbarie extérieure, de la corruption intérieure et d'une insoutenable solitude, elle tourne le dos à son essence – et alors ce sera comme sa seconde mort, la destruction de son édifice invisible; et, bien sûr, il faudra le dire.

6. J'ajoute enfin qu'il restera toujours, à Sarajevo, des hommes et des femmes pour refuser l'infamie – c'est-à-dire, par exemple, l'interdiction des mariages mixtes ou l'instauration, dans la culture, d'un climat d'ordre moral ou de censure. Ce sont ces hommes et ces femmes que nous avons, dès le premier jour, soutenus. Nous persisterons, eux, en toute hypothèse, à les soutenir. Et je dirai même qu'il faudrait les défendre, ceux-là, avec une énergie d'autant plus farouche qu'ils seraient devenus minoritaires dans leur propre pays, vaincus, menacés peut-être – alors même qu'ils en maintiendraient l'honneur. Le combat pour l'idée bosniaque continuerait; désespéré – mais il continuerait.

65

Matzneff, ses maîtres et ses complices. Encore Vichy. Secrets de famille. Philippe Seguin chez Anne Sinclair. Michel Foucault chez Picasso.

Quel bonheur, après des mois passés à écrire, de recommencer à lire, vraiment lire – cette lecture gratuite, et comme désorientée, dont je désespère, dans ces périodes, de jamais retrouver le goût. Ma première lecture « libre » de la saison : le *Maîtres et Complices* de Matzneff, où notre diariste national se livre à cet autre exercice, plus périlleux encore, qu'est l'exercice d'admiration. Le genre, dira-t-on, n'est pas neuf. Et il n'est guère d'écrivain qui, à un moment de son parcours, n'éprouve le besoin, pour mieux dire qui il est, de révéler qui l'a fait, de quels textes il est façonné, quels sont les morts qui vivent en lui – cette heure, inévitable, où la littérature devient affaire de généalogie et de famille : mais l'autre famille, n'est-ce pas ? celle qu'il a fallu s'inventer et qui, au fil du temps, est devenue plus vraie que la vraie... Reste qu'il y a, dans cette généalogie-ci, une liberté d'allure, une justesse de timbre et de ton qui ne la hissent pas loin de ce que le genre a pu donner de mieux. J'aime bien Matzneff. J'ai toujours eu spontanément tendance à prendre son parti contre les tenants du « littérairement correct ». Avec *Maîtres et Complices*, il a écrit, sinon son meilleur livre, du moins sa véridique autobiographie – qui ne pouvait être que celle de son « autre » moi et de son âme.

Zapping oblige : le débat sur le passé du président s'éteint – mais il semble, à lire la presse, et en l'occurrence *Le Monde*, qu'il soit en train de s'achever sur la question... d'Uriage. Pour l'auteur de *L'Idéologie française*, c'est presque trop beau pour être vrai et assez, en tout cas, pour être consigné ici. Uriage ? Cette école de cadres pétainiste qui demeure fidèle au régime jusqu'au moment (fin 1942) où les Allemands entrent en zone libre et ruinent ainsi le rêve d'une « autonomie » de Vichy. La question ? Si le fait que ces cadres soient, ensuite, passés à la Résistance les exonère de leur première erreur ou si, comme je le pense, la morale, le courage, l'héroïsme même, sont une chose – mais que l'idéologie en est une autre, qui a sa loi, son temps et, sans doute, sa pérennité. L'importance de ce débat, alors ? et pourquoi il revient sans cesse ? Parce qu'on a là des intellectuels qui, avant de prendre le maquis, nourrissent, pendant plus de deux ans, le projet d'une révolution nationale qui, si les mots ont un sens, signifie exactement ceci : face au modèle allemand, voire contre lui, fomenter une version française de la conjuration fasciste. C'est le cœur de l'affaire Mitterrand. Mais c'est aussi, et au-delà de lui, la *vraie complexité* du pétainisme.

Des lecteurs surpris par la déclaration que j'ai confiée à Christine Clerc, à propos d'Édouard Balladur, pour *Le Figaro*. C'est pourtant simple. J'ai des amis, bien sûr, à droite (Nicolas Sarkozy, Alain Carignon, d'autres...). Je vois en Balladur (ce sont, à peu près, les mots que me prête *Le Figaro*) l'une des figures les plus attachantes et, surtout, les plus accomplies qu'aura produites, depuis longtemps, la famille dite libérale. Mais voilà. Affaire de famille, justement. Rien, là encore, et comme en littérature, qu'une autre affaire de famille. J'aurais beau faire, et lui aussi : je suis, irrémédiablement, du bord inverse – né à gauche et, comme disait Camus, sans doute voué à y mourir. Ce que cela signifie concrètement ? Il faudra, un jour, s'en expliquer. Disons, en attendant : une culture, une langue ou même une somme de réflexes. A commencer par celui-ci – qui me fait démentir, lorsque cela s'écrit, que je sois « balladurien ».

Philippe Seguin à « 7 sur 7 ». En voilà un qui, si ces histoires de famille ont un sens, n'est, lui, *vraiment* pas de la mienne. Et ce n'est donc pas sans réserve que j'ai commencé de regarder son dialogue avec Anne Sinclair. Or voici que, tout à coup, au beau milieu d'une interview de bonne tenue mais où il fallait toute la courtoise pugnacité de son interlocutrice pour déjouer le discours trop rodé, déstabiliser l'homme de parti, casser, en un mot, la marionnette que tout politique porte en lui et dont il ne se sépare, en général, qu'à regret – voici, donc, que Philippe Séguin, interrogé sur l'affaire du sang contaminé, change soudain de registre, de rythme, presque de voix et, d'un air étrangement ému, à contre-emploi, prend... la défense de Laurent Fabius. Ce qui lui est passé, à cet instant, par la tête ? Nul ne le saura jamais. Mais ce que l'on *voyait*, c'était un dérèglement soudain du programme, un raté, un écart. Et, face à cet autre Séguin qui n'était brusquement plus le classique notable RPR, on ne pouvait pas ne pas songer : c'est à la possibilité de ce type d'écarts que la politique doit ce qui lui reste de noblesse ; ce sont eux, ces écarts, qui, lorsqu'ils interrompent sa parole spontanée, font l'honneur d'un politique ; et c'est avec eux que se fait enfin – ce n'est pas le moins important ! – la très bonne télévision.

Dans l'avalanche d'hommages suscités par la publication des *Dits et Écrits* de Michel Foucault, un article – celui de Roger-Pol Droit – qui s'attarde sur un trait, peu commenté, du personnage : sa phénoménale mobilité ; son art du déplacement et son goût des masques ; cette façon qu'il aura eue de vivre, non pas exactement plusieurs vies, mais plusieurs œuvres en une vie – et ce, même s'il courait le risque, rarement pris par un philosophe, de brouiller, à la fin des fins, l'image qu'il laisserait. Je songe à Cocteau : « La succession de mes contrastes empêche mon cliché de se fixer. » Ou, mieux, ce mot de Picasso que rapporte le même Cocteau : « Couvrir, à soi seul, autant d'époques qu'une époque vous le permet. » Foucault, un autre Picasso ?

66

Gloire à la Kabylie. Une, deux, trois Taslima Nasreen. L'Amérique et ses nouveaux révisionnistes. L'Europe et les vieux habits de la droite extrême. Si Labro n'était pas Labro...

Libération de Matoub Lounes, le chanteur kabyle enlevé, il y a quinze jours, par les fondamentalistes algériens. Ce qui s'est passé ? La colère des Kabyles, voilà tout. Une mobilisation de tous les diables. Des manifestations monstres à Tizi Ouzou, et ailleurs. La fermeté, donc. Seulement la fermeté. Et la preuve, comme chaque fois, que, face aux situations de ce genre, face au terrorisme de toujours, et au terrorisme islamiste en particulier, il n'y a jamais, à la fin des fins, que la fermeté qui paie. Puisse la leçon être entendue. Puissent nos éminences prendre modèle sur la détermination, et le courage, des simples gens de Kabylie. A la guerre comme à la guerre : la seule force d'un refus – et c'est la Bête qui a reculé.

On a tout dit – et je n'aurai pas la cruauté d'y revenir – sur l'extravagant spectacle donné, au même moment, à Paris, par ce que l'on a appelé l'affaire Nasreen ; et j'ai parlé moi-même, chez Bernard Pivot, de cet « automatisme sécuritaire », ou de ce « munichisme-réflexe », qui devient comme la culture, ou la seconde nature, des démocraties. Un dernier mot, tout de même. Taslima Nasreen est célèbre. Elle a des amis. La presse entière la connaissait et a pris fait et cause en sa faveur. Que se passera-t-il le jour où ce ne sera plus une Taslima, mais dix, mais cent, mais des centaines peut-être, qui nous arriveront, mettons, d'Algérie et que ne précédera, cette fois, aucune réputation ? Nous y sommes presque. Cette nouvelle population de réfugiés se profile à l'horizon. Ce seront, non plus des *boat-people*, mais des *culture-people* dont le crime sera de penser et qui seront, pour cela, traqués par une vindicte qui les suivra, comme Nasreen et Rushdie, partout où ils iront. Soyons logiques : ils devraient, ces innombrables, ces obscurs, n'avoir droit qu'à un séjour de dix minutes, ou de dix secondes, dans la patrie des droits de l'homme.

New York. Les choses, ici aussi, vont vite. J'en étais resté, lors de mon dernier séjour, au « politiquement correct ». Mais voici venu le temps, peut-être encore plus fou, de l'« historiquement correct ». Cet universitaire de renom, porte-parole de la communautés black, qui soutient que Platon était africain. Cet autre professeur, non moins respectable et docte, qui « révèle » à ses étudiants qu'Aristote était présent lors de l'incendie de la bibliothèque d'Alexandrie, qu'il a participé à sa mise à sac et que la preuve est donc faite qu'il a « volé » sa philosophie aux Égyptiens. Ce troisième encore, spécialisé, lui, non plus dans les *Afroamerican studies*, mais dans les *Native american matters*, qui explique (et ce sera, me dit-il, le thème de son cours de l'an prochain) qu'il a trouvé la source cachée de la Constitution américaine et le vrai modèle dont se sont inspirés ses rédacteurs : la structure tribale.. des Indiens Algonquin ! Délire communautaire. Révisionnisme généralisé. Balkanisation d'une mémoire dont

chaque minorité, afin de se glorifier, s'approprie – et réécrit – un lambeau. Sartre : « L'Amérique a la rage. »

Poussée de l'extrême-droite à Anvers. Victoire, en
Autriche, de l'homme qui croit, et dit, qu'Hitler a eu le
mérite de « régler le problème du chômage » en Allemagne et que les rues de Vienne étaient « sûres », au
temps de l'Anschluss et du nazisme. L'Italie où le
« postfasciste » Gianfranco Fini dépasse, dans les
sondages, le « télépopuliste » Berlusconi. La Grèce,
avec son nationalisme de plus en plus échevelé, et
« socialiste ». Et la France ? En France, l'étrange
silence du Front national – comme s'il attendait, lui, le
jour où le reality show joué, aux marches des Palais de
Justice, par les juges anti-corruption, aura produit ses
effets pervers. L'Etat sera abaissé. La classe politique
– qui y aura mis du sien – discréditée. La politique,
tout entière, sera devenue une variante de la prophy-
laxie. Et qui sait s'il ne se trouvera pas alors des Français, en très grand nombre, pour aller chercher, hors de
l'« établissement », des hommes aux mains supposées
« propres » ?

Si Labro était américain, on parlerait de ses héros
comme de ceux de Salinger. Si Labro était une femme,
on dirait qu'il a écrit le meilleur Sagan de la décennie.
Si Labro était vieux, ou mort, ou les deux (si, si, cela
arrive, les cas sont assez nombreux), on lui donnerait
évidemment le Goncourt. Si Labro ne dirigeait pas
une radio, s'il n'écrivait pas dans les journaux, s'il
n'avait pas fait des films, s'il n'avait pas le très grand
tort d'avoir du succès et de s'en réjouir, s'il consentait,
enfin, à être moins vivant, et moins visible, on le trai-
terait comme on traite tant de faux écrivains à qui il
suffit, souvent, de se draper dans la pose et que l'on
croit sur parole, sur la mine, sans examen. Bref, si
Labro n'était pas Labro, on dirait qu'avec *Un début à
Paris*, il vient de nous donner, non seulement son livre
le plus abouti, mais l'un des plus beaux romans de la
saison. Malheureusement Labro est Labro. C'est-à-dire
un drôle de personnage, comblé par la vie, recru
d'honneurs et de bonheurs, mais qui a l'incroyable

culot – et cela Paris ne l'admet pas – de faire savoir, de temps en temps, qu'il ne respecte, au fond, que la littérature et que c'est d'elle, et d'elle seule, qu'il espère, et attend, le salut. Courage, ami. Et patience. La littérature est meilleure fille que Paris. Elle finit toujours, à la longue, par honorer ceux qui la servent.

67

Une biographie de la NRF. Le vrai journal intime des écrivains. Comment on trahit les livres. Un beau texte peut-il traverser l'époque sans être vu ? L'énigme Billetdoux.

Une biographie de Jacques Rivière. Il fallait oser. Et sans doute fallait-il, pour oser, c'est-à-dire pour restituer à ce *second rôle* le *premier rang* qui fut le sien dans l'épiphanie du siècle, le biographe des plus grands, ou le plus grand des biographes, je veux dire Jean Lacouture (dont le tableau de chasse alignait plutôt, jusqu'ici, des personnages du calibre de Malraux, Blum, Mendès France ou de Gaulle). Rivière, donc. Rivière l'éditeur. Rivière le passeur. Rivière l'obscur, le presque clandestin. Rivière, l'intercesseur de génie qui fut, jusqu'à sa mort, l'animateur de la NRF et l'accoucheur, à ce titre, des textes majeurs d'une époque qui, comme on sait, n'en manqua guère. Écrivain sans œuvre ? Oui et non. Car il y a une œuvre de Rivière. Mais secrète. Dissoute dans les œuvres qu'il éditait. Passée, tout entière, dans d'autres livres – qu'il soufflait, mais sans les écrire. Ce choix – qui est, au fond, tout l'objet de l'enquête : *naviguer, sa vie durant, sous le pavillon d'autrui.*

Imperturbable, Gallimard poursuit la publication des *Cahiers* de Valéry. Un journal ? Non. Plus qu'un journal. Ou, en tout cas, bien autre chose. On y trouve des calculs mathématiques. Des diagrammes et des équations. Une théorie de la connaissance. Des fragments de pensée. Des idées de phrase. Des faux poèmes. Des réflexions, énigmatiques, sur le fil des jours et de leurs travaux. Des ébauches de recherche. Des assertions. Un mot, parfois. Un demi-mot. Des éclats aussi, des moments de ferveur ou d'enthousiasme – mais pour dire : « Je sens avec délices que je pense ». Bref la chronique d'un esprit. Le roman d'une intelligence en train de fonctionner. Un journal, si l'on y tient. Mais le plus impudique de tous. Celui que, d'habitude, les écrivains se gardent de tenir et, encore moins, de publier. Leur *vrai* journal intime – bien plus intime que celui de ces ébats, émois, effrois ou affects qu'ils feignent de confier alors qu'ils n'ont, bien souvent, que le poids des ombres ou des leurres. Le journal de leur pensée, en somme. Le journal d'une âme, oui, saisie *en plein exercice de pensée*.

Édition toujours. C'est un classique chez les éditeurs : un livre peut-il, de nos jours, passer totalement inaperçu (et quand ils disent « de nos jours », ils pensent à cette abondance de critiques, cette accumulation de media en tous genres, cette multiplication des filtres et des cribles, cette circulation accélérée des textes et des messages, bref, ce brassage généralisé, et constant, qui est le propre de l'époque et devrait nous prémunir, en principe, contre le risque de voir un texte passer au travers du système) ? Eh bien la réponse est oui. Et j'en veux pour preuve – la dernière en date – un curieux petit texte signé Olivier-René Veillon et intitulé *La Poussière de Rome*. C'est un long monologue imaginaire de Poussin. C'est un bel exercice d'admiration littéraire. C'est une rencontre, assez rare, entre littérature et peinture. Or il a trouvé éditeur (encore que cet éditeur, Deyrolle, me soit lui-même inconnu).Mais sans que cette publication éveille, jusqu'ici (et que je sache), grand écho. Il a fallu « l'événement Poussin » pour que je m'avise de son existence. Ces quelques mots suffiront-ils à susciter d'autres commentaires, ailleurs – plus éloquents ?

Édition, encore. Un jour un éditeur – je crois que c'était Charpentier – voulut illustrer un livre de Flaubert. Réponse épouvantée de Flaubert : « L'illustration est anti-littéraire ». Et, plus tard, ou plus loin : « Vous voulez que le premier imbécile venu dessine ce que je me suis, justement, tué à ne pas montrer ? » Cette phrase, cette colère, comment n'y pas songer à l'heure où il est à nouveau question d'adapter un de mes romans pour essayer d'en faire un film. Une seule issue : choisir son adaptateur. Et une autre : accepter, que dis-je ? souhaiter, non pas une impossible fidélité, mais une trahison réglée : une autre œuvre, *vraiment une autre*, qui procéderait de la première et, sans l'effacer, en sortirait. Un contre-exemple – ou la preuve, en tout cas, que la chose est plus facile à dire qu'à faire ou accepter : la détresse de Raphaëlle Billetdoux quand un cinéaste, dont je préfère oublier le nom, prétendit « faire sortir » une « autre » œuvre d'un de ses romans...

Nous avons, Raphaëlle et moi, le même éditeur (Jean-Claude Fasquelle). Et cela devrait, en principe, m'interdire d'écrire le bien que je pense de *Mélanie dans un vent terrible*, son dernier livre. Me permettra-t-on, néanmoins, de souligner la singularité – extrême – de son parcours ? Cette écriture qui s'épure. Ce huis-clos qui se resserre. Cette jeune femme qui, naguère, disait ne pouvoir raconter que les émois du corps, la couleur d'un ciel, le parfum d'une terre ou d'une chair, les cris étouffés d'une amante, la clameur des sentiments, leur profusion – et qui, de livre en livre, et jusqu'à celui-ci, semble prendre le parti inverse et nous donner une littérature de plus en plus *intelligente*. Il y avait « la vie », disait-elle – dont elle faisait sa proie ; et il y avait l'intelligence du monde – qui n'était que l'ombre du reste, et à laquelle elle se déclarait, non sans coquetterie, indifférente. Vingt ans après, changement de programme. Elle lâche, à la lettre, la proie pour l'ombre et nous donne, elle aussi, un voyage dans une âme qui est – mais je n'en dirai pas plus – le plus palpitant, et le plus déroutant, des romans.

68

Ne pas enterrer trop vite Sarajevo et la Bosnie.
Combattre l'intégrisme, mais sur tous les fronts et
jusqu'au bout. Solitude d'Alain Carignon.

J'avais dit que je retournerais à Sarajevo. Je suis
donc retourné à Sarajevo. La raison de ce nouveau
voyage ? La sortie de mon film dans l'unique cinéma
de la ville fonctionnant de nouveau ; et cette
« première », assez bouleversante, en présence de
quelques-uns de ceux qui en sont, après tout, les personnages. Mon arrière-pensée ? Vérifier *de visu*,
comme je m'y étais engagé, ces fameuses informations, alarmantes, sur l'« islamisation » d'une société
qui est, depuis cinq siècles, un modèle de cosmopolitisme et de tolérance. Mon impression, au retour ? Je
ne peux, en si peu de temps, parler véritablement
d'enquête. Mais enfin, quelques faits. Il est *inexact*,
par exemple, que l'on voie, dans les rues, des camions
remplis de soldats hurlant la gloire d'Allah. Il est
inexact, pour la bonne et simple raison qu'ils ne sont
pas encore sortis des presses, que les manuels scolai-
res fassent la part belle à l'islam. Il est inexact encore,
factuellement inexact, que le présentateur des journaux de la « RTV-BiH », ouvre son « vingt heures »
par une salutation en arabe. Et j'ajoute que, lorsque la
radio d'opposition, « Studio 99 », lance une pétition en
faveur des principes de laïcité, de mixité et de multi-
culture, cette pétition recueille – et ce n'est pas fini –
147 000 signatures. Alors ? Alors ce qui est vrai c'est
que la purification ethnique des Serbes a provoqué
l'afflux de milliers de réfugiés venus des campagnes et
modifiant, par conséquent, la composition sociologi-
que de la ville. Et ce qui est vrai aussi c'est qu'il s'y
trouve un nombre grandissant de politiciens qui
croient se faire les interprètes de cette population
désemparée en prônant le retour aux valeurs de l'islam. La bataille, autrement dit, est en cours. Et rien ne
dit qu'elle soit perdue – surtout si l'Occident se décide
enfin à venir au secours du camp démocrate et à

éviter à la population de Sarajevo les souffrances d'un troisième hiver en état de siège.

Dîner, à Paris, chez Maren Sell, avec Matoub Lounes, ce chanteur kabyle enlevé, puis libéré, par les terroristes du GIA. Nous parlons de l'Algérie, forcément – et du besoin vital qu'ont les démocrates algériens de notre soutien à tous. Mais nous parlons aussi de la France et de l'affaire dite des foulards que les démocrates en question observent avec un intérêt extrême. Leur message : « Ne cédez pas; ne transigez à aucun prix; le tchador, dans les lycées, est un signe de reconnaissance, non pas religieuse, mais politique; et c'est donc l'un des terrains sur lequel les intégristes ont choisi de vous affronter ». Mais cette inquiétude aussi, dont c'est peu dire que je la partage : « Ce terrain n'est pas le seul terrain; et cette fermeté dont vos ministres semblent résolus à faire preuve face aux beurettes enfoulardées, il serait tragique qu'elle ne trouve pas, très vite, d'autres manières, fussent-elles plus coûteuses, de se manifester ». Monsieur Pasqua, à la même heure, envoyait des émissaires discuter avec le FIS et hissait celui-ci au rang d'interlocuteur valable. Chacun ses fréquentations. Chacun sa façon de lutter contre un fondamentalisme dont tout indique qu'il devient le danger de la fin de siècle.

Affaire Carignon. La justice est la justice. Et c'est à elle, et à elle seule, de démêler ce qu'il y a de vrai dans le faisceau de présomptions qui semble s'accumuler contre l'ex-ministre. En revanche, et devant le quasi-lynchage dont il est aujourd'hui l'objet – devant le silence, aussi, de la plupart de ceux qui, lorsqu'il était au pouvoir, se disaient et se voulaient ses amis – on me permettra de rappeler quelques évidences. *Primo*, la présomption d'innocence : elle vaut pour tout citoyen; donc, aussi, pour un ministre; et l'on ne peut que le suivre quand, lors de l'audience publique qu'il a voulue, il rappelle à ses accusateurs que *c'est à eux, pas à lui, qu'incombe la charge de la preuve. Secundo*, le fonctionnement de la machine judiciaire et le visage d'elle-même qu'elle offre dans cette affaire :

cette brutalité ; ce goût manifeste du Spectacle ; cette utilisation de la détention pour faire, dit-on, « craquer » un suspect ; ce désir, que l'on sent aussi, de discréditer un homme *avant de l'avoir condamné ;* cela est-il dans la loi ? je ne le crois pas ; et quel que soit le souci, légitime, de moraliser la vie publique en France, ce n'est pas avec ces méthodes que l'on rehaussera l'image, ni de la politique, ni, et c'est plus grave, de *la justice elle-même. Tertio* l'homme Carignon : celui, en tout cas, que je connais ; le militant anti-Le Pen ; le ministre que nous allions tout naturellement trouver quand il fallait faire sortir un artiste de Sarajevo, fournir un visa à un journaliste algérien menacé ou intervenir, auprès du gouvernement bengalais, en faveur de Taslima Nasreen. Y avait-il *deux* Carignon ? Tout est possible, bien sûr. Et, si cela était, ce serait évidemment terrible. Mais, en attendant les vraies preuves et les vrais verdicts, je me refuse à ce que l'image de l'un vienne effacer celle de l'autre et ne peux que songer, avec une émotion infinie, à la solitude de cet homme bon, courageux – enfermé, sans doute à tort, dans la cellule où, naguère, fut détenu Klaus Barbie. Le Carignon dont je me souviens ne mérite pas cet opprobre.

69

Un certain monsieur Péricard. Madame Bovary, ce n'était pas lui. Jacques Delors, Alfred Jarry et le Parti socialiste. Moby Dick *et le zapping. Le plus grand photographe du monde. Jean-Pierre Chevènement à Bagdad.*

Un certain monsieur Péricard m'insulte, paraît-il, dans un journal spécialisé dans les media. Et ce qu'il insulte à travers moi c'est la chaîne de télévision – *Arte* – dont je préside le Conseil de surveillance et dont il s'est fait une spécialité, chaque année, à la même saison, de remettre en cause la légitimité et, croit-il, l'existence. Comme c'est étrange ! Et absurde ! Et comme il serait intelligent au contraire, et utile, de venir nous dire en face – mais clairement, dans le détail – ce qu'il nous reproche vraiment ! Au lieu de quoi cette aigreur, ces petites bouffées de ressentiment – et ces relents d'une haine qui ressemble à la pire haine de la culture.

Flaubert. Lettre à Louise Colet, à propos de *Madame Bovary*. « Rien dans ce livre n'est tiré de moi. Jamais ma personnalité ne m'aura été si inutile » Et, un peu plus loin : « Tout, dans ce livre, est de tête » – façon de dire qu'il est le lieu de l'invention, *de l'artifice*, les plus extrêmes. Songé à ce texte (et à tant d'autres, de la même encre) en écoutant, à la radio, quelques-uns des favoris de la course aux prix d'automne se donner un mal de chien pour convaincre l'auditeur que leur livre est ceci et cela, qu'il a telles ou telles qualités – mais qu'il a aussi le mérite, bien plus essentiel encore et devenu, à les entendre, argument littéraire suprême, d'être entièrement vécu, autobiographique, authentique. Misère de la littérature. Littérature de la misère.

Un socialiste – on taira, par charité, son nom – venu exposer à la télévision la position de son parti pour la prochaine présidentielle. « Nous soutiendrons Delors », explique-t-il d'un air d'importance et de componction qui fait sourire le journaliste. « Mais attention », ajoute-t-il, le doigt menaçant ! « Oui, attention ! Il faudra que lui, Delors, commence par se mettre à l'écoute – il ne dit pas au service, mais c'est tout comme – de monsieur Emmanuelli, de ses idées et de son programme. » Devant tant d'arrogance – et d'énergie dans l'arrogance – on songe au cycliste d'Alfred Jarry qui continuait de pédaler alors qu'il était, depuis longtemps, mort d'épuisement. Et on pense, surtout, à Delors lui-même qui ne devrait pas avoir, me semble-t-il, de tâche plus urgente que de marquer la distance entre ses « alliés » et lui.

Colloque sur l'audiovisuel. Le type de piège où l'on ne se pardonne pas de s'être fourré et d'où l'on ne se tire, en général, qu'en essayant de provoquer un peu. Le sujet du jour est le zapping et je cite le passage de *Moby Dick* où Melville observe qu'avec ses deux yeux minuscules, exagérément écartés et séparés par une énorme protubérance crânienne, la baleine est le seul animal à avoir, au même instant, deux représentations distinctes du monde. Voilà, dis-je. Tout est là. Deux écrans, en quelque sorte. Deux mondes, deux imaginaires, deux histoires, simultanément vécus. Et, entre les uns et les autres, entre ces deux espaces de perception, ni coïncidence ni recouvrement possibles... C'est la définition même du zapping. Et c'est sa première apparition, en somme, dans l'histoire de nos mentalités.

Contre-attaque des Bosniaques. Victoires militaires sur les Serbes. Et cette image d'un peuple de victimes qui a visiblement appris, non seulement à résister, mais à rendre coup pour coup et, peut-être, à triompher. Faut-il dire, comme font certains – notamment, bien sûr, au Quai d'Orsay : « Malheur ! la guerre repart ! ils sont en train, ces maudits Bosniaques, de nous ficher par terre notre plan de paix ! » ? Pardon, si je les blesse. Mais c'est, *mutatis mutandis*, le raisonnement de ceux qui, en 1940, trouvaient que les gaullistes embêtaient le monde avec leur drôle d'idée de faire reculer les Allemands, de recouvrer tout ou partie du territoire national envahi et peut-être même, tant qu'à faire, d'enrayer la machine infernale du nazisme. Eux aussi ajoutaient la guerre à la guerre. Eux non plus ne voulaient pas la paix à tout prix.

Richard Avedon au travail. Il y a des photographes dont on sent qu'ils ne multiplient les clichés que pour « assurer » la prise et être bien certains que, dans le lot, il se trouvera bien la bonne image. Lui fonctionne plutôt comme ces peintres qui reprennent inlassablement le geste, accumulent esquisses et croquis – mais parce qu'ils savent que c'est ainsi, à force d'entêtement et, au fond, d'approximation, que finira par s'imposer l'évidence de la beauté. Ou encore comme ces très grands cinéastes dont j'ai toujours pensé que s'ils filmaient plusieurs fois la même scène ce n'était pas pour se rassurer, ou pour « doubler » la prise, mais pour approcher, eux aussi, de *la* scène incontestable. Avedon, ou la photographie comme art majeur.

Jean-Pierre Chevènement à Bagdad venant chercher de la bouche de Saddam Hussein des félicitations pour sa conduite au moment de la guerre du Golfe. Stupeur. Dégoût. Pitié, aussi, pour le jeune homme que j'ai connu, il y a plus de vingt ans, au sein d'un « groupe des experts » qui se réunissait, le mercredi matin, autour de François Mitterrand et où il incarnait, quoi que l'on en pensât, une belle et ardente exigence. Et puis les questions, plus redoutables, qui ne peuvent pas ne pas traverser l'esprit quand on songe que c'est ce personnage qui avait la charge de nos armées au moment où elles allaient s'engager dans la guerre contre l'Irak. Responsabilité des hommes. Irresponsabilité des pouvoirs. Comment conciliait-il ses devoirs de ministre – et l'attachement que l'on découvre pour ce massacreur qui, en principe, était *tout de même* son ennemi ?

70

De l'art, et de la manière, de se déclarer candidat. Les nouveaux dissidents ? Voyage en Albanie. Pauwels et la littérature. Mitterrand, Stendhal et Balzac.

Delors publie un livre. Chirac se déclare dans la *Voix du Nord*, à l'occasion d'un déplacement à Lille. Rocard, lui, en son temps, avait parlé, depuis sa mairie de Conflans. Pompidou, depuis Rome. Mitterrand, au journal télévisé (le fameux petit « oui » ému, presque étranglé, face à Paul Amar, en 1988). Celui-ci rédige un « programme ». Celui-là un « communiqué » d'agence, avec sa brièveté sèche. Ce troisième joue la déclaration solennelle, style « appel au peuple de France ». Notre pays est, en vérité, le seul pays au monde où il y a autant de manières d'annoncer sa candidature que de candidats et où la façon de le faire, le ton pour dire : « Voilà, j'ai franchi le pas, je me prétends digne, et vous en informe, de la magistrature suprême » sont comme un rite de passage – avec tout ce qu'un tel rite peut avoir de sacré, d'initiatique et, parfois, de maladroit. Parce que la politique, en France, *c'est* le sacré ? Parce qu'aspirer, dans notre pays, à être président, *c'est*, un peu, vouloir être Dieu ? Le fait est là. Du vouloir-être roi, devenu un exercice en soi. De l'annonce de candidature, considérée comme un des beaux-arts.

Rushdie dans *Libération*, interviewé par Antoine de Gaudemar : les intellectuels algériens, pourchassés par les mollahs, sont les « nouveaux dissidents ». Une différence, pourtant – et il le sait, lui, Rushdie, mieux que personne : quand les dissidents quittaient la Russie, quand l'ogre brejnevien consentait à lâcher sa proie et que Boukovsky, Pliouchtch, Soljenitsyne, les autres, arrivaient à New York, Londres ou Paris, au moins avaient-ils la paix – et la machine totalitaire, débarrassée de ses « parasites », choisissait-elle de les oublier. Avec les intellectuels pourchassés par les mollahs, rien de semblable : apparaît une nouvelle population de victimes qui ne trouvent nulle part de refuge, qui ne connaîtront peut-être jamais de répit et qui – fait *unique* dans l'histoire des dissidences – resteront, où qu'elles aillent, dans la mire des tueurs. Autre époque. Autre modèle de répression. Et pour nous, intellectuels de l'Europe heureuse, nécessité d'inventer de nouvelles formes de solidarité et d'aide.

Quelques jours à Tirana, le roman de Claude Arnaud dans la tête et *Bosna !* dans mes bagages. L'Albanie n'est-elle pas, après tout, directement concernée par la tragédie bosniaque ? n'est-elle pas, elle aussi, à cause des Albanais du Kosovo, en toute première ligne, face à l'expansionnisme grand-serbe ? et n'est-il pas évident, enfin, que c'est là que passe *la* ligne de front de notre époque : celle qui sépare l'islam laïc de l'islam fondamentaliste – et celui-ci de la démocratie et de ses idéaux si fragiles ? Le hasard veut que j'arrive en pleine campagne électorale, à l'heure même où le président Berisha soumet à référendum un projet de constitution qui, s'il est adopté, dotera « le pays des aigles », cette Albanie mythique et sombre dont la folie communiste avait fait une prison, de l'une des lois fondamentales les plus démocratiquement exemplaires de l'Europe centrale et orientale. Il est fier de son projet, Berisha. Il en parle – et comme il a raison ! – avec une fougue, une flamme extrêmes. Nous dînons avec lui, mon fils Antonin et moi, au moment même de la clôture du scrutin et il ne doute pas un instant, ce soir-là, d'une approbation franche et massive. Rentré à Paris, j'apprends la nouvelle : le « oui » lui a été refusé ; le peuple albanais a reculé devant la chance (le risque ?) d'une vraie démocratie ; nouvelle preuve, s'il en était besoin, que l'on ne sort du communisme ni par décret ni par miracle – et que les dégâts, dans les têtes, seront plus longs à s'effacer que dans les terres et dans les lois.

Je ne connaissais pas encore Pauwels en Mai 68. Mais j'ai eu maintes fois l'occasion ensuite, dans l'un de ces débats, toujours conflictuels, mais constamment amicaux et, au bout du compte, féconds, qui n'ont cessé de nous opposer pendant les vingt dernières années, de discuter avec lui du sens, et de la portée, de cet étrange « désir de révolution » qui s'exprima alors. Or voici que l'idéologue prend enfin de la distance (la sagesse qui vient ? la lassitude, peut-être ?) et consacre à cette affaire, non plus un de ses « éditos » de combat mais un gros roman ambitieux, complexe, tourmenté, dont le « moment gauchiste » est à la fois le théâtre et l'objet. Et telle est, une fois de plus, la merveille de la littérature : le même Pauwels qui, lorsqu'il se voulait bretteur, simplifiait ses adversaires, trouve des accents clavéliens, ou bernanosiens, pour raconter ces nouveaux possédés, prendre la mesure de leur complexité morale et se mettre dans la peau de soixante-huitards qu'il n'a ni connus ni, sans doute, aimés. Le ton est juste. La distance est bonne. Comme toujours, le roman rend généreux. Comme jamais, il dilate – et anoblit – ce que la politique réduit.

Mitterrand et Mazarine. Je n'aime pas cette façon de livrer à la foule la vie privée d'un être. Mais je trouve émouvante, à la fin, l'obstination d'un homme qui n'en finit pas de se résoudre à se mettre en règle avec lui-même. Hier, sa jeunesse pétainiste... Maintenant, cet enfant caché... Demain, une autre ténébreuse affaire... C'est la littérature qui, là encore, va à l'essentiel. Cet homme, on l'a assez dit, avait commencé avec Stendhal. Il termine, semble-t-il, avec Balzac et les secrets de famille de la province française. Il est vrai que l'un – Stendhal – a toujours raison quand il s'agit de saisir une vie à ses débuts ; mais que l'autre – Balzac – aura toujours le dernier mot pour rendre compte d'un destin qui se boucle.

71

Le livre de Giscard. Encore Stendhal : politique et coup de foudre. La « fêlure » d'un ancien Président ? Adresse à Mitterrand : « Vous n'avez pas le monopole du c... ! »

Après Delors, Giscard. Je disais, l'autre semaine, que la façon, en France, d'annoncer sa candidature était en train de devenir un genre en soi et un des beaux-arts. Eh bien j'ajoute que, parmi toutes les manières de le faire, parmi toutes les techniques de ce coup d'État de soi sur soi qu'est la décision de se présenter à la magistrature suprême, il en est une qui rallie un nombre grandissant de prétendants : la publication d'un livre, devenue une sorte d'événement initiatique, d'onction – le livre comme objet magique, ou sacré, dont le désarroi ambiant fait comme un nouveau sésame ouvrant les portes du paradis. Revanche de la littérature... Prestiges renouvelés – ou persistants – de l'écrit... Ou bien encore ma vieille thèse, qui explique bien des figures du dialogue, ou du malentendu, entre hommes de plume et d'épée : la France est le seul pays au monde où il y a, chez les meilleurs écrivains, la nostalgie d'un destin politique et, chez les moins mauvais politiques, le regret d'une œuvre littéraire... Drôle de pays...

Le plus étrange avec ces livres – *tous* ces livres – est qu'il semble que l'on invente, pour eux, une stratégie éditoriale : celle de l'auteur masqué jusqu'à la dernière minute – et qui se dévoile alors dans un grand remue-ménage de mise en scène et d'illusion. Le scénario est, chaque fois, le même. L'éditeur annonce un livre-mystère. Il lui donne un faux titre qui est comme un mot de passe ou un pavillon de complaisance. La ville frémit. Les bookmakers font leurs jeux. Les rumeurs les plus folles courent salles de rédaction et librairies. Et ce jusqu'à ce que, à l'heure dite, le « secret » éclate au grand jour. Triomphe, une fois de plus, du spectacle ? Recherche effrénée du moyen – de tous les moyens – de faire événement ? Anxiété sourde ? Méfiance à l'endroit de la parole politique tradition-nelle, avec ce qu'elle impliquait d'annoncé, de pensé et, donc, de mûri ? Le fait, en tout cas, est là : l'art politique, plus que jamais, se confond avec celui de la guerre ; la guerre se réduit à une série de coups de main, offensives éclair, « kriegspiels » ; cette obses-sion, chez tous, de la botte secrète, de l'effet de surprise ou de choc. La politique, comme la foudre. La politique, comme un coup de foudre.

Avec l'affaire Giscard, l'étrangeté se double d'une autre curiosité, plus extraordinaire encore, puisque le livre par lequel l'ancien président choisit de se rappe-ler au souvenir de ses électeurs n'est ni un programme, ni un bilan, ni même un livre de mémoires ou un credo, mais un roman qui, *justement*, raconte un coup de fou-dre. L'auteur, comme pour nous rassurer – se rassurer lui-même ? – cite, chaque fois qu'il en trouve l'oc-casion, les glorieux exemples de Churchill, de Gaulle ou Kennedy. Mais il est clair – et il le sait – que, ce faisant, il se moque du monde et que l'on ne trouvera, chez aucun de ceux-là ni, d'ailleurs, chez au-cun autre, l'ombre de l'ébauche de ce roman d'amour bizarre, non dénué de talent et dont certaines pages sont, au demeurant, d'une impudeur gênante. Blum ? Blum commit, en effet, un petit livre sur le mariage. Mais c'était un essai. L'auteur était très jeune. C'était avant, bien avant, qu'il ne songeât vraiment à briguer un jour le pouvoir suprême. On aura beau dire : ce geste-ci, la démarche qui consiste, pour un homme d'État de cette stature, à publier un texte qui se réclame de Maupassant et de « certaines pages » de Hemingway est assez inédite dans l'histoire, non seulement de la République, mais de la politique contemporaine. Valéry Giscard d'Estaing savait-il que *Le Passage* sortirait au lendemain du jour où la gent littéraire distribue ses plus prestigieux lauriers ? Avait-il prévu qu'il allait, de la sorte, éclipser, non pas Delors, Balladur ou Chirac, mais les pâles lauréats des prix Goncourt et Renaudot ? Difficile d'imaginer que ce calculateur-né pût ignorer ce détail. Et difficile de ne pas s'interroger sur l'énigme d'un homme qui, à l'automne de sa vie et à l'heure où il nous fait savoir, peut-être pour la dernière fois, qu'il n'a pas renoncé à solliciter les suffrages des Français, choisit de rivaliser avec Sagan, Giroud ou Duras...

On spéculera, je pense, sur les raisons de cette initiative aussi périlleuse que singulière : un président-romancier qui se risque à décrire la tiédeur d'une peau aimée, ou une nuit de fièvre érotique, ou l'histoire d'un amour impossible (impossible comme le Pouvoir, cet autre objet du désir, cette obscure métaphore de *l'autre* objet – celui qui, depuis quatorze ans, n'en finit pas de se dérober...) s'expose au jugement d'une tribu dont la férocité vaut bien – et cela non plus, il ne peut l'ignorer – celle de sa tribu d'origine... Inconscience, alors ? Désinvolture ? Folie ? Cette « fêlure » que l'on devine et dont parlent parfois ses proches ? Calcul, au contraire ? Forme supérieure de la stratégie ? Hypothèse pour hypothèse, on m'en permettra une autre dont le mérite est de s'accorder à un temps, lui aussi bien singulier, où le dernier mot, pour un politique, semble être devenu celui-ci : faire, *in fine*, l'aveu d'une vie secrète, un peu fabuleuse, et qui fera de lui un personnage quasi romanesque. Mitterrand et Giscard... Giscard et Mitterrand... Le type de dialogue sans paroles dont on ne sort jamais et qui ne se lasse pas d'inventer de nouveaux terrains où disputer l'éternelle compétition. « Vous n'avez pas le monopole du cœur », avait lancé, jadis, le tout jeune candidat au duelliste aguerri – qui prétendait à l'héritage de l'humanisme jaurésien. Qui sait si, vingt ans après, alors que l'aventure touche à sa fin et que l'on voit, chez le second, s'épaissir la part d'ombre et, donc, de littérature, il n'est pas tenté de clore le débat et, par-delà les sondages, les appareils ou les ambitions ordinaires, de lui lancer un ultime − et timide : « Vous n'avez le privilège, ni du donjuanisme ni du roman » ?

72

Les adieux de Mitterrand. Fin de la politique. Courez voir Tsahal. *Les citoyens contre la corruption. Goethe et Schiller. Destin tragique d'Arafat. Semprun dans une langue étrangère.*

Mitterrand à Liévin. Je sais que certains sont choqués. Moi, pas tant que cela. Dieu sait si, en effet, l'homme m'a déçu (la Bosnie) ou épouvanté (l'affaire de Vichy). Mais pourquoi ne pas le dire ? Il y a quelque chose qui émeut dans la façon qu'il a, semaine après semaine, de prendre congé de l'époque, de la scène politique, des siens. Une part de comédie ? N'importe. Ne compte plus soudain, à mes yeux, que l'interminable *cérémonie des adieux*.

La politique se meurt. Deux réactions possibles pour un écrivain (seulement pour un écrivain ?). Soit : « Tant mieux ! c'est aussi bien ! on va enfin pouvoir faire autre chose et, notamment, de la littérature. » Soit : « Horreur ! calamité ! avec la politique, c'est aussi la démocratie qui s'éteint; que serait une démocratie sans différends ni querelles politiques ? » Selon l'humeur, ou la saison, je vais, comme souvent, d'un avis à l'autre. Ces temps-ci : plutôt la consternation face à une scène où ne domine plus que l'affrontement des petites ambitions, des grands appétits et des querelles de personnes.

La même semaine, ou presque, deux documentaires sur les écrans. La *Veillée d'armes* d'Ophüls (que je n'ai pas encore vu) et le *Tsahal* de Lanzmann (où j'ai couru, dès sa sortie). Est-ce une impression ou le bruit fait autour du premier étouffe-t-il, un peu, l'écho du second ? Ce serait dommage. Car *Tsahal* n'est pas un « carnet de route » mais un film, et ce film est un chef-d'œuvre : moins la suite de *Shoah* que son *accomplissement*; comment le peuple juif renaît, comment une démocratie se constitue, s'arme, se défend – et le rôle de la violence dans l'histoire, si singulière, du peuple juif...

Une « culture de l'émeute », dit Joffrin, dans *Le Nouvel Observateur*, à propos des violences urbaines à Los Angeles et Paris. Certes. Sauf qu'elle a pour particularité, cette culture, d'être une culture sans mots et, plus encore, sans perspective. Comme je le disais, l'autre soir, chez Anne Sinclair : des blocs de haine brute; la guerre à l'état pur; les premières insurrections du genre à n'être portées par aucun discours ni, surtout, aucune espérance. Les canuts lyonnais ? Les ouvriers anglais du XIXe qui, de désespoir, brisaient leurs machines ? Au moins nourrissaient-ils l'illusion d'un monde, et d'un temps, meilleurs. Alors que là, pour la première fois, un temps qui n'est plus gros d'aucune espérance ni d'aucun sens : un temps dont, à la lettre, nul n'attend soudain plus rien.

Encore et toujours la corruption. L'équation, au fond, est simple. La politique, en France (et dans les pays latins, en général) est vécue comme une activité sale, presque honteuse. Eh bien tant qu'il en ira de la sorte, tant que durera le préjugé, la même règle vaudra pour l'argent qui la finance. A politique inavouable, argent inavoué. A politique honteuse, argent occulte et clandestin. Rendre sa dignité à la politique avant, *et afin*, de la moraliser – c'est presque plus important que le travail des juges et c'est, pour le coup, l'affaire de chacun.

Correspondance, chez Gallimard, de Goethe et de Schiller. Ce moment, très mystérieux, où un écrivain décide, non seulement de publier, mais d'intégrer à son œuvre, ces textes de circonstance que sont un recueil de lettres. Devoir d'amitié ? Volonté d'éterniser le souvenir de l'ami disparu ? C'est ce que dit Goethe. Mais l'explication ne satisfait guère. Et voici l'autre hypothèse qu'impose la lecture, même cursive, des deux volumes : pas une de ces lettres qui n'ait été écrite avec, *déjà*, dans l'esprit, l'idée de la place qu'elle aurait dans l'architecture d'ensemble.

Les salariés d'Alsthom en grève. De cœur, on ne peut qu'être solidaire. Mais au-delà du cœur ? et si l'on essaie de prendre, sur l'événement, ce point de vue que je n'aime guère mais qui est celui, parfois nécessaire, de la *perspective d'ensemble* ? Cette idée, alors, de Delors (celle, aussi, de Minc dans son *Rapport* sur *La France de l'an 2000*) : entre pouvoir d'achat et chômage il faut peut-être, hélas, et momentanément, choisir; et c'est en « tenant » sur les salaires que l'on se donne une chance, fût-elle mince, de remédier au problème, tragique, de l'« exclusion ».

Arafat et Gaza. Les plus cruels diront : « Il y a une justice immanente et ce cynique, ce terroriste, cet homme qui, contre Israël, mais aussi contre son peuple, n'a cessé de nouer les plus inavouables alliances, récolte ce qu'il a semé ». Les autres rétorqueront : « Mais non ! aucune faute politique ne mérite pareil châtiment ! et foin, d'ailleurs, du passé : il faut, d'urgence, et sans état d'âme, aider l'OLP dans sa lutte contre le Hamas ! » Une chose en tout cas est sûre : l'affrontement principal au Proche-Orient n'oppose plus les Juifs aux Arabes – mais les intégristes à ceux qui ne le sont pas. Et une autre : loin d'être la queue d'une comète ancienne (le conflit, séculaire, autour de la question de « la Palestine »), cet affrontement est le type même des guerres qui ensanglanteront le siècle qui vient.

L'admirable *Écriture et la vie* de Semprun. Songé, tout au long de ma lecture, à la phrase de Proust dans le *Contre Sainte-Beuve* : « Les beaux livres sont écrits dans une sorte de langue étrangère ».

73

Débâcle à Bihac. Juppé est-il encore gaulliste ? Je me souviens de François Léotard. Un mot de Balladur ? Une information pour Mitterrand. Supplique aux candidats. La France que le monde respecte.

Encore la Bosnie ? Oui, encore la Bosnie ! Car comment parler d'autre chose que de la Bosnie alors que Bihac tombe, que Sarajevo flambe et que la communauté internationale, c'est-à-dire vous et moi, s'enlise dans l'impuissance, le ridicule, l'infamie. J'ai tout dit, sans doute, sur la Bosnie. Nous sommes quelques uns à avoir tout dit – tout ce que nous pensons du moins ; tout le dégoût que nous inspire, depuis deux ans et demi, cette série de reculades, abandons, mascarades. Je veux parler de la Bosnie, néanmoins. Je veux dire à nos dirigeants (à qui m'adresserais-je sinon à *nos* dirigeants ?) notre stupeur – je n'ose plus dire notre colère – face à ce qui est en train de devenir la débâcle morale la plus honteuse de l'Occident depuis la Seconde Guerre mondiale.

Je veux comprendre comment monsieur Juppé, par exemple, peut accepter de voir l'image de la France à ce point abaissée, dégradée. Je veux savoir comment le ministre des Affaires étrangères de la France peut, un soir, dans un beau sursaut de conscience, déclarer qu'il n'« acceptera » pas de voir transformer en mouroir une « zone de sécurité » et comment il peut, le lendemain, sans plus d'explications, entériner l'inacceptable et se coucher devant les bourreaux. On dira un jour « la France de monsieur Juppé » comme on dit « la France de monsieur Daladier ». Et j'aimerais savoir comment un gaulliste – car monsieur Juppé, jusqu'à nouvel ordre, est gaulliste – peut voir l'esprit de résistance à ce point foulé aux pieds.

Je veux savoir ce que pense François Léotard quand il consent à ce que des armées formées pour résister à l'armée rouge apparaissent brusquement impuissantes face à une poignée de miliciens. Je me souviens de *l'autre* François Léotard. Celui qui disait jadis – et je sais qu'il le pensait – que mieux vaut perdre une élection que perdre son âme. Aujourd'hui, il perd son âme. Nous la perdons tous avec lui. Nous nous sentons tous avilis par ces images, terribles, de combattants bosniaques humiliés par une soldatesque hilare, obligés de porter le fez et de chanter la gloire de la Grande Serbie. Et je voudrais savoir ce qu'il pense quand, en réponse à cette abjection, Monsieur Boutros Boutros-Ghali, ne trouve à menacer que... les victimes, c'est-à-dire encore, et toujours, les Bosniaques : car qui menace-t-il d'autre quand il annonce que sa patience a des limites et que l'ONU doit maintenant songer à retirer ses casques bleus ?

Je pense à François Mitterrand. Oh ! Je ne nourris plus guère d'illusion sur les ressorts d'un homme dont on sait qu'il a, dès les premiers jours, pris le parti des Serbes. Mais je veux lui dire, puisqu'il est chef des armées, que la colère monte dans le contingent français des casques bleus de Bosnie. Je veux lui dire, car je le sais, qu'il y a là des hommes de cœur et de courage qui sont las du rôle absurde, irresponsable, qu'on leur fait jouer. Je veux l'alerter – car c'est inévitable – que se préparent, en leur sein, des désordres et que, de ces désordres, il faudra bien qu'il soit comptable. Le chef des armées mesure-t-il le désarroi d'un soldat rendu complice d'un telle forfaiture – et qui découvre, par-dessus le marché, qu'on lui demande de *mourir pour rien* ?

Je m'adresse à Édouard Balladur. Je veux lui dire que nous avons été quelques-uns, l'autre soir, quand il nous a reçus à Matignon, à nourrir le rêve, un peu fou, que nous l'avions peut-être ébranlé en lui décrivant la cascade de conséquences qu'aurait une démission européenne en Bosnie. Je veux lui dire que j'ai cru, ce soir-là, qu'il avait compris que c'était, non seulement la Bosnie, mais notre système de sécurité collective, nos institutions européennes, l'idée même de l'Europe, son âme, qui allaient mourir sous nos yeux. Que s'est-il passé ensuite ? Comment cet homme-là, dont je

203

connais l'honnêteté, le sens et le goût de la morale, a-t-il pu cosigner ce pitoyable communiqué, publié le lendemain, où il s'agissait moins de sauver les populations civiles de Bihac que de regretter le « cycle de la violence », fustiger « l'attitude américaine » et renvoyer aux calendes d'éventuelles frappes aériennes ?

Je m'adresse à tous les candidats, virtuels ou déclarés, à la prochaine élection présidentielle. Je m'adresse à Jacques Delors autant qu'à Édouard Balladur. Et je voudrais leur dire, à tous deux, de ne pas trop spéculer sur l'indifférence, ou la lassitude, de leurs compatriotes. La France est un drôle de pays. Elle accepte. Elle se résigne. Elle plie, parfois, l'échine. Et puis c'est le mot de trop, l'image que l'on n'attendait pas – et, des profondeurs de son peuple, revient ce sens de la grandeur et de la dignité qui dicta, en d'autres temps, d'autres insurrections, d'autres refus. Je ne suis pas sûr, non, que les électeurs français toléreront, pour finir, et longtemps, pareille image de leur abaissement...

Faisons un rêve. Un homme d'État, un seul, qui trouve enfin les mots que nous sommes des millions à avoir au bout de la langue et sur le cœur. La France est un petit pays ? Voire. Car ce petit pays a une grande voix. Et cette voix est de celles qui, parfois, portent. Que cet homme-là surgisse. Qu'il donne, oui, de la voix. Qu'il rende, ce faisant, sa voix à la France que le monde respecte. Il aura sauvé l'honneur. Et peut-être, en sauvant l'honneur, réveillera-t-il ce qui reste de conscience dans cette Europe exsangue. Une voix contre le cynisme. Un mot contre la veulerie. Nous en sommes là. Nous attendons. Même si les Bosniaques, eux, n'attendent déjà plus rien.

74

Marek et ses Justes. Si les casques bleus sont des otages... Le mystère Elkabbach. Suicides littéraires ? Appel à Delors.

Le film de Marek Halter. Était-il bien nécessaire, demandent certains, de tirer de l'obscurité ces *Justes* qui, sous la botte, choisirent de sauver des juifs ? Et ne court-on pas le risque, ce faisant, d'oublier ceux, plus nombreux, qui n'ont rien fait ou qui, plus grave encore, ont tout fait pour prêter la main aux auteurs de la solution finale ? Que la question se pose, je le conçois. Mais je vois trois raisons, au moins, de saluer le geste. *Primo* : la justice, la simple et pure justice – celle que nous devons *aussi* à ces humbles vieillards qui, au péril de leur vie, résistèrent à l'infamie. *Secundo* : la leçon qu'ils nous donnent, l'exemple qu'ils constituent – loin de banaliser le crime, le fait que ces hommes aient existé, qu'ils aient pu faire leur devoir, ne rend-il pas plus impardonnable encore le choix de ceux qui, en conscience, prirent le parti inverse ? Et puis *tertio* : ce moment où nous nous trouvons et où, en tant de lieux, triomphe la veulerie; n'y a-t-il pas des heures, oui, dans l'histoire d'une communauté, où l'urgence est de rappeler la part flatteuse, ou lumineuse, de la mémoire commune – cette « bonne image » de soi sur laquelle on s'appuiera pour résister, n'est-ce pas, à d'autres infamies ?

Que nos casques bleus soient les otages des Serbes, c'est certain – et c'est intolérable. Mais il y a deux façons très différentes de répondre à une prise d'otages. Celle qui consiste à céder, se coucher devant le terroriste – et c'est, apparemment, le choix des responsables européens qui, toute honte bue, proposent ni plus ni moins que de se retirer de Bosnie. Celle qui, au contraire, refuse les termes du chantage, exclut l'idée même d'y céder – mais il faudrait dire, alors, à messieurs Mladic et Karadzic : « Nos hommes sont sous votre contrôle; nous vous tenons pour personnellement responsables de leur sécurité et de leur sort; qu'il soit attenté à la vie d'un seul d'entre eux – et c'est sur leur propre vie qu'auront à en répondre vos chefs d'état-major et autres prétendus ministres ». Ce langage simple pourquoi ne le tient-on pas ? Pourquoi ne se trouve-t-il personne pour, au moins, s'y essayer ? Pénible impression que les casques bleus ne sont, dans cette affaire, qu'un alibi : otages de leurs dirigeants, et de leur drôle de politique, autant que de la soldatesque serbe...

Jean-Pierre Elkabbach au « Club de la presse », sur Europe 1. Un an déjà... Oui, un an...L'étonnant était alors dans le destin d'un homme hué place de la Bastille par une nuit pluvieuse de Mai 1981 – et à qui incombait donc, à l'heure du mitterrandisme finissant, le soin d'incarner un peu de la fameuse « voix de la France ». Un an après, la vraie surprise est que ce journaliste-né, ce passionné des micros et des plateaux, cet accro de l'information, cet homme que l'on disait solitaire, voire ombrageux, soit si brillamment entré dans le rôle de grand instituteur de la nation qui s'offrait soudain à lui. Sang-froid. Distance. Quelque chose d'apaisé dans le ton, le timbre même de la voix. La passion toujours – mais plus tout à fait la sienne puisque c'est celle de ce « service public » dont il est devenu le fervent avocat. Est-ce le même Elkabbach ? Un autre ? Et, dans ce cas, quel est le vrai – celui qui, à vingt ans, rêvait d'être « Camus ou rien » ou ce moine de la télévision publique dont l'orgueil est de mettre la beauté, la connaissance, le savoir, bref, la culture, à la portée de tous ? Mystère.

Debord. Puis Roger Stéphane. Puis, loin d'eux, Gérard Voitey, l'éditeur de Quai Voltaire. Songé, face à cette série noire, au mot terrible de Luther : « Il arrive que Dieu en ait assez de la partie et qu'il jette les cartes sur la table ». Sauf que, en l'occurrence, il ne s'agit pas de Dieu mais de Littérature et de trois êtres qui, à des titres divers, vivaient par la littérature, pour elle et à travers elle. Coïncidence, alors – ou signe de temps ? Et s'il s'agit d'un signe, s'il y a un lien entre ces suicides, s'il y a là trois façons, pour des hommes dont la commune croyance aura été que le monde est fait pour aboutir à de beaux livres, de prendre congé de ce monde et de le déclarer irrespirable, bref, s'il y a, entre ces trois gestes, l'indice d'un commun désespoir, se risquera-t-on à interpréter le présage ? Drôle d'époque où l'on entre dans les livres comme dans un moulin et où ceux qui ne s'y résignent pas n'auraient d'autre ressource que de sortir de la vie ainsi : un coup de revolver dans le grand concert du Spectacle et de sa grandissante insignifiance.

Oui, il a pris sa décision. Non, il ne dira pas laquelle. Dans cette course de lenteur qu'est devenue la marche à l'Élysée, dans ce match où il semble acquis que n'arriveront en finale que ceux qui n'auront pas livré bataille, dans cette partie de poker menteur où je disais, voici quelques semaines : « Tout se passe comme s'il fallait, pour avoir une chance de l'emporter, ne surtout pas bouger, ni parler, ni se prononcer », on conviendra que Jacques Delors vient de franchir une étape nouvelle. Demi-mots. Petites phrases. Extravagance d'une mise en scène qui transforme nos journalistes en modernes haruspices penchés sur le cœur et les reins du « candidat virtuel ». Appel à Jacques Delors – comme, d'ailleurs, à Édouard Balladur : le jeu a assez duré ; et la démocratie, la vraie, celle qui suppose le libre débat, la discussion à ciel ouvert, celle à laquelle vous vous dites, l'un comme l'autre, attachés, mérite mieux que ce théâtre d'ombres où ne s'incarnent, pour l'heure, que populistes et bateleurs. C'est toujours à son détriment que l'on sort de l'ambiguïté, disait Retz ? Peut-être. Mais au bénéfice de qui ? Telle est *l'autre* question que l'on ne pourra pas, je le crains, éternellement esquiver.

75

Pour saluer Jacques Delors. L'honneur d'un homme.
Une autre façon de faire de la politique ?

Il y a ceux qui trouvent le geste absurde. Il y a ceux qui parlent d'abandon ou de désertion. Il y a les trafiquants d'illusion qui voulaient leur ration de mensonge et n'ont, évidemment, pas leur compte. Il y a les malins qui le voyaient en syndic marron venant blanchir, *in fine*, les comptes d'un mitterrandisme failli. Il y a les insulteurs : « Delors le salaud... Delors le déserteur... ce que Delors a tué... c'est l'espoir qu'il assassine... ». Il y a ceux qui ne comprennent pas : « Cet homme pouvait être élu; il avait, à portée de la main, cette toute-puissance dont ils rêvent tous; se peut-il qu'il l'ait, ainsi, déclinée ? » Il y a ceux qui, comme moi, auraient voté pour lui et sont, simplement, désemparés. Et puis il y a ceux – dont je suis aussi – qui trouvent le geste admirable.

La politique c'est le pouvoir, dit-on ? c'est l'art de prendre, conserver, gérer, le pouvoir ? Sans doute. Et Delors, au demeurant, n'a, pour le moment, pas dit le contraire. Sauf qu'il a assorti cette proposition d'une nuance qui devrait sembler évidente mais dont le seul énoncé suffit à semer la panique : « Pas le pouvoir pour le pouvoir; ni la politique pour la politique; ils ne valent, ce pouvoir et cette politique, que pour autant qu'ils s'ordonnent à une ambition plus noble qu'eux; l'ambition apparaît-elle, à tort ou à raison, hors de portée ? mieux vaut, alors, renoncer – sauf à faire de la toute-puissance un but, et du gouvernement une fin en soi ». La France fourmille d'hommes qui rêvent, soir et matin, d'entrer à l'Élysée. En voici un qui a l'audace tranquille de vous dire : « Tant pis pour l'Élysée; mon rêve, moi, était – demeure – de changer l'ordre des choses ».

La politique c'est l'art du possible ? C'est, toujours et forcément, la demi-mesure – et il fallait, avant de déclarer forfait, tenter ce compromis ? Bien sûr. Et c'est même ce que l'intéressé a expressément dit quand il a révélé à Anne Sinclair qu'il a commencé par « consulter » et que c'est *après consultation* qu'il s'est résolu à renoncer. En clair, l'auteur de *L'Unité de l'homme* a des idées. Les socialistes en ont, probablement, aussi. Et comme il a la faiblesse de croire que le commerce des idées doit, en démocratie, primer sur celui des fables ou des appétits, il a tenté de négocier, d'abord, un accord sur ces idées. Henri Emmanuelli : « commençons par gagner les élections; il sera toujours temps, ensuite, de s'entendre sur le programme ». Jacques Delors : « Je commence par le programme et n'irai quérir les suffrages des Français que si nous nous entendons sur les promesses que je leur ferai ».

Delors n'a-t-il pas « naufragé » la gauche, alors ? n'a-t-il pas ruiné, pour longtemps, ses chances de revenir ? Je ne le crois pas. Et j'ai même le sentiment qu'il lui aura plus apporté avec cette leçon de démocratie qu'en l'aidant à gravir, coûte que coûte, les marches du pouvoir. Une autre idée du pouvoir, justement. Une autre image de la politique. Une réponse – peut-être la meilleure – à ce fameux « tous pareils ! tous pourris ! tous guidés par le seul appétit de régner » dont on sait les terribles ravages. Pas de sauveur, dit-il. Pas d'homme providentiel. Manière élégante de glisser : « Je vous offre davantage en vous faisant cadeau de mon retrait qu'en vous faisant, comme vous me le demandiez, don de ma personne »...

Orgueil alors ? Peut-être. Mais c'est l'orgueil de Mendès quand il refuse d'être ministre de de Gaulle. C'est, toutes proportions gardées, celui de de Gaulle lorsqu'il se rend à Londres. C'est celui de Willy Brandt ou de Vaclav Havel. C'est l'humble et sublime orgueil de ces gestes bizarres, d'abord énigmatiques, qui font qu'un homme politique sort en effet du rang. Et j'avoue, là encore, préférer cet orgueil-là aux mille et une vanités qui font l'ordinaire de la vie politique. Pédagogie du retrait. Éthique de la déception. Cette façon de dire (et quelle force d'âme, pour y parvenir !) « Je ne suis pas des vôtres » – et, dans l'instant même où on le dit, de tenter de hisser les autres au niveau de son exigence...

Car c'est cela, l'effet Delors. Un virus vertueux introduit dans le système. Une injection massive d'honnêteté, et de courage, dans un corps politique qui en était sevré. Après le carnaval, le carême. Après les quatorze années de machiavélisme mitterrandien, le pur refus d'un homme qui vient nous rappeler à l'ordre de ce que peut – et devrait – être l'honneur de la politique. Delors ou ce message très simple – et dont on voit bien qu'il n'est pas, comme on le répète partout, « moral » mais politique : « Le pouvoir n'est pas une fin ; la politique n'est pas une technique ; la démocratie se meurt quand s'éteignent les idées et que leur affrontement cesse d'être au poste de commande. »

D'ailleurs écoutez. Voyez comme ils se mettent tous, déjà, au diapason. Celui-ci, qui venait à la télévision pour annoncer sa propre candidature – et qui, tétanisé, n'*ose* tout simplement plus. Celui-là qui découvre – à la bonne heure ! – qu'il lui faut, pour se prononcer, « le temps de la réflexion ». Bernard Tapie lui-même qui, à la veille de son invalidation, croit devoir invoquer les noms de deux figures emblématiques, à gauche, de la morale : Pierre Joxe et Robert Badinter. C'est comme une épidémie de conscience et de dignité. Une contamination vertueuse. C'est l'ensemble du jeu qui semble déréglé par ce virus étrange qu'y aura inoculé cet homme. Bien sûr, ne rêvons pas. Et gageons que le système saura vite reprendre ses droits. Mais enfin l'effet est là : un geste, un seul – et c'est comme un ton nouveau dans la campagne qui s'annonce.

76

Pourquoi cette haine contre Nasreen ? Les deux Juppé. Kouchner à « L'Heure de vérité ».

Ignominie de la campagne lancée contre Taslima Nasreen par un quarteron de *has been* où se retrouvent, pêle-mêle, un économiste en mal de publicité, une pythie à la retraite, un mandarin aux pieds de plomb, sans parler d'un expert ès mystifications qui a l'audace de dénoncer – *sic* – « la plus grande mystification littéraire de l'après-guerre »... Ce qui stupéfie, en l'espèce, c'est la bêtise de l'attaque (Gaudemar dans *Libération* : la « conjuration des imbéciles »). C'est son irresponsabilité (qui peut se targuer de savoir ce qui distingue une « vraie » fatwah d'une « fausse » ? et messieurs Sorman et consorts seront-ils là pour l'expliquer le jour où, ce qu'à Dieu ne plaise, un islamiste mal informé, agressera tout de même, au mépris de leurs distinguos, l'auteur traqué de *Lajja* ?). Mais c'est aussi, surtout, la grotesque frénésie de ces nains qui, juchés sur les épaules de l'écrivain et grappillant, à tout hasard, des miettes de sa jeune gloire, n'ont rien de mieux à faire que de battre la campagne pour, de Paris à Strasbourg, et de conférences de presse en articles assassins, plaider leur affaire Dreyfus à l'envers. Que l'on discute une œuvre, pourquoi pas ? Que Nasreen ne soit pas Rushdie, bien sûr. Que le Bangladesh ne soit ni l'Iran ni l'Algérie, cela va de soi. Mais il y a tout de même bien eu, que l'on sache, des dizaines de milliers de manifestants pour, dans les rues de Dacca, réclamer la tête de la romancière. Et cette seule image – ajoutée au fait que le gouvernement légal du pays l'a bel et bien poursuivie, et jugée – devrait suffire, ne fût-ce que dans le doute, à inviter à la décence ou, au moins, à la prudence. Stupeur, donc. Nausée. Comme dit le Timon de Shakespeare : « Rien, dans ce monde maudit, n'est clair et droit – sauf l'infamie ouverte et sans vergogne ».

« Club de la presse » d'Europe 1. Cette question de Jacques Amalric et de Paul Guilbert : « Pourquoi attaquer Juppé sur la Bosnie ? que pourrait-il faire d'autre, ou de mieux ? et vous-même, à sa place, que feriez-vous qu'il ne fasse pas ? ». Ma réponse : « A sa place ? je commencerais par relire mes classiques – qui sont ceux du gaullisme et de la glorification de l'esprit de résistance; puis mes propres œuvres complètes – à commencer par une belle *Tentation de Venise* où tout était dit, et en quels termes ! de la lâcheté des démocraties face à l'agression serbe ». Deux Juppé ? Oui, deux Juppé. Le Juppé munichois qui remet ses pas dans ceux de Georges Bonnet. Et puis le Juppé si lucide qui sentait jadis « monter » en lui « l'écœurement » comme « la marée au Mont Saint-Michel » et dont le trouble si visible, l'autre soir, face à Anne Sinclair, disait assez qu'une part de lui partage, aujourd'hui encore, l'indignation de ces « intellectuels » qu'il croit, par ailleurs, devoir injurier... Humble supplique au ministre des Affaires étrangères qu'il est devenu – et puisse-t-il n'y voir, cette fois, ni esprit de polémique ni colère : qu'il se réconcilie avec lui-même; qu'il se souvienne du second, ou du premier, Juppé; qu'il retrouve cet autre Juppé dont on voyait bien, l'autre semaine, sur le divan de Milosevic, à Belgrade, tandis qu'il se tapotait la cuisse d'un geste d'impatience manifestement incontrôlable, qu'il pensait lui aussi, comme nous tous : « L'image de trop... le cliché qui tue... ». De tous côtés, on me dit : « L'homme vaut mieux que sa caricature ». Bizarrement, je le crois aussi. Mais comme il serait beau que l'intéressé nous le confirme ! Comme ce serait bien de le voir donner au monde une vraie leçon de gaullisme et de dignité ! Au lieu de quoi cette politique de l'abaissement – qui nous déshonore et nous humilie.

Kouchner à « L'Heure de vérité ». J'avoue que, depuis quelques mois, je ne manque plus une « Heure de vérité » tant la formule de l'émission, son rythme, le ton des questions, leur insistance, me semblent porter à son meilleur le jeu du spectacle politique : « comme une fille enlève sa robe » disais-je autrefois, citant Bataille, de la façon dont on se met à nu dans les vraies grandes performances télévisuelles; et le fait est que le quatuor constitué par Virieu, Colombani, Duhamel et Du Roy n'a quasiment pas son pareil pour mettre un personnage à nu, révéler ses failles les plus secrètes, nous apprendre ce qu'il est autant que ce qu'il pense ou ce qu'il croit qu'il pense... Kouchner donc. Sa vitalité intacte. Sa réserve inépuisable d'énergie et d'idées justes. Sa façon de parler vrai sans verser, pour autant, dans la facilité démagogique. Son espoir invincible, et qui ne semble ni feint ni forcé. Son côté éternel médecin, formé à la rude école des « urgences » et de la souffrance partagée. Le sentiment, aussi, que cette belle et bonne machine ne parvient, hélas, pas à traduire en politique son formidable combustible. Drôle d'époque... Drôle de société... Gâchis... Et puis – plus inhabituel, il me semble, dans la bouche du *french doctor* – l'appel, plusieurs fois répété, à une « sensibilité chrétienne » qui, soit dit en passant, aura fait, cette semaine, de Bayrou à Delors et à l'abbé Pierre, un assez joli retour sur le devant de la scène politique. Ces mots, alors, qui me poursuivent tandis que je l'écoute : le Mal est-il un « problème » ou est-il, d'abord, un « mystère » ? C'est la question, depuis deux mille ans, des théologiens aux philosophes. C'est celle, aujourd'hui, que l'on devrait poser à toute politique.

77

Le GIGN et ses héros. Sollers, Catherine Clément, les féministes et quelques autres. Pourquoi Rocard doit-il être candidat ? Kundera et le « besoin de 18° ». Pour ne pas oublier Carignon.

Fasciné, comme chacun, par l'incroyable courage des gendarmes du GIGN montant à l'assaut de l'Airbus d'Air France. Ce qui captive dans cette image ? Le fait que c'est, au fond, l'image exactement inverse de celle qu'a popularisée la symbolique militaire de ces dernières années. On rêvait de « guerres sans morts ». On ne parlait que de « non-batailles » et d'affrontements « électroniques ». On finissait, petit à petit, par ne plus concevoir nos armées que comme des « armées de la paix », constituées de soldats qui devaient, si possible, ne servir à rien. Or voici de vrais soldats. Voici quelques dizaines d'hommes qui prennent le risque réel d'affronter des ennemis ô combien réels. Et à cet instant-là, au moment très précis où l'on voit le premier gendarme arc-bouté sur la porte de l'appareil alors qu'il sait que, derrière, se tiennent quatre terroristes qui vont, à coup sûr, ouvrir le feu, c'est toutes nos illusions qui, sur ce point, vacillent. Fin du « virtuel ». Faillite de la logique des « leurres ». La violence tout à coup – la vraie : sur fond d'apocalypse suspendue, de terreur et, bien sûr, d'héroïsme.

Sacrée Catherine Clément ! Je l'ai connue philosophe, militant au parti communiste, puis dans les rangs du féminisme. Je l'ai vue passer au roman et, comme elle fait rarement les choses à moitié, mettre son point d'honneur à écrire de vraies fictions populaires avec tout ce que le genre pouvait avoir de déroutant – de suspect ? – aux yeux d'une intellectuelle. Or c'est toujours elle qui, soudain, et comme pour revenir à ses premières amours, consacre un livre, chez Julliard, au cas de Philippe Sollers. « Revenir » est-il le mot qui convient ? Et revient-on, d'ailleurs, jamais sur ses propres pas d'écrivain ? Non, bien entendu. Et c'est ce qui fait le prix de ce drôle de texte – anecdotique *et* intelligent, bourré de portraits *autant* que d'analyses. Sollers, en personnage de roman. Clément, en romancière transcendantale. Et, entre le peintre et son modèle, un jeu que leurs itinéraires respectifs rendent évidemment très passionnant. « Vous êtes le diable », dit-elle d'entrée de jeu. Le diable étant, au sens propre, celui qui sépare, divise, *coupe en deux* – devinez où ce petit livre portera le ferment, heureux, fécond, de la coupure...

« Qui après Delors ? », me demandent les journalistes du « Forum » de Radio J ? Ma réponse : il y a deux hommes qui, à gauche, devraient, en bonne logique, pouvoir relever le défi. Sauf qu'ils en sont, l'un comme l'autre, empêchés pour des raisons parfaitement absurdes : le premier, Laurent Fabius, à cause de cette affaire du sang dont chacun sait qu'il est innocent; le second, Michel Rocard, du fait de son piètre score aux dernières européennes alors que nul n'ignore, là non plus, qu'il le doit moins à une défaillance personnelle qu'à un missile nommé Tapie. Deux bons candidats, donc. Deux anciens Premiers ministres dont nul ne niera qu'ils connaissent, à tout le moins, le métier. Et nouvelle preuve, s'il en était besoin, de l'irrationalité grandissante de notre vie publique. Rocard candidat ? L'idée affole le landernau. C'est, pourtant, l'évidence même. C'est la seule hypothèse qui, surtout, promette une dispute démocratique. Imaginez un second tour où nous n'aurions le choix qu'entre messieurs Balladur et Chirac (ou Barre) : pour des millions de Français, la propre image – et les germes – du désespoir...

La *Lenteur* de Kundera. D'autres diront, sans doute, les mérites intrinsèques du roman (et peut-être y reviendrai-je, moi-même, une autre fois). Un mot, pour le moment, sur cette figure de Vivant Denon qui, d'une certaine façon, le traverse. Le premier à m'avoir parlé de Denon, et de son admirable *Point de lendemain*, fut, je crois, Roger Stéphane. Puis, plus tard, Jeanne Moreau, héroïne de la libre adaptation qu'en avait proposée Louis Malle. Puis Jean-Paul Enthoven donnant à la *Règle du Jeu*, que nous fondions alors, un brillantissime portrait de l'écrivain-diplomate-voyageur-amateur d'art. Puis encore Philippe Sollers qui travaille, depuis quelque temps, à une biographie. J'aime le hasard de ces rencontres autour d'un écrivain-culte. J'aime que ces quelques visages – qui, à des titres divers, m'importent – se retrouvent, comme en secret, à demi-mot, autour d'une même dévotion. Que Milan Kundera surgisse dans la confrérie, qu'il vienne ainsi nous dire que lui aussi « en » est, ne m'étonne qu'à demi et m'enchante. Heureux, pour cette raison déjà, d'avoir lu, aussitôt, *La Lenteur*.

Dernier bloc-notes de l'année. Ne pas terminer sans dire un mot d'un ami qui aura vécu ces « fêtes » loin des siens, dans une solitude que j'imagine insoutenable. Il s'appelle Alain Carignon. Il est toujours en prison. Et puisque l'émoi des débuts semble céder la place à une indifférence terrible, presque à l'oubli, on me permettra de poser à nouveau, comme au premier jour, deux ou trois questions très simples : les griefs faits à l'ancien ministre, ne pourrait-on les adresser à bien d'autres ? connaît-on beaucoup d'hommes publics qui, dans le vide juridique de ces années, aient su faire de la politique dans la transparence la plus totale ? et comment se défendre alors du pénible sentiment de voir un présumé fautif, et un seul, payer pour tous les autres ? Oui, cent fois oui, à la lutte contre la corruption. Non, dans l'intérêt même de cette lutte, à la désignation d'un trop commode bouc émissaire. J'ignore, comme la plupart, le fond de l'affaire Carignon. Mais rien ne justifie, j'en suis sûr, un tel acharnement.

78

Mitterrand et ses vœux. En passant par une ville fantôme. Leçon de la guerre de Tchétchénie. Le dialogue Minc-Seguin.

Les derniers vœux de François Mitterrand. Cette façon de dire – je résume – « Là où je serai et pour peu que vous croyiez, comme moi, aux forces de l'esprit, je ne vous quitterai pas ». Un ami me rappelle que ce sont, quasiment, les mots du Christ aux apôtres, à la veille de la montée au Golgotha. J'observe plus prosaïquement – mais cela ne revient-il pas au même ? – que l'attitude qui consiste à promettre qu'on sera de ce monde sans y être et qu'on sera encore là, lors même que se sera achevé le mandat, cette manière de se retirer sans dire tout à fait adieu, est l'exact contraire de la fameuse chaise vide de Giscard au lendemain de sa défaite de 1981. Giscard : « Je suis battu ; je m'en vais ; mais sachez que, m'en allant, je laisse vide le lieu du pouvoir ». Mitterrand : « Je suis vieux ; je m'en vais aussi ; mais soyez certains que, même absent, après qu'un autre m'y aura remplacé, je continuerai d'occuper le lieu en question ». Deux rapports au pouvoir. Deux façons d'en prendre congé. Deux façons, aussi, de jouer de sa comédie. Celui qui nous promet sa présence éternelle ; celui qui, parti, ne pouvait concevoir qu'un fauteuil vide et le désert après lui : chez lequel des deux, tout compte fait, le plus d'orgueil et de folie ?

Houston. Capitale du Texas. Luxe. Ostentation. Images de prospérité et d'opulence extrêmes. Ce côté ville poussée à la hâte, sur champs de pétrole et de dollars. Et puis, derrière la façade, une foule de détails dont on s'avise petit à petit et qui brouillent fortement l'image : un gratte-ciel sur deux est vide ; un centre commercial sur quatre est fermé ; cette banque désaffectée ; ces avenues sans trottoirs ; cette absence de promeneurs ; personne, non, dans les rues, à part les vigiles privés qui veillent au pied des buildings occupés ; ces quartiers intacts, mais inhabités, comme après un désastre ou un cataclysme; ces policiers qui se suicident parce qu'ils ne savent plus faire face, dit-on, à la progression souterraine du crime; cet hôtel de cinquante étages où mon chauffeur de taxi me souffle que l'on vient, du monde entier, louer une chambre pour se jeter par la fenêtre. Ville morte. Ville de mort. Si la fin du monde arrivait, c'est à cela, il me semble, que ressembleraient ses villes fantômes. Envers du rêve américain. Préfiguration d'un cauchemar européen?

L'affaire tchétchène. Vue de loin, c'est-à-dire toujours d'Amérique, trois grandes leçons (au moins) de l'affaire tchétchène. La première: on croyait l'empire soviétique effondré; on disait: « Il y avait deux impérialismes; un, sur deux, s'est effacé; il laisse à l'autre tout le champ disponible »; eh bien non; pas si simple; et soit que le soviétisme ait été trop vite enterré, soit qu'il n'ait jamais été, lui-même, qu'une parenthèse dans l'histoire de la volonté de puissance grand-russe, l'heure serait, au contraire, à sa résurrection ou à son réveil. La seconde – qu'on oublie à Grozny, comme on l'a oubliée à Beyrouth, Leningrad ou Sarajevo: on peut assiéger une ville; on peut l'affamer, la réduire, la détruire; il est bien plus difficile de la conquérir ou même de la prendre d'assaut; car si puissante que soit la force assaillante, si nombreux que soient ses chars ou ses avions, plus forte encore est, toujours, la résistance des assaillis – chars contre cocktail Molotov? avantage aux cocktails Molotov; car avantage, depuis la nuit des temps, à ceux qui sauvent leur maison sur ceux qui défendent un empire. La troisième enfin – dont monsieur Eltsine paraît prendre conscience, mais un peu tard: la presse, quand elle est libre (et la presse, à Moscou, est, qu'on le veuille ou non, à peu près libre) devient *le* grand adversaire de l'empire; on peut dire: « L'armée russe est invincible, l'armée russe a pris le contrôle de Grozny »; dès lors que la presse est là, le mensonge n'est plus possible; que la presse fasse son travail, et ce sera, pour les menteurs, le vrai commencement de la fin; la Russie est-elle en train de perdre cette guerre de Tchétchénie? elle le devra, si cela arrive, à la colère d'une opinion devenue, là comme ailleurs, un acteur majeur de la bataille.

Philippe Seguin et Alain Minc. Seguin est républicain, quand Minc est démocrate. Seguin est un apôtre de « l'autre politique », Minc ne croit qu'à la « rigueur ». Seguin est un homme de droite, fasciné par le césarisme de gauche; Minc est un intellectuel de gauche que l'on verrait assez bien en ministre d'Édouard Balladur. Le premier, on s'en souvient, a pris la tête de la campagne anti-Maastricht; le second, au même moment, battait, en faveur du oui, le rappel de tout ce que le pays comptait de têtes pensantes ou de responsables. Bref, on ne peut imaginer plus différents, plus divergents, que ces deux hommes – jusqu'à leurs cultures, leurs généalogies, j'allais presque dire leurs physionomies, que le bon génie de la diversité semble avoir pris plaisir à opposer terme pour terme. Or les voilà qui nous donnent, éditée par Olivier Orban, chez Plon, une longue conversation qui, loin, comme d'habitude, de masquer le désaccord sous on ne sait quel compromis de surface ou de façade, s'emploie à le cerner, le creuser, l'accentuer. Cultiver la dispute ? L'orchestrer ? Lui donner tout loisir de s'exposer, à l'intérieur d'un espace de convivialité et de dialogue ? C'est le propre de la démocratie. C'est sa définition. Ce livre n'aurait-il qu'un mérite, que ce serait celui de nous donner cette leçon, vivante, de démocratie.

79

Au Mexique. De ce côté du paradis. Les animaux ont-ils une âme ? Fitzgerald et Hemingway. La trêve des zapatistes. La seconde mort de Charles Dickens.

Mexique. Côte Pacifique. Ses arbres inconnus. Ses oiseaux aberrants. Ce sable blanc, presque neigeux. Cette lumière trop vive, qui mange les formes, éteint les couleurs. Et puis ces villages perdus, coupés de tout : pas un téléphone à vingt-cinq kilomètres à la ronde – ce qui, pour un moderne, est devenu la forme extrême de l'exotisme.

Gide, à propos d'Assouan : ennui des paysages où trop d'imbéciles se sont pâmés; charme de ceux, au contraire, qu'aucune renommée n'a précédés. N'est-ce pas, ici, très exactement le cas ? Qui, à part une poignée d'amoureux fous du Mexique, a jamais entendu, en Europe, le nom même de « Quemaro » ou de « Las Alamandas » ?

Lire pour rien. Lire pour le plaisir. Cette lecture pure, sans ordre ni but, dont on finirait, aussi, par perdre le goût. Dix livres pour l'« île déserte » ? J'en ai quelques-uns, à portée de main : l'*Iliade* ; ma vieille édition de Faulkner; *Kaputt* ; une mauvaise biographie de Fitzgerald; les *Guerres politiques* de Parise; *Aurélien*; *Les Liaisons dangereuses*; et puis l'admirable *Vanity fair* que je n'avais, en vérité, jamais lu...

Mer déchaînée, la nuit dernière. Si forte qu'elle a projeté sur la plage des galets prodigieux, des morceaux de corail ou de rocher – et puis de grands poissons étourdis qui, à l'aube, suffoquent encore : affairés sur leurs ventres, des légions de petits crabes se dispersent à mon approche mais les auront, je le vois bien, entièrement dévorés dans la journée.

Vieux débat : les animaux ont-ils une âme ? et les galets ? et pourquoi le spectacle de ces poissons à l'agonie m'a-t-il, en dépit de tout, vaguement ému ? Réponse du philosophe (en l'occurrence Heidegger) : la pierre est *weltlos* – littéralement « sans monde »; l'animal est *weltarm* c'est-à-dire, proprement, « pauvre en monde ». Son monde est « pauvre », oui, ce qui le sépare à jamais, et infiniment, de celui d'un humain; il est, néanmoins, « un » monde, ce qui explique sans doute ma légère émotion d'avant-hier.

La nuit, sur le Pacifique. Ses étoiles si proches. Ses ténèbres à la fois scintillantes et profondes. Octavio Paz : la lune mexicaine et sa clarté d'éclipse.

219

Repensé, avec le recul, à *La Lenteur* de Kundera. Ce personnage du « danseur » dont il moque férocement la façon de chevaucher, mais pour en tirer avantage, les événements tragiques de son temps. Le soupçon ne pesait-il pas, au même titre, sur nos aînés ? quelle différence avec l'intellectuel engagé des années 30 ou 50 ? et qu'y a-t-il de changé dans le siècle pour que ce qui fut, longtemps, leur honneur ne serve plus, à un romancier, qu'à les tourner en dérision ?

La dévaluation du peso... Le surcroît de misère qui en sera la conséquence... Même de cela, l'écho me parvient étouffé ; et j'en entendrais à peine parler sans cette confidence fièrement chuchotée, tout à l'heure, par un « lanchero » du port : « On dit que les zapatistes ont prolongé la trêve » – leur manière, si je comprends bien, de prendre leur part du deuil national.

De Fitzgerald, à propos d'Hemingway : « Je n'écris plus, Ernest a rendu ma propre écriture inutile ». C'est, un peu, la réaction de Bourget quand il voit paraître Proust. De Drieu quand il découvre *La Condition humaine*. Ce sera, encore, celle de Clavel que je revois, à la fin de sa vie, passer humblement le flambeau à ses amis ex-maoïstes. Ce moment toujours très triste, mais beau, où, à tort ou à raison (à raison dans le cas de Bourget ; à tort, bien sûr, dans celui de Fitzgerald), un écrivain se sent brusquement surclassé par un autre, forcé de rendre les armes – et contraint, donc, à se taire.

Retourner à San Cristobal de Las Casas, capitale du Chiapas et de l'insurrection zapatiste ? J'y avais écrit, voici juste vingt-cinq ans mon tout premier article. Mon émotion quand, au retour, je le vis annoncé sur la sévère et ô combien désirable couverture des *Temps modernes*...

Deux stratégies possibles pour un écrivain. S'acharner, s'entêter et, en fait, « enfoncer le clou ». Changer, bouger – comme pour « brouiller les pistes ». Fitzgerald encore, ici, à Tijuana, au Mexique, avec Sheilah Graham dont il partage la vie autour de 1938 : faire des crochets pour, dit-il, semer la meute des poursuivants...

Une Allemande de passage à qui je parle de Sheilah Graham : avec son passé obscur, son cynisme, ses calculs, sa façon de truquer un roman familial jugé inavouable, n'est-elle pas la doublure réelle de Becky Sharp, l'héroïne de *Vanity fair* ? Mon interlocutrice n'a pas lu Thackeray. Et quand, un peu plus tard, je lui parlerai de Dickens, je découvrirai qu'elle ne connaît qu'un David Copperfield et que c'est le fiancé de Claudia Schiffer. La *vraie* défaite de la littérature.

Un bloc-notes sans événements... Une semaine où je ne me serai pas demandé, à propos de chaque événement : « Bloc-notes ou pas bloc-notes ? », ou même : « Combien de lignes dans le bloc-notes ? »... Un bloc-notes sans enjeu. Un bloc-notes *démobilisé*.

80

Gide, Shakespeare et l'art de la traduction. Quelle affaire Gaillot ? A propos de Woody Allen. De Semprun à Godard. Démenti.

Un dernier mot sur Thackeray et l'édition Folio de sa *Foire aux vanités*. On dit : « Mauvaise traduction ». Ou : « Traduction fautive ». Mais qu'est-ce, après tout, qu'une traduction fautive ? Et que serait la « juste » traduction qu'on semble lui opposer ? Mirage de la traduction parfaite. Illusion de la transcription – de la transposition – fidèle. La même illusion, au fond, que celle, toujours si sotte, d'une langue universelle où viendrait se retrouver une humanité originairement déchirée. Défendre, face à cela, l'idée des langues inconciliées. Rappeler, à tout le moins, que la traduction n'est un art, un genre littéraire à part entière, que pour autant qu'elle rompt avec le mythe de la communication parfaite. Baudelaire apprend l'anglais en traduisant Poe. Et de Gide, admirable traducteur de Shakespeare, on disait : « Il est devant le texte comme un sourd devant une partition ».

Retour à Paris. Affaire Gaillot. Voilà un évêque qui multiplie, depuis des années, les bravades. Accumule les provocations et les défis. Prend parti pour Arafat en 1987 et pour les intégristes de Folembray en 1994. Refuse, en matière de mœurs, les interdits dogmatiques traditionnels. Annonce que les homosexuels arriveront « les premiers » au paradis et que sa hiérarchie se rend coupable, face au sida, de « non-assistance à personne en danger ». Bref voilà un homme qui, de *Froufrou* à *Gai Pied* ou à *Lui*, ne perd pas une occasion de pourfendre l'attitude d'une Église qu'il juge, à tort ou à raison, « régressive » ou « réactionnaire ». Et voici ladite Église qui, de guerre lasse, finit par rappeler qu'elle est l'Église en effet, qu'elle a ses règles et sa discipline et que sa façon d'arbitrer ses querelles internes n'est pas celle d'une association de joueurs de boules ou d'un parti. Faut-il s'en indigner, vraiment ? Crier à la liberté d'expression menacée ? Et quelque sentiment qu'inspire le personnage, quoi que l'on pense des causes dont il se veut le héraut, n'y a-t-il pas quelque chose d'un peu ridicule dans cet automatisme de l'indignation qui s'empare, soudain, de chacun ? Mon cher Maurice Clavel : « Dieu est Dieu, nom de Dieu ! »...

Jusqu'ici Woody Allen disait : « Les intellectuels sont, *dans la vie*, des personnages un peu ridicules ; ce sont des grands névrosés, des peine-à-jouir, des gibiers de psychanalyse ; ils sont, comme Thalès, la tête perdue dans les nuages et toujours près, n'est-ce pas, de tomber, eux aussi, dans le puits ». Avec son dernier film, et l'histoire de ce dramaturge incapable de finir sa propre pièce et qui, désespéré, s'en remet, pour ce faire, à un gangster, il me semble qu'il introduit cette nuance (cette idée) supplémentaires : « Les intellectuels sont, *dans leur œuvre*, des gens qui ne comprennent rien à ce qu'ils font ; ce sont des impotents, des impuissants, des ignorants ; et, avec son génie propre, avec son sens des choses de la vie et sa connaissance des âmes, le gangster en sait plus long sur ce dont ils se veulent, ou se croient, les spécialistes ». Alors, le film est drôle, bien sûr. Immensément réussi. Mais ce malaise, tout de même, chaque fois que la fiction tourne à la caricature et que la salle, par ses rires gras, salue la morale de la fable : « Pauvre dramaturge ! pitoyables écrivailleurs ! impuissants, non seulement à vivre, mais à faire leur propre travail ». Réécrire – mais comment ? – un éloge des intellectuels.

Une sorte d'intellectuel : Marin Karmitz. Les amateurs de littérature l'avaient croisé, il y a dix ans, dans un roman de Jorge Semprun, *Netchaiev est de retour*. Ils le retrouvent aujourd'hui, non plus en personnage, mais en auteur d'un livre dont le titre – *Bande à part* – est lui-même repris d'un des plus beaux films de Godard. Entre ces deux dates ? La poursuite d'une aventure suffisamment singulière pour que s'y arrêtent un instant ceux que fascine la comédie de l'époque et ses destins. Cinéma et politique. Esthétique et marchandise. Itinéraire d'un enfant du gauchisme qui traverse le demi-siècle, épouse quelques-unes de ses métamorphoses et devient, à l'arrivée, l'un des premiers producteurs français – mais sans se renier et en restant fidèle, nous dit-il, aux principes de sa jeunesse. Bande à part, oui. Et, avec cette manière de bâtir un empire sur des mots d'ordre de résistance, l'un des *grands écarts* du moment.

Ouvrir un hebdomadaire et découvrir son nom dans l'organigramme du « club » – *sic* – des « conseillers » d'Édouard Balladur. Qui a écrit cela ? sur la foi de quelle information ? de quelle enquête ? de quelle déclaration, ou confidence, des intéressés eux-mêmes ? Nul ne le dit. Nul n'en sait rien. Et pour cause – puisque, dans mon cas (comme dans celui de Daniel Rondeau), l'idée est, évidemment, aussi saugrenue que dénuée de fondement. Mais bon. La rumeur est lancée. L'idée fait son chemin, et s'imprime. Les amis téléphonent – les uns pour s'inquiéter, les autres (époque oblige !) pour se réjouir et complimenter. Et personne, ou presque, pour entendre ce que j'ai toujours dit, et de mes choix de citoyen (Delors, Rocard), et de l'idée que je me fais de ma modeste tâche (un intellectuel n'a pas à s'enrôler sous telle ou telle bannière ; et le seul ministère auquel il doive prétendre est celui de l'opinion ou, s'il le peut, de la vérité)... Drôle d'histoire. Drôle de système où, en quelques heures, une billevesée devient une information et contraint, comme ici, au démenti.

81

Centenaire du cinéma. Mailer, Hemingway et Gary. Pourquoi notre silence sur la Tchétchénie ? Le mystère Aragon. Catherine Nay : des cœurs mis à nu. Un – mauvais – conseil de Maurice Barrès. Avec la Bible.

Le cinéma a cent ans. Qu'est-ce que cent ans, cependant, à côté des milliers d'années de la littérature, du théâtre, de la peinture, de la musique ? Le cinéma, art jeune. Le cinéma, genre balbutiant. On en parle comme s'il était dans son grand âge alors qu'il n'est, comparé aux autres arts, qu'à l'aube d'une très très longue histoire. Ne pas perdre de vue cette évidence et, donc, cette perspective, alors que s'ouvre, en grande pompe, la saison des commémorations – avec tout ce que cela implique de mélancolie, de nostalgie, de lassitude obligée et, peut-être, de deuil.

Norman Mailer au *New Yorker* : le tort d'Hemingway aura été de prendre le jeu littéraire « trop au sérieux ». Puis : il s'est suicidé « en travaillant ses poses » et « parce que », sans doute, il les travaillait « trop ». C'est, presque mot pour mot, ce que m'avait dit Romain Gary, du même Hemingway, quelques semaines avant son propre suicide. Gary, chez Lipp, devant son « entrecôte pour deux » – à l'heure où, en secret, il s'installait dans le désespoir.

Ce beau mot de Pascal – presque un vers : « Car la vie est un songe, un peu moins inconstant ».

Le silence sur la Tchétchénie. Celui des chancelleries. Mais, aussi, des intellectuels. Et donc, en particulier, le mien. Impuissance ? Bien sûr. Incompétence ? Sans doute. Mais ceci encore, que j'hésite à formuler tant l'hypothèse me paraît honteuse : comme un stock de colère, une réserve d'indignation et de révolte qui seraient, simplement, épuisés.

Aragon sur *Arte*. Confirmation de ce que j'ai toujours pressenti : l'auteur du *Paysan de Paris* devient communiste – et le demeure – parce que c'est la meilleure façon qu'il ait trouvée de continuer en paix, et sans que cela se voie trop, de faire des bêtises surréalistes. Aragon facétieux *et* cynique.

Ce qui choque, en somme, chez Gaillot : qu'il ait l'air de souhaiter des prêtres qui soient des hommes *pareils aux autres*. A quoi bon, dans ce cas, des prêtres ? et d'où viendrait leur part de sainteté ?

Conversation avec Octavio Paz. Shakespeare, occulté pendant deux siècles, ne reparaît – en France – qu'avec Voltaire. Et un texte comme la *Chanson de Roland* disparaît, lui, carrément, jusqu'à sa redécouverte au milieu du XIXe siècle. Des textes susceptibles, aujourd'hui, de s'éclipser de la sorte ? Des contemporains que nous verrions naître, mais que nous perdrions aussitôt de vue, laissant à nos lointains successeurs le soin de leur rendre justice ? Hypothèse plus précise – et, du coup, plus plausible – que celle de l'écrivain purement inaperçu, incompris, « maudit ».

Définition du bonheur. Mais oui ! Je la trouve dans Nietzsche et elle est, au fond, assez simple : « Vivre de telle sorte que, de chaque moment vécu, je puisse souhaiter qu'il se reproduise, et se reproduise encore, inlassablement, à l'infini ». Éloge de l'éternel retour.

Ségolène Royal, en rupture avec la direction socialiste et ses « funestes querelles ». Bizarre, ce mot : « funeste »... Bizarre, tout à coup, dans sa bouche... Peut-être est-ce absurde, mais je ne peux me défaire de cette impression : un mot venu d'ailleurs, presque étranger et qui, plus encore que la démarche, jure avec la trivialité régnante. D'où vient-il, ce mot ? de quel souffle invisible ? par quels cheminements obscurs est-il parvenu jusqu'ici, à cette heure, dans le contexte de ce naufrage ? Histoire secrète d'un mot. Histoire secrète d'un geste.

Une campagne élyséenne en trompe-l'œil ? Réduite à des querelles de personnes, c'est-à-dire à quasi rien ? On peut dire cela. Mais on peut dire, également, l'inverse – et c'est, d'ailleurs, ce que faisait Catherine Nay dans *Le Dauphin et le Régent*, sans doute son meilleur livre : une présidentielle qui, précisément parce qu'elle fait s'affronter des passions pures et mises à nu, renoue avec ce qu'il y a de plus ancien – de plus essentiel ? – dans la confrontation des idées et des hommes.

Ce conseil de Barrès à Maurice Martin du Gard : écrire « au courant de la phrase » pour éviter que la langue ne « pèse » et ne « pose ». J'essaie, pour voir. Mais, évidemment, sans y parvenir. Convaincu que Barrès lui-même, disant cela, « posait »...

L'Élysée encore. Dans *La France des hérissons* (publié au Seuil, et que j'invite vivement à lire), Gérard Miller rappelle que cet Élysée est aussi, chez les Grecs, « le séjour des bienheureux en enfer »...

Rencontre, pour *Tribune juive* , avec le grand rabbin Sirat. Discussion. Arguments. Cette plongée commune dans le texte biblique et talmudique. Et, à mesure que le débat s'installe, cette autre voix qui, en moi, comme chaque fois, s'émerveille : « Ce legs inconscient; ce savoir dont je ne sais rien – cet héritage que je redécouvre, incroyablement présent et précis, même si je vois, mieux que personne, qu'il ne passe ni par le rite, ni par la foi. Être juif ? Je ne connais pas le Talmud; mais le Talmud, lui, me connaît.

82

Revenir à Sarajevo. Qu'est-ce qu'un grand écrivain ? Situation du FIS. Mallarmé et ses tours. Après la rue du Dragon. Sollers et Furet face au néostalinisme.

Retour à Sarajevo. Millième jour du siège. Pourquoi tenais-je à ce nouveau voyage ? Par fidélité, bien sûr. Et, aussi, parce que je me doutais que nous ne serions, cette fois, pas bien nombreux. Cette solitude grandissante des Bosniaques. Cette indifférence qui gagne. La mort cathodique qui suit – précède ? – la mort réelle. Être là, comme dans la vie, à l'heure où l'on fait le compte des amis.

Un éditeur – Berg international – publie les *Lettres des années noires* de Céline. Odieux, certes. Nauséabond. Mais cette évidence, pourtant, qui ne s'impose que chez les plus grands et reste, probablement, leur vraie marque distinctive : une langue qui, même là, dans ces textes hâtifs et, je le répète, odieux, est comme une pierre de touche, ou un aimant à l'envers – l'écrivain parle et, du seul fait qu'il parle, voici que s'affolent et se détraquent les boussoles littéraires du moment. Céline comme un chaos. Encore, et toujours, l'énigme nommée Céline.

Le dernier attentat d'Alger. Ses morts en très grand nombre. Sa sauvagerie extrême. Et si c'était, pour le FIS, le commencement de la fin ? et si c'était ce moment (qui finit toujours par venir même s'il y faut, d'habitude, l'épreuve, et l'usure, du pouvoir) où un terrorisme se retourne contre le peuple, perd, à ses yeux, son terrible prestige et, de la sorte, se condamne ? Pour la première fois, et malgré le drame, une faible lueur d'espoir.

Énigme aussi, quoique d'une autre sorte : celle de Mallarmé et de ses fameuses « obscurités ». Thèse de Paul Bénichou dans le *Selon Mallarmé* que publie, ces jours-ci, Gallimard (et dont je m'étonne, soit dit en passant, que la presse ne se fasse guère, pour le moment, l'écho) : ces obscurités sont voulues, parfaitement préméditées; tout se passe comme si l'auteur les injectait dans une poésie qui, en droit, pourrait s'en passer. Obscur exprès. Obscur par calcul et précaution. Obscur parce que la littérature, en somme, avance masquée. Cette apostrophe à un journaliste qui va s'emparer d'un de ses mots : « Attendez, par pudeur, que j'y ajoute, du moins, un peu d'obscurité. »

Si peu de bonté, de générosité vraie, dans le discours de ceux qui prétendent replacer l'exclusion au coeur du débat politique. Démagogie ? Mauvaise foi ? Ou ce fait, plus décisif, que cette « exclusion » est un concept moins bien construit qu'il n'y paraît ? « Solidarité », disent-ils. Alors qu'il faudrait, peut-être, parler davantage de « justice ».

Question de Roland Mihaïl dans sa nouvelle émission d'*Europe 1* : Proust irait-il chez Pivot ? Zola passerait-il au « vingt heures » ? et la littérature ne se perd-elle pas, dans le dédale de ses *talk-show* ? La bonne réponse me vient, comme souvent, après l'émission. Les écrivains ont toujours parlé. Ils ont toujours commenté leur œuvre. Et, de Byron dont la légende voulait qu'il fût devenu célèbre en une matinée, à Proust, ou Cocteau, qui ciselaient leurs mots avec un soin aussi jaloux que leurs œuvres, la forme de la conversation a été, en France, élevée au rang d'un des beaux-arts. Première hypothèse alors : le genre (comme, d'ailleurs, celui de la correspondance) aurait disparu du paysage de nos lettres. La seconde, que je préfère : il est là, toujours là – encore que recyclé dans ces émissions littéraires bizarrement si mal famées.

Il fallait s'y attendre... C'est d'abord, dans *Le Monde*, un article incendiaire contre le dernier livre de Furet. Puis, dans la page « Rebonds » de *Libération*, un étrange petit texte de Pierre Bourdieu où Sollers se voit accusé, pêle-mêle, d'avoir naufragé la littérature française, compromis la position de l'intellectuel, bénéficié d'immondes « préfaces » – *sic* – de Mauriac et Aragon. Violence du ton... Outrance des épithètes... Cette étrange et folle prétention à pénétrer le secret des âmes, de leurs crimes inavoués, de leurs « objectives » complicités... Tout est là. Tout est dit. Et cela vous a un délicieux petit air de déjà vu. « Passé » d'une illusion, vraiment ? Je lui prédis, moi, un bel avenir (annoncé, que l'on me pardonne, depuis quelques temps déjà) : celui d'un néostalinisme revisité par le populisme.

Sarajevo encore. Marek Edelman, l'héroïque survivant de l'insurrection du ghetto de Varsovie a tenu, lui aussi, à être présent. Et il a tenu surtout à rappeler, chaque fois que l'occasion lui en a été offerte, qu'il arrivait droit d'Auschwitz et de ses cérémonies commémoratives. Que ceci ne puisse se comparer à cela, je le répète pour la énième fois et Edelman, faut-il le préciser ? le sait mieux que personne. Mais reste cette évidence que soulignent, et sa présence, et la coïncidence des deux événements : tant de monde là, si peu ici ; tant de piété pour se souvenir, si peu d'ardeur pour secourir ; et cette Bosnie abandonnée avec un cynisme qui, toutes proportions gardées, ne peut pas ne pas évoquer le délaissement des Juifs d'Europe, il y a un demi-siècle, à l'heure du martyre. Imaginons, dis-je à Edelman, Sarajevo tombée. Supposons, ce qu'à Dieu ne plaise, qu'elle connaisse le sort de Varsovie. Faudra-t-il attendre, à nouveau, cinquante ans pour voir les puissants de ce monde, ses chefs d'État, ses prix Nobel, venir prier sur les tombes et se mobiliser contre l'horreur ?

83

Pourquoi le communisme n'est pas mort. Sondomanie et populisme. Un déjeuner avec Hervé Bourges. État-spectacle ou État-ennui. Défense de Poivre d'Arvor.

Pourquoi dis-je que le communisme, ou le stalinisme, ou le populisme, ont « de beaux jours devant eux » ? C'est très simple. Hier, avant la chute du Mur, on pouvait toujours opposer à ceux qui s'en réclamaient : « Voyez le résultat ; regardez les pays de l'Est et le Goulag ; vous avez là une sorte de contre-épreuve, ou de sanction, qui disent la vérité de votre illusion ». Aujourd'hui, coup de théâtre : la preuve n'existe plus, la sanction a disparu et nous entrevoyons un monde où il n'y aurait plus rien, ou presque, pour témoigner de la face d'ombre d'un discours qui prétend : « Je veux une humanité nouvelle; je rêve d'une société sans classes; et il est, ce rêve, l'espoir et la jeunesse du monde ». La chute du communisme (réel) est la chance du communisme (rêvé). Et loin, comme on croit toujours, que la décomposition du soviétisme signe la fin de cette histoire, elle pourrait fort bien devenir, au contraire, l'occasion de sa relance.

Le triomphe, aujourd'hui, du populisme ? Les sondages. Cette prolifération de sondages qui se succèdent au jour le jour et, certains jours, d'heure en heure – comme s'il fallait non plus, comme autrefois, photographier l'électorat afin, pourquoi pas ? d'éclairer les futurs gouvernants, mais enregistrer, pour s'y soumettre, les moindres sautes d'humeur de cet être lunatique, fantasque, capricieux, qu'est l'Opinion. Les politiques ne gouvernent plus, ils écoutent. Ils ne proposent plus, ils se plient. Et au lieu, comme jadis, de manipuler une opinion dont ils demeureraient les maîtres invisibles, voici que c'est l'opinion qui les gouverne, les harcèle et, au bout du compte, les humilie – inédite image de ces princes drogués aux sondages, s'épuisant à les suivre ou, pire, à les anticiper et transformés en oracles fiévreusement penchés sur le ventre ouvert du corps social. De la politique conçue comme une variante de la divination. Le populisme aura gagné le jour – nous y sommes presque – où l'élection elle-même n'apparaîtra plus que comme un autre sondage, à peine un peu plus solennel !

Résister au populisme ? Je n'avais guère revu Hervé Bourges depuis son départ de France-Télévision. Et le hasard veut que nous déjeunions ensemble, il y a deux ou trois semaines, le jour même de son installation à la tête du CSA. « Oui, me dit-il en substance, les sociétés modernes sont un peu folles, sujettes aux foucades, aux extravagances ou aux coups de sang d'une opinion trop souvent tenue, en effet, pour la plus impérieuse de nos idoles. Mais n'est-ce pas le rôle, alors, des institutions que de médiatiser ces embardées ? et n'est-ce pas, parmi ces institutions, le rôle d'un appareil comme celui du CSA que de refroidir une machine dont les fièvres sont fatales à l'esprit républicain ? » Bourges n'est pas, comme je l'ai lu depuis, ambitieux « pour » le CSA. C'est le CSA qui, dans une démocratie moderne, devrait avoir l'ambition – et, donc, la place – reconnue, dans d'autres domaines, au Conseil constitutionnel ou à la Banque de France. Ces matières éminemment inflammables que sont la monnaie, la justice, l'information... Ce déchaînement de passions contraires dont elles sont, désormais, le prétexte... Et ces appareils qui, du coup, délestent la société, et l'État qui lui est soumis, de cette part de déraison... Les institutions contre l'État. Les institutions contre le caprice, l'arbitraire, des souverains. Éloge des institutions, face à la montée du populisme.

Sept ans d'« ennui » avec Balladur ? C'est, dans certains cercles, la dernière formule à la mode. Je passe sur la légèreté de l'analyse. Je passe aussi sur les surprises qu'un Balladur, une fois élu, pourrait réserver à ceux qui le caricaturent si vite. Ce qui pour l'heure, et sur le fond, me frappe c'est que ce sont les mêmes qui pestaient, depuis sept ans, contre les ravages du zapping, des paillettes, de la frivolité politiques et qui redoutent que nous n'entrions, maintenant, dans l'ère du grand sommeil. Il faut choisir, chers amis. Ou bien le procès de l'État-spectacle, ou bien celui de l'État-ennui. Ou bien une politique modeste, consciente de ses limites – ou bien une politique réduite à ses coups et à son théâtre. Et la vérité est que l'on ne peut pas refuser, à la fois, l'idée d'un État fonctionnant comme une chaîne de télévision et celle d'une vie politique « anglo-saxonne » où nous serions sevrés de notre « dose » de lyrisme, de notre « rail » de ferveur et d'exaltation quotidiennes...

Le populisme c'est, aussi, une certaine conception de la justice et de ses rites. Et on risque d'en avoir une nouvelle preuve avec l'ouverture, ces jours-ci, de ce procès à grand spectacle que promet d'être le procès

Botton et, à l'intérieur même du procès Botton, celui de Patrick Poivre d'Arvor. Chacun sait – ou sent – l'absurdité des accusations portées contre le journaliste. Chacun sait – ou peut vérifier – que sa familiarité avec l'homme d'affaires, par ailleurs gendre du maire de Lyon, n'a pas eu d'effet concret sur sa façon de concevoir ses journaux et d'exercer, donc, son métier. Mais la machine est lancée. Elle a besoin, non seulement de son « bouc émissaire », mais de son *casting*. Et on voit bien le rôle dévolu, dans cette perspective, au journaliste le plus emblématique du paysage audiovisuel français. Gare à la justice quand elle tourne au *reality show*. Et gare à la démocratie quand on rend cette justice, non plus dans les prétoires, mais sur les marches du palais. PPDA est, d'abord, un de nos grands journalistes. Société du spectacle pour société du spectacle, je le préfère à « l'antenne » (où il est irremplaçable) qu'à la barre du « procès de l'année » (où il ne fera, je le crains, qu'une inutile figuration).

84

*Quand je parle au nom d'*Arte. *Berlin et ses films. Wim contre Wenders. Pour ou contre les quotas ? Delon, le patron.*

Berlin. Ce rôle – auquel je me fais si mal, mais que je remplis du mieux que je peux – de président du Conseil de Surveillance de la *Sept-Arte*. Et cette tâche – étrange, mais dont je m'acquitte non moins sérieusement – de défendre la position française en matière de quotas audiovisuels. Le raisonnement est simple. Voilà des films – américains – amortis sur leur marché d'origine. Ils arrivent en Europe – notamment dans les télévisions – à des prix qui, du coup, défient toute concurrence. Quel est le responsable de chaîne qui, sans recommandations légales, et à audiences équivalentes, ne sera pas tenté de les préférer à des films européens, mais coûteux, parce qu'il n'y aura eu que sa chaîne, ou presque, pour les financer ?

Ingrid Caven, à Berlin, en marge du Festival. Je ne savais pas que le premier long métrage de Fassbinder, *L'Amour est plus froid que la mort* était dédié à Chabrol, Rohmer et Jean-Marie Straub. La seule patrie qui vaille : celle des œuvres et des auteurs.

Qu'est-ce qu'un film européen ? Wenders a raison de dire : « Pour qu'un film aille partout, il faut qu'il vienne de quelque part et rien n'est pire que cet euro-cinéma, sans saveur ni couleur, dont l'auteur sera français, l'acteur principal italien et le lieu de tournage allemand ». Un seul problème : le cas de Wenders lui-même qui n'a eu de cesse, justement, de se libérer de sa « mère blafarde » pour aller « jusqu'au bout du monde ». Un autre : celui de cet âge d'or de Cinecittà (entre autres, Visconti) où l'on n'était pas plus « italien » que Kafka n'était « tchèque », Pessoa « portugais » ou Joyce « irlandais ». Ce mot de Joyce que pourrait reprendre à son compte n'importe quel cinéaste : je n'écris pas *english*, mais *unglish*, littéralement « antiglais » – manière de dire que l'art, le vrai, n'a pas de langue maternelle, donc ni patrie ni matrie.

Le cinéma que j'aime : le parlant, le *vrai* parlant, celui où une langue enveloppe et recouvre les corps.

Il y a un argument contre les quotas; celui de ces fameux satellites qui, dans cinq ou dix ans, arroseront l'Europe et pulvériseront nos lignes Maginot. Alors ? Alors c'est bien la preuve que les partisans des quotas plaident pour une réglementation précaire ou, en tout cas, provisoire : le temps, pour notre cinéma, de renouer avec l'héritage de Renoir, Buñuel, Lang, Antonioni.

Un autre (argument) : cette fiction d'un cinéma européen conçu, et défendu, comme un tout face à un cinéma américain qui serait, lui aussi, à prendre, ou à laisser, en bloc. Ici, à Berlin, envie de défendre le film de Nicole Garcia. Mais pourquoi, sous prétexte qu'il est « français », m'obligerais-je à soutenir le Tavernier que je n'aime pas ?

L'argument le plus faible, en revanche – même si c'est celui que privilégient, bizarrement, les partisans du libre-échange absolu : celui du « repli », de la « frilosité », voire du « chauvinisme » culturel dont cette affaire de quotas témoignerait. En réalité c'est l'inverse. Et il n'est pas difficile de montrer que les années où s'installe l'hégémonie américaine sont précisément celles où l'industrie audiovisuelle se folklorise en Italie, se provincialise en Allemagne et s'enferme, à Paris, dans le nombrilisme hexagonal. Loi : quand une culture devient impériale elle ne supprime pas, mais stimule, les provincialismes. Principe : si l'on veut que le cinéma européen s'ouvre au grand large il faut, non pas moins, mais plus, de protection.

L'Europe, on ne le répétera jamais assez, n'est pas un lieu mais une idée; c'est une catégorie, non de l'Être, mais de l'Esprit.

Deux moments forts, ici, à Berlin : le dernier Margarethe von Trotta et le prochain Oliveira dont le producteur, Paolo Branco, me montre un fragment sur cassette. Leur point commun ? Des films qui, entre l'image et l'écrit, refusent de prendre parti – comme si leurs auteurs, comme les théologiens ou les poètes, pariaient sur leur « ténébreuse et profonde unité ». Le cinéma, ou le verbe incarné.

La preuve que l'Europe n'est pas un lieu ? Arte encore, *Arte* toujours, cet *Arte* franco-allemand où, jamais, on ne se demande : « qu'y a-t-il de semblable en France et en Allemagne ? quel est leur fond commun, ou leur patrimoine partagé ? » – mais plutôt : « qu'est-ce qui les sépare ? en quoi les deux cultures sont-elles irréductiblement distantes ? » Ce que j'ai appris, à Arte : l'essentiel, quand on met deux cultures au rouet l'une de l'autre, est moins ce qui les rassemble que ce qui, à jamais, les divise.

Delon (celui de *Monsieur Klein*, de *Rocco et ses frères* ou de *Plein Soleil*) est certainement, à mes yeux, *le* grand acteur français vivant. Berlin lui rend hommage. Lui, ne tourne quasiment plus. Pourquoi ? Parce que

« son » cinéma se meurt et qu'il est peut-être déjà, comme Manet selon Baudelaire, « le premier dans la décrépitude de son art ». Je l'écoute. Je l'observe. Il porte, Delon, toute la mélancolie du cinéma d'aujourd'hui.

85

Tacite et les Irlandais. De Genet à Max Jacob. Pourquoi Balladur baisse. Vargas Llosa, ou comment sortir de la politique. L'erreur de Brigitte Bardot. Qu'est ce qu'un beau film ?

Londres. « Journée historique » titre la presse anglaise à propos de l'ouverture de négociations entre les terroristes irlandais et le gouvernement de Sa Majesté. Se méfier des « journées historiques ». Elles ne sont jamais celles que l'on croit. Et, lorsqu'elles arrivent vraiment, on ne les reconnaît généralement pas. C'est l'exemple, cité par Borges, de Tacite qui consigne, *mais sans le voir*, l'événement de la Crucifixion.

Sur *France 3*, dans la série de Bernard Rapp, hommage à Jean Genet. Ces yeux clairs. Ce visage trop rond. Ces longs silences de séducteur à l'affût. Cette façon, quand Bertrand Poirot-Delpech lui demande (je résume) : « Vous avez vécu entre deux mondes, quel effet cela vous fait-il ? » de répondre tranquillement (je cite toujours de mémoire) : « Cela m'aura au moins permis de semer la pagaïe... en moi ! ». Et puis, à la toute fin, l'image du petit cimetière de Larache, presque abandonné et encadré – mais oui ! – par un bordel et une prison. Y a-t-il beaucoup d'écrivains qui aient eu la chance de vivre jusqu'au bout, c'est-à-dire jusqu'après leur mort, au cœur de leur monde intérieur ?

Mercredi prochain, 1er Mars, et sur *France 3* toujours, le beau portrait de Max Jacob que signent Anne Andreu et Alain Ferrari. Oublié, Max Jacob ? C'est vrai. Mais c'est presque mieux ainsi. Comme si l'oubli ne rendait que plus passionnante la redécouverte et comme si cette cure obligée de silence, cette chute dans les limbes de « la littérature qu'on ne lit plus », ne faisaient qu'aiguiser, lorsqu'elle nous revient, la parole du pénitent de Saint-Benoît-sur-Loire. Vertu, pour les écrivains, de la « traversée du désert ». Génie de cet engourdissement mystérieux qui s'empare, alors, de l'œuvre et qui, loin d'être, comme on croit, son « enfer » est, au contraire, sa chance. C'est vrai des morts. Mais peut-être l'est-ce, aussi, des vivants. S'astreindre, quand on est vivant, à de fécondes injections de silence.

Baisse d'Édouard Balladur dans les sondages. On peut, évidemment, pester contre la « frivolité » de l'électorat. Mais on peut aussi – et cela me paraît plus juste – trouver dans cette versatilité un signe et, dans ce signe, une exigence : celle d'une opinion qui veut *voir* le candidat à l'œuvre, *assister* à sa campagne, *contempler* sa victoire ou, à l'inverse, sa déconfiture – et qui, pour peu que le champion se dérobe, pour peu qu'il semble répugner à cette comédie que l'on attend de lui, manifeste son humeur en le faisant « baisser ». Élection et spectacle. Élections, jeux du cirque. On ne comprend rien au fonctionnement des démocraties modernes si l'on oublie que ces élections y sont, d'abord, affaire d'image, de théâtre, donc de regard. Le premier vœu des citoyens ? Voir, *simplement voir*, le présidentiable en campagne.

Du *Poisson dans l'eau* de Mario Vargas Llosa, j'entends dire qu'il nous retrace la « saison en politique » d'un des plus grands romanciers contemporains. C'est vrai et faux. Car le plus beau dans le livre n'est pas la saison mais l'arrière-saison. Non pas : « comment je suis entré en politique », mais : « comment j'en suis sorti ». Non pas (histoire cent fois racontée) : « comment je me suis engagé » mais (plus rare et, surtout, plus tourmenté) : « comment je me suis *désengagé* ». La politique comme une impasse. La politique comme une glu. Cette tentation politique qui a perdu tant d'écrivains, dont ils ont eu tant de mal à se défaire et dont on voit, ici, les sortilèges se dissiper. Revenir de la politique comme on se remet d'une maladie.

Revenir à la littérature, comme on revient à soi. Cette belle passion (littéraire) d'être un autre que l'on voit aux prises avec le *reality-show* d'une autre campagne électorale, péruvienne celle-là – et qui, au fil du livre, finit par en triompher.

Que Brigitte Bardot se fasse l'inlassable avocate de la cause des animaux n'a, en soi, rien de scandaleux. Ce qui choque, en revanche, c'est que la même Bardot, qui trouve de si justes accents pour dénoncer la façon dont sont transportés les veaux, n'ait jamais, ou presque jamais, un mot pour s'émouvoir du calvaire rwandais, soudanais, bosniaque, tchétchène, bref humain. Un lien entre ceci et cela ? Et y a-t-il dans l'« animalisme » effréné quelque chose qui rend sourd aux crimes commis contre ses semblables ? Hypothèse simple : en traitant les bêtes comme des hommes, on finit par voir les hommes comme des bêtes ; et c'est à force de traiter les chiens comme des humains que l'on consent à ce que les humains soient, partout, traités comme des chiens.

Télévision encore. Hasard d'une série de films. Il y a les cinéastes qui donnent le sentiment d'arriver toujours trop tard sur les lieux de leur propre film (c'est, au fond, la grande faiblesse de Lelouch). Il y a ceux qui, à l'inverse, ont l'air d'arriver toujours un peu tôt (la caméra laconique, elliptique, intelligente mais presque trop, de Fassbinder dans *Le Mariage de Maria Braun*.) Et puis il y a la magie de la caméra qui tombe bien, des dialogues qui sonnent juste, du regard que l'on sent exactement à l'heure du monde qu'il a suscité et qui, à force de mendier la lumière, s'en pénètre et nous la restitue (c'était, cette semaine, le miracle du *Smoking* de Resnais). Le cinéma ? Une autre histoire de l'œil.

86

Que faire avec le FIS ? L'art selon Buñuel. Pourquoi les vrais philosophes sont toujours de bons écri-

*vains. Le vrai problème des banlieues. Bonello et la
« justice-spectacle ». Un dîner avec Salman Rushdie.*

Fallait-il interrompre le processus électoral en
Algérie et mettre, autrement dit, le fondamentalisme
hors-la-loi ? Ou valait-il mieux, au contraire, par respect de la démocratie et de la souveraineté dite populaire, laisser le FIS aller au pouvoir quitte à le voir,
face à l'épreuve, achever de se décomposer ? Dans le
numéro spécial que les *Temps modernes* consacrent à
l'Algérie (et en attendant le livre d'entretiens qu'elle
prépare avec Élisabeth Schemla), un texte de Khalida
Messaoudi qui, à défaut de réponse, nous livre une
autre question : le fascisme vert est-il une « opinion »
ou un « délit » ? Et cette seconde question, que l'on a
envie de poser après elle – même si les situations sont,
à bien des égards, incomparables : fallait-il, en 1933,
interrompre le processus électoral en Allemagne ou
valait-il mieux, par respect de la démocratie, etc., etc. ?

On croit toujours que les artistes sont là pour expliquer le monde, l'éclairer, réduire sa part d'ombre ou,
au moins, d'opacité. Je lis les *Œuvres littéraires* de
Buñuel, que vient de rééditer Olivier Orban, chez
Plon. Et je me dis que, dans son cas (son cas seulement ?), c'est, bien entendu, le contraire : non pas
éclairer le monde, mais l'obscurcir ; non pas réduire
l'énigme, mais la creuser ; et, au lieu de déchiffrer les choses, travailler à les rendre plus indéchiffrables encore...

Le plus remarquable dans le livre de Furet c'est,
finalement, la langue – cette langue souple, bien timbrée, au rythme toujours juste, aux métaphores impec-
cables. Les idées ? Tout le monde a des idées. Mais
une langue... Une vraie langue... De Marx à Althusser,
de Bergson à Foucault, du dernier Freud (celui de
Malaise) au meilleur Lacan (celui des *Écrits*), obser-
vez comme il est peu de penseurs profonds qui ne
soient aussi, d'abord, des écrivains...

Le problème des banlieues ce n'est pas l'« exclusion » mais la « sécession » : des zones entières de la
ville qui ne participent déjà plus du pacte citoyen.

L'autre problème des banlieues, la seconde question qu'elles posent, n'est pas la crise elle-même mais son pouvoir de contagion : si ces zones sont, comme on croit toujours, la périphérie des villes, leur part maudite, leur marge – ou si c'est, au contraire, comme dans certains phénomènes chimiques, le vide qui les aimante, le corps noir qui les fait graviter et la préfiguration, alors, d'un de leurs avenirs possibles. Vers la guerre civile ? Nul n'en sait rien. Mais un vrai sujet de querelle, peut-être l'un des principaux, pour les candidats à la présidentielle.

Wiesel, face à Semprun sur *Arte*. Il y a des écrivains qui n'ont pas d'idées. Il y en a qui en ont trop. En voici un qui n'en a qu'une – et de là vient sa grandeur.

Semprun face à Wiesel, dans le même débat d'*Arte*. Il dit, si je le comprends bien, trois choses. *Primo* : je n'ai pas entrepris d'écrire pour « transcrire » ce dont je me souvenais, mais le souvenir m'est venu au fil de la transcription. *Secundo* : ce travail d'écriture n'a pas « épuisé » ce que j'avais à dire, il n'a pas « asséché » la source supposée de la mémoire, il a augmenté le « stock » au contraire, multiplié les souvenirs – en sorte que j'ai, après le livre, presque plus à dire qu'auparavant. *Tertio* – et c'est l'essentiel : l'affaire de la littérature n'est pas ce vieux débat, toujours un peu vaseux, entre le « dicible » et l'« indicible » – c'est celui d'un dire qui, en disant, produit. Intelligence de l'art.

Enfin un livre sur l'état actuel de la justice, ses dérives spectaculaires, ses excès, sa puissance, sa collusion avec les media, ces juges qui se prennent pour des justes, cette volonté de dire le droit qui tourne à la volonté de pureté – cet intégrisme judiciaire qui suscite l'inquiétude mais n'avait encore trouvé ni son analyste ni son archéologue. L'auteur : Yves-Henri Bonello. L'éditeur : Galilée, dans l'excellente collection « Débats » qui publie, entre autres, les textes de Baudrillard, Lyotard et Derrida. Le titre : tout simplement, *L'Injustice*.

Ce qui m'émeut dans la peinture que j'aime ? Et d'où vient que mon iconoclastie, ma méfiance à l'endroit des images peintes et, en tout cas, muettes, ne soient jamais allées jusqu'à me distraire d'entrer, comme aujourd'hui, par hasard, dans cette galerie qui expose les dernières œuvres de Geneviève Claisse ? Ce ne sont pas des images, justement. Ce ne sont jamais, seulement, des images. Semprun toujours. Ou encore cette thèse de Malraux, dans *Les Voix du silence* et ailleurs : le peintre ne copie pas, il fait; il ne montre pas, il produit; et ce qu'il produit n'est jamais, en aucune manière, une réplique ou une image des choses.

Londres. Dîner, dans un restaurant « normal », avec un Salman Rushdie « normal » qui, pour la première fois depuis que je le connais, ne cherche pas à se cacher, se déguiser, etc. Je m'en étonne. Les clients du restaurant, aussi. Il me dit : « Une autre forme de résistance – la seule façon, au fond, de refuser d'entrer dans leur jeu ».

87

Les questions que cette campagne ignore. Ernst Jünger a cent ans. Giscard, Delors, Barre : le cercle des candidats disparus. Altman et son Prêt-à-porter. *Sur une chiracophilie bien parisienne.*

La campagne électorale bat son plein ? Oui. Sauf que les vraies questions, celles qui m'intéressent vraiment et en fonction desquelles nous serons nombreux, je crois, à nous déterminer ne sont étrangement pas posées. Que pensent les « présidentiables » de la guerre serbe en Bosnie ? de la montée de l'islamisme en Algérie ? de l'agression russe en Tchétchénie ? croient-ils, comme l'ont dit les chancelleries, que la destruction de Grozny, après celle de Vukovar, et à l'heure du siège de Sarajevo, soit une « affaire intérieure à la fédération de Russie » ? et sont-ils ou non partisans, autre exemple, de la constitution d'une commission d'enquête qui, faisant la lumière sur le génocide au Rwanda, mettrait aussi à jour d'éventuelles responsabilités françaises ? Questions essentielles. Absence, à ce jour, de réponse. Comme si les grands candidats s'accordaient à faire de cette élection une cantonale améliorée.

Centième anniversaire d'Ernst Jünger. Interviewé par la chaîne de télévision allemande *ZDF*, je m'aperçois, en parlant, que c'est le premier écrivain depuis longtemps à voir fêter, de son vivant, son propre centenaire : la France avait eu Fontenelle, il y a plus de deux siècles – mais après lui ? Et je m'avise surtout, *en écoutant*, qu'il faut être Français, et jobard, pour admirer inconditionnellement les papillons, les voyages, les rêveries botaniques ou le journal de l'auteur des *Falaises de marbre* : de l'autre côté du Rhin, dans le vacarme que font l'apparition d'une « nouvelle » droite et le retour d'un passé qui ne se résout, décidément, pas à passer, la cause est entendue – Jünger est aussi, pour ne pas dire d'abord, le symbole d'une Allemagne qui a rendu Hitler possible. Leçon de lucidité. Heureux déniaisement.

Après Delors et Barre, Giscard. Le cercle des candidats disparus. La non-candidature élevée au rang d'un des beaux-arts. Cette épidémie de retraits qui rythme la campagne autant, sinon davantage, que les sondages. Et ce drôle de discours, toujours le même, qui consiste, chaque fois, à dire : « J'ai des idées; j'ai un projet; mais ce pays n'en est pas digne; il n'est pas mûr, je m'en aperçois, pour les réformes que je propose » Deux interprétations possibles. Soit : la France est, en effet, ce pays bloqué, impossible à réformer, frileux, etc. Soit – plus intéressant : nous sommes entrés, pour de bon, dans l'ère de cette démocratie virtuelle qu'annoncent, depuis des années, de bons observateurs et où la politique se réduirait à une sorte de simulation folle, ou de spéculation généralisée, sans prise sur le réel ni véritable passage à l'acte. Prenez Giscard, justement. Que faisait-il, l'autre soir, en laissant la porte entrouverte à une éventuelle candidature ? Il *spéculait* sur sa propre cote. Il *pariait* sur sa hausse, éventuelle, à la Bourse des valeurs politiques. Il se conduisait, au fond, comme ces *golden boys* anglais, spécialistes des « marchés à terme », qui n'achètent plus des *actions* mais des *options* – au risque, comme Nick Leeson, de mener leur établissement au krach. Un président qui *s'achète à terme*. Comme dit Bothorel : « un si jeune président »...

Terriblement déçu par le dernier Altman. J'avais tant aimé *Short cuts* ! D'où vient qu'il nous donne, avec *Prêt-à-porter*, un nouveau film si décevant ? Hypothèse : peut-être Altman appartient-il à cette catégorie d'artistes qui n'ont jamais, finalement, que la grandeur de leurs sujets. Qu'il s'agisse de Los Angeles, de ses mondes entremêlés, de son univers de catastrophe et de séismes menaçants : cela donne un film fiévreux, bouleversant – à la mesure de l'imaginaire auquel il s'est adossé. Qu'il s'appuie, en revanche, sur un système aussi mince que celui de la mode : il faudrait être un Barthes cinéaste, ou un Proust, pour en tirer des variations majeures – et, comme il n'est ni Proust, ni Barthes, c'est son film qui, par contagion, devient dérisoire, caricatural, vain. Contamination de l'œuvre par son objet ? C'est la fameuse phrase de Melville, expliquant pourquoi, dans *Moby Dick*, il a choisi une baleine. Je livre le mot à Altman : « C'est pour faire un grand livre que j'ai choisi un gros animal ».

Un mot, pour rester dans la mode, de cette « chiracomanie » qui fait aussi fureur dans l'*establishment* de gauche parisien. Que, dans un second tour Chirac-Balladur, des électeurs de gauche choisissent, en conscience, et après les avoir écoutés, le premier contre le second, quoi de plus légitime ? Mais que, *dès à présent*, alors que leur candidat conserve toutes ses chances de passer le cap du premier tour et sans avoir même eu, parfois, l'élémentaire courtoisie républicaine de prendre connaissance des propositions, bonnes ou mauvaises, qu'il s'apprête à livrer au pays, ils tournent ainsi casaque et se ruent dans le camp adverse, voilà qui fait rêver et me semble sans précédent. Pur opportunisme, chez les uns (on eût pré-

242

féré, à tout prendre, les voir se rallier *avant* que les sondages ne donnent leur nouveau champion gagnant). Machiavélisme, chez les autres (comment ne pas deviner, derrière le bruyant ralliement de tel ou tel, l'invisible main de François Mitterrand, la trace de ses rancœurs, de ses haines recuites, de ses manœuvres ?) Frivolité, enfin, chez la plupart (on choisit le plus « sympa », ou le plus *cool*, encore un peu et on votera pour les marionnettes des candidats, dans les « Guignols de l'info »...). Me permettra-t-on d'observer que cette conception futile, mondaine, du choix politique n'est bonne ni, bien sûr, pour la gauche, ni pour la qualité du débat public, ni même pour Chirac lui-même qui se serait passé, je suppose, de ces encombrants ralliés ? Triomphe du zapping et du rien. Degré zéro de la politique. Vite, oui, les débats de fond.

88

Appel aux candidats. Godard est un romancier. Chirac et Pierre Bergé. Six normaliens en quête d'école. Pauvre Femme française *! Qu'est-ce qu'une révolution scientifique ? Le scandale de Castro à Paris. Melville était un peintre.*

Ce qui distingue un homme d'État d'un vulgaire chef politique ? La politique internationale. Le goût, et le sens, de ses enjeux. Voici pourquoi nous sommes quelques-uns à regretter, avec Jacques Julliard, qu'elle ne soit pas au cœur de cette campagne. Est-il si déraisonnable de réclamer aux candidats des engagements sur la Bosnie, ou sur l'Algérie, aussi précis que sur le SMIC, la réduction des déficits publics ou la sécurité sociale ? Remettre au cœur de la campagne une politique que l'on a bien tort de qualifier d'« étrangère ».

L'autoportrait de Godard. Un homme qui filme comme on pense. Un artiste qui filme des pensées au moins autant que des images. N'est-ce pas ce que disent aussi, de l'art du roman, les meilleurs de nos romanciers ?

Le ralliement de Bergé – et d'autres – à Chirac. On dit : « opportunisme », et c'est peut-être vrai. On dit : « Comme le geste eût été beau s'il l'avait fait six semaines plus tôt », et ce n'est pas non plus faux. Mais le fin mot de l'affaire, c'est à Edwy Plenel qu'il revient, dans *Le Monde* de cet après-midi. L'erreur n'est pas circonstancielle, dit-il, mais structurelle : elle tient à une faiblesse, non de caractère, mais de pensée ; et la « pensée » qui l'a rendu possible est celle qui, somme toute, confond fidélité aux idées et aux personnes – ce qui est, au sens strict, la définition de la courtisanerie. La présidentielle de 95, ou le retour de l'homme de cour.

Six normaliens en quête d'école... C'est le titre du très beau documentaire que consacrent Pierre Aubry et Jean-Noël Jeanneney, sur *Arte*, à la prestigieuse École. On y croise l'ombre d'Althusser. La mystérieuse figure de Benny Lévy, ce « patron » de la gauche prolétarienne reconverti dans la philosophie juive. On y apprend, entre autres curiosités, qu'Henri Bergson entra rue d'Ulm, à titre d'élève étranger. Et puis cette idée, qui traverse le film : on dit souvent de l'Université qu'elle est une sorte d'*alma mater* ; eh bien non ! pas du tout ! et voici un lieu, l'École donc, où la partie se joue, au contraire, autour de la figure et de la loi du Père – ce père absent pour l'un, imaginaire pour le second, rêvé pour le troisième, ce père immatériel en tout cas, ce père subtil et sublime, ce père selon l'esprit dont je n'ai jamais douté, moi non plus, qu'il fût le plus sûr des chemins vers la culture.

Une femme française de Régis Wargnier. Effet pervers du combat pour l'exception culturelle, la production française, etc. La critique n'est plus la critique. Elle devient une forme de militantisme. On défend un film non parce qu'il est bon mais parce qu'il est français et les pages « cinéma » des journaux ressemblent de plus en plus à une litanie humanitaire où l'on affirme son soutien à cette cause quasi perdue que serait la cause du cinéma national. La critique et ses protocoles compassionnels.

Bill Gates, l'homme des autoroutes de l'information, est-il, comme le titrait *Le Point*, il y a quinze jours, l'homme « le plus influent du monde » ? Le voici en tout cas de passage à Paris, ce matin, chez Milhaïl, sur *Europe 1*, avec sa voix de teen-ager vieilli et son optimisme de mutant. Je rassemble, en l'écoutant, mes souvenirs d'épistémologie : les révolutions scientifiques ne sont-elles pas comme les révolutions politiques – toujours où on ne les attend pas, jamais où elles se sont annoncées ?

Que la visite de Castro soit une honte, que ce soit une injure faite à tous ceux qui, à Cuba, luttent pour les droits de l'homme et la démocratie, que, contrairement à ce que l'on nous raconte, elle n'« aide » pas le peuple cubain mais l'« accable » puisqu'elle aura pour seul effet de renforcer la dictature, bref que la présence de ce tortionnaire à Paris soit aussi cho-quante aujourd'hui que l'eût été, il y a quinze ans, celle d'un quelconque fasciste argentin ou de Pinochet – chacun, ou presque, en convient. Question, en re-vanche : pourquoi ? Oui : pourquoi le président fran-çais a-t-il voulu cela ? Provocation, sans doute. Ultime et macabre défi. Cette façon, encore, de nous dire : « Voilà, je suis ainsi, à prendre ou à laisser – telle une page de votre indéchiffrable histoire ». Et puis cette hypothèse, plus accablante encore, car ne relevant plus du roman mais de la politique : l'illusion tranquille que ce totalitaire appartient lui aussi, et de plein droit, à l'internationale de la gauche dont lui, Mitterrand, s'est voulu membre.

Conversation avec Frank Stella. Nous sommes en 1994. Il sort d'une longue période où il a été hanté par *Moby Dick* au point d'en tirer, non seulement les titres, mais les thèmes, l'esprit, le mouvement de ses *Waves*. Il est en panne d'inspiration. Il feuillette, comme souvent dans ces cas-là, son « dictionnaire des lieux imaginaires ». Il tombe sur un nom – « Hooloomooloo » – qui lui plaît bien et qui lui suggère aussitôt la gigan-tesque toile du même nom que l'on pouvait voir, l'au-tomne dernier, à la galerie Knoedler à New York.

Aussi incroyable que cela soit, il ne s'apercevra qu'ensuite, une fois l'œuvre achevée, que ce lieu fictif, qu'il croyait parfaitement improbable mais dont la seule sonorité avait suffi à relancer son désir de peindre, venait *aussi* d'un roman de Melville, *Mardi*, paru deux ans avant *Moby Dick*. Mystère des relations entre littérature et peinture. Cette autre transsubstantiation, aussi énigmatique que l'autre, qui change la lettre en image, et le verbe en chair colorée.

89

La loi du soufre et du salpêtre. Les majuscules de Mallarmé. Debord et les « Guignols ». Imbert, Julliard, et inversement. Vers la guerre civile. Un livre de Sarkozy. Qui a inventé le « Questionnaire » de Proust ?

C'est la loi du soufre et du salpêtre. Il ne faut jamais mêler du soufre à du salpêtre car le mélange est détonant. Eh bien c'est la même chose en politique : on peut être « nationaliste »; on peut être « socialiste »; mais il ne faut jamais mêler le national et le socialiste car, si innocente que soit l'intention, le cocktail est *toujours* explosif. C'était, dans l'Allemagne de 1932, les fameuses « sections-beefsteak » – rouges dedans, brunes dehors. C'est, dans la France du XXe siècle, la tentation national-populiste – et c'est, toutes proportions gardées (et même si elle est encore, grâce au ciel, largement inoffensive), la tentation, aujourd'hui, dans inotre paysage électoral, de nos micro – « sections macdo » : ces hommes que leur haine de la « bourgeoisie », leur aversion pour les « élites » ou la « technostructure », convertissent à on ne sait quel « néogaullisme de gauche »....

Publication, en Folio, de la *Correspondance* de Mallarmé. Cette lettre, bouleversante, où l'auteur du *Coup de dés* avoue être tombé littéralement malade après qu'une revue a publié un poème de lui où manquait une majuscule...

Prendre le parti de ses personnages. Épouser leur cause – fût-elle indéfendable. C'est le propre de l'acteur. C'est, aussi, celui de l'auteur. Welles : « Les grands auteurs sont tous des acteurs manqués ». Quels sont les grands acteurs manqués du cinéma d'aujourd'hui ?

Les « Guignols de l'info ». Je suis, comme d'habitude, partagé. D'un côté, un réel malaise à voir ces marionnettes prendre peu à peu le pas sur les « vrais » acteurs : encore un peu, je l'ai dit, et on votera, non pour les candidats, mais pour leurs guignols – celui-ci est plus « sympa », celui-là plus « émouvant », et ce troisième franchement « nul ». Mais, de l'autre, une vraie jubilation à voir, chaque soir, la langue de bois moquée, tournée en dérision et, surtout, décodée : et si les auteurs des « Guignols » étaient nos meilleurs analystes politiques ? s'ils étaient les seuls à traiter le mal par le mal, c'est-à-dire le Spectacle par le Spectacle ? et s'ils étaient les derniers vrais disciples de Debord ?

On connaît la thèse de Proust dans son *Contre Sainte-Beuve* : il y a « l'homme » d'un côté avec ses choix, sa biographie, ses travers peut-être, ses vertus – il y a « l'écrivain », de l'autre, qui, au fond, ne lui doit rien. Eh bien je m'aperçois, en lisant le livre d'Imbert et de Julliard et, notamment, dans leur dialogue, les chapitres passionnants consacrés à leurs années respectives de formation, qu'il en va de même en politique. Comment devient-on de « gauche » ? de « droite » ? Celui-ci, qui était programmé pour faire un homme de droite – le voici éditorialiste de gauche. Celui-là, qui est un pur produit de la grande éducation laïque et républicaine, penche plutôt de l'autre côté. Faillite des déterminismes. Mystère insondable des choix. Pour percer le secret de cette *autre* âme, il faudrait un « Contre Sainte-Beuve politique ».

On dit : le cinéma français manque de scénarios. Erreur : c'est de personnages qu'il manque le plus.

Enzensberger (*La Grande Migration*, Gallimard) note que Clausewitz ne consacre pas une ligne à la

guerre civile dans son « manuel de l'art militaire ».
Cette guerre civile est notre horizon. Serait-elle la
seule forme de guerre non pensée – et, peut-être, non-
pensable ?

Un autre livre d'entretiens : celui de Nicolas Sarkozy avec Michel Denisot. C'est drôle, vous ne trou-
vez pas ? Il y a trois mois, ou trois semaines, les
gazettes en auraient été pleines, on se serait disputé
l'honneur d'encenser la dernière production de notre
probable prochain Premier ministre. Aujourd'hui, les
sondages sont ce qu'ils sont et le sort du livre est ce
qu'en font lesdits sondages. Ayant commenté ici, en
son temps, le *Georges Mandel* du même auteur, j'aurais mauvaise grâce à ne pas dire que je retrouve, dans
ce nouveau texte, la même passion de la vie publique,
le même côté moine du service de l'État – le même
amour, en un mot, de la politique. On me permettra
d'observer aussi (mais faut-il s'en étonner ?) que les
êtres de qualité sont souvent plus intéressants encore
dans la lutte que dans le faste – quand se profile l'ombre de l'adversité que lorsque la victoire est assurée.

Mallarmé encore. Je découvre, dans le numéro de
début d'année de la revue *Europe*, que c'est lui qui invente le fameux « Questionnaire » que l'on attribue
toujours à Proust. Tout y est : les qualités favorites
chez l'homme et chez la femme, le peintre préféré,
l'occupation favorite, les héros dans la vie réelle ou
littéraire, les auteurs favoris en prose, l'état présent de
votre esprit... Avec, toutefois, quelques variantes dont
les amateurs se régaleront : quels caractères détestez-
vous le plus dans l'Histoire (réponse : « les principaux »); où préférez-vous rêver ? (réponse : « Je ne
le dis pas », car trop envie d'y « aller seul »); votre
fleur favorite (réponse – tellement mallarméenne ! – :
« la bouche »).

90

Edmonde Charles-Roux et les femmes algériennes.
Les mensonges du commandant Cousteau. Truman

*Capote et le cinéma. Débattre avec Le Pen. Dante et
la politique. Le mystère du « sous-commandant »
Marcos. Démocratie et spéculation*

La leçon de courage des femmes algériennes ? Précisément. C'est à elles qu'est dédié le deuxième volet
de la biographie consacrée, par Edmonde Charles-
Roux, à Isabelle Eberhardt. Tout est là, suggère l'auteur. Tout est dit dès cette époque où, forte de son
« désir d'Orient », une femme libre, extravagante, plus
proche de Lawrence que de Lyautey, et de Rimbaud
que de Lawrence, épouse la cause d'un Maghreb où
grondent les incendies du siècle et s'affrontent déjà les
forces quasi jumelles d'une bêtise coloniale dont l'État
FLN a pris le relais et d'un obscurantisme religieux
qui n'a fait, avec le FIS, que croître en barbarie. Fallait-il, pour s'en aviser, le goût des « irrégulières » ?
Fallait-il écrire depuis Marseille qui est la ville, par
excellence, où la France fait face à l'Algérie, l'accueille, la refuse ou s'y mêle ? Fallait-il être, simplement, une biographe-romancière avec ce que le genre
suppose de « mentir-vrai » ? Telle est, en tout cas, la
leçon d'Isabelle. Et telle, après elle, la leçon d'Edmonde.
A lire, et méditer – tandis qu'Alger, jour après jour,
s'enfonce dans l'horreur et le deuil.

Qu'un magazine de photos consacre un numéro au
commandant Cousteau, sa vie, son œuvre, on l'admet-
tra volontiers. Mais que ce soit l'occasion de menues,
et décisives, tricheries biographiques, que l'on date,
notamment, de 1945 un film – *son* premier film – qu'il
réalise en 1942, donc en pleine Occupation, avec la
bénédiction conjointe des autorités allemandes et du
ministre vichyssois Abel Bonnard, voilà qui est plus
préoccupant. Comme dit le *Canard enchaîné* – qui
relève, cette semaine, ce cas de « révisionnisme »
ordinaire – « l'ivresse des profondeurs donne parfois
des trous de mémoire ». Revenir un jour – mais *à fond* –
sur le cas Cousteau ? Faire la lumière – mais *toute* la
lumière – sur la biographie réelle et, peut-être, les
arrière-pensées de notre héros national ? Ah ! les terribles placards, pleins d'infamie et de secrets, de nos
années 40-42...

Écrire pour le cinéma. L'avantage – qui change tout ! – c'est que je n'écris pas seul. Mais la difficulté – nous nous en apercevons vite, Jean-Paul Enthoven et moi – n'est pas, pour autant, moins vive que dans un roman. Le cas de Truman Capote qui, forcément, déroute : il aurait rédigé le scénario de *Beat the devil* sur de vagues pages de cahier dont il faisait des cocottes en papier et qu'il lançait, de la fenêtre de sa chambre, sur le set où les acteurs allaient les transformer en images. L'histoire est probablement fausse. Mais n'empêche ! Elle fait rêver...

Une chaîne de télévision m'offre de débattre avec Le Pen. Le personnage est si banalisé, il fait à ce point partie du paysage politique français, le mal a accompli, autrement dit, tant de progrès que je n'ai, bizarrement, plus de vraies objections au *principe* d'un tel débat. Pourquoi refuser, alors ? Ce verset de la Bible qui me trotte dans la tête toute la journée : « N'entre pas dans les voies du méchant de peur qu'elles ne deviennent un piège au milieu de toi ».

Le temps que l'égarement politique « vole » aux écrivains... Il y a une exception, dit Jacqueline Risset dans l'essai (Flammarion) qu'elle lui consacre : c'est celle de Dante Alighieri, ce poète gigantesque qui fut *aussi*, nous explique-t-elle, une sorte de Kissinger médiéval. Tout, chez lui, était lié. Tous les événements, toutes les passions de la vie, se répondaient et se croisaient. C'est l'apparition de l'enfant Béatrice *et* l'opposition à Boniface VIII... La dame de Lucques *et* la défense, avec les guelfes, des libertés républicaines... Les chants du *Paradis* et l'amitié avec Guido Cavalcanti, Giotto et le roi de Hongrie... Erreur de Boccace, son premier biographe, qui déplorait le temps « perdu » dans les affaires de la ville. Et miracle, au contraire, d'une vie où les *deux* biographies – celle du poète prodigieux et celle du conseiller des princes, cardinaux et éminences diverses – puisaient aux mêmes sources et, à la fin, y retournaient.

Le chef charismatique de la rébellion zapatiste au Mexique s'appelle le « sous-commandant » Marcos.

Pourquoi le *sous*-commandant ? Et par rapport à quel commandant « à part entière », dont il serait le subordonné ? L'histoire ne le dit pas et elle autorise, du coup, les hypothèses les plus folles : un *autre* chef, ou Dieu, ou l'évêque de San Cristobal, ou personne – ou encore lui-même, Marcos, mais *l'autre* Marcos, son double, celui dont le visage se dissimule sous la cagoule et fait rêver tout le pays. Mystère, donc. Mais, aussi, coup de génie. Car quelle façon plus ingénieuse de fonder une autorité que de la suspendre à cette instance invisible, peut-être imaginaire – mais, on le sent aisément, d'autant plus irrésistible ? Sous-commandant, oui. Mais c'est dans le « sous » que tient la souveraineté.

Balladur « monte ». Chirac « baisse ». Jospin est « stable ». Ainsi parle Paris. Ainsi se fait la politique. Non plus « à la corbeille ». Mais *comme* à la corbeille. Et comme si le jeu électoral tendait à devenir une forme, à peine déguisée, de la spéculation. Les sondages, en d'autres termes, enregistrent moins des stocks que des flux, des intentions de vote que des anticipations de ces intentions – l'électeur spécule, oui; il joue; il mise sur la hausse de celui-ci, parie sur la baisse de celui-là, il conforme son désir à ce qu'il devine de celui du marché ou, au contraire, s'en dissocie. Encore la démocratie virtuelle : ses pièges, ses leurres – et sa vérité.

91

Le Pen soutient le FIS. Jean-Paul II comédien et martyr. Raoul Ruiz, Laure Adler et les surréalistes. Balladur en campagne. L'autre Melville à la télévision.

Il fallait le dire. Il l'a dit. Je parle de Jean-Marie Le Pen commentant, sur une radio, l'assassinat à Alger du directeur de *El Moujahid*. Outrage à la victime comparée au « directeur d'un journal nazi ». Hymne aux meurtriers assimilés, eux, mais oui ! à d'authentiques « résistants ». A part *Le Monde* de ce 5 avril, nul ne reprend le propos – et c'est dommage : car je trouve intéressant le cas de cet homme qui voit dans l'épicier tunisien du coin une menace à l'identité française mais fraternise avec les Algériens dès lors qu'ils sont membres du FIS ou du GIA. Dans l'ordre de l'ignoble, cela vaut bien tel de ses trop fameux jeux de mots. Et s'il fallait une nouvelle preuve qu'il existe une internationale intégriste et que le Front national en fait partie – la voici.

Cracovie. « Vous semblez bien remués par cette nouvelle Encyclique sur l'euthanasie et l'avortement », me dit un journaliste catholique, contemporain de Karol Wojtyla et qui le connut dans sa jeunesse. « C'est négliger, d'abord, qu'un pape est un pape et qu'il faut bien qu'il soit là pour faire son travail de pape ; mais c'est omettre, ensuite, que ce pape-ci est, aussi, un formidable comédien qui rêvait, à vingt ans, d'être le plus grand acteur de Pologne et qui l'est peut-être, au fond, devenu ». Jean-Paul II et le théâtre... Jean-Paul II, comédien et martyr... Ce Jean-Paul II au physique de jeune premier dont les amis s'écrièrent, quand il entra au séminaire : « Karol vient de rater sa vie »... C'est vrai : on oublie que cet homme admirable, ce prophète, ce personnage « claudélien » dont parle, ce jeudi, Jean Daniel, fut et, sans doute, demeure un fou de mise en scène et de spectacle... Enfance des chefs, enfance des saints – et leur inépuisable mystère.

Raoul Ruiz au « Cercle de Minuit ». Que retenez-vous du surréalisme lui demande, en substance, Laure Adler (dont on ne remarque pas assez, soit dit en passant, qu'elle a, non seulement « repris » l'émission de Field, mais qu'elle a réussi, bien plus exceptionnel ! à la transformer, l'éclipser et, au fond, la faire oublier) ? Réponse du cinéaste (et c'est, sur le sujet, ce que j'ai entendu de plus juste depuis longtemps) : je garde les *techniques* surréalistes mais je rejette la *religion*. Les techniques : un art du collage, un goût du montage, ce sens de la libre-association dont Buñuel au cinéma et Breton en littérature ont fait un si merveilleux usage.

La religion : un bric-à-brac romantico-mystique, une obsession « mediumnique » d'artistes qui n'aspiraient qu'à une forme de génie – aller puiser dans les eaux profondes de l'inconscient « collectif » et en tirer des œuvres qui ne seraient plus « les leurs » puisqu'elles appartiendraient à « tous ». Le délire occultiste de Breton... Ce côté flic, cette insupportable terreur dans les lettres qui en furent le corrélat.... Cette invention, pour les mêmes raisons, du collectivisme littéraire... Et puis la splendide singularité de *Nadja* et des « femmes aux épaules de champagne » – dont un cinéaste, aujourd'hui, poursuit visiblement la quête.

Le Pen encore. L'étrange et persistante rumeur – la dernière scie de la campagne – d'une collusion, ou même d'un pacte tacite, entre lui et Édouard Balladur. On peut reprocher tout ce que l'on veut à Balladur. On peut contester sa méthode, son programme, son style ou – c'est mon cas – sa politique internationale. Mais faut-il que le niveau du débat soit tombé bas pour que soit ainsi reprise, sous des plumes généralement mieux inspirées, une ineptie de ce calibre ? Les faits. C'est-à-dire les textes. Parmi les personnalités de premier plan de la famille RPR-UDF, il s'est trouvé des hommes pour revendiquer une « communauté de valeurs » avec le Front national. Il s'en est trouvé pour redouter « l'invasion » de notre beau pays par des hordes d'étrangers, clandestins ou incontrôlés. On se souvient des dérapages de cet autre, intraitable, au demeurant, sur la question des alliances avec le Front national, mais incommodé par les supposées « odeurs » dégagées par les foyers d'immigrés. On aurait bien du mal, en revanche, à citer un texte, ou une déclaration publique, du Premier ministre où se trahirait pareil « racisme ordinaire ». Désinformation. Intoxication. Et cette loi du Spectacle moderne dont il faut que candidats et électeurs s'accommodent : en matière de rumeur, ou de calomnie, *il n'y a jamais de seconde frappe.*

Quand la télé repasse un film que l'on a beaucoup aimé, l'usage est de faire la grimace : « Ah ! l'aura du cinéma ! son éclat ! cette magie de la salle obscure que le petit écran va dissiper ! » Eh bien je crois que l'on se trompe et qu'en réduisant en effet le film, en le dépouillant d'un peu de son lustre ou même de sa fraîcheur, le nouvel écran lui rend une part de sa vérité. La télé « desquame » le film, disait, je crois, Daney. Elle ôte à l'image une couche, presque une pellicule. Elle *veut sa peau*. Elle lui *fait la peau*. Et le fait est qu'elle montre l'œuvre dans une lumière plus pauvre, mais plus révélatrice. Deux exemples cette semaine. *Sept Morts sur ordonnances* dont sautent aux yeux les conventions inutiles, les clichés. Et puis, plus ancien, *Le Samouraï* de Melville avec sa structure si nette, ses dialogues, ses silences, sa noirceur inentamée, son pessimisme – et cette façon de nous montrer Delon comme si on ne l'avait jamais filmé.

92

Le dialogue Mitterrand-Wiesel. Khalida Messaoudi à « L'Heure de vérité ». L'« Augustin » de Thierry de Beaucé.

J'aurais aimé ne dire que du bien des entretiens Mitterrand-Wiesel. Les pages, très belles, sur l'enfance... Les dialogues sur la mort, le pouvoir, la maladie... L'émerveillement devant Jérusalem, sa terre brûlée par la foi et sa lumière si vive qu'elle est presque impossible à photographier... Ce président *littéraire,* si différent de ce que l'époque nous promet et capable de nous parler de David, Isaïe ou Hérode avec la même passion que s'ils étaient ses contemporains... Et puis ce souci, qui me touche aussi, de donner, de son vivant, sa version de l'aventure, sa touche au portrait final : ce spectacle, toujours émouvant, d'un homme qui consacre ses derniers jours à courir après sa statue, réviser inlassablement son image, l'aider à se fixer comme on fait d'un cliché trop contrasté, bref polir cet autre lui-même qui, déjà, lui survit. Tout cela, c'est vrai, impressionne. Et pourquoi ne pas le dire ? j'ai d'abord retrouvé, dans ce livre, le Mitterrand que j'ai aimé. Sauf... Oui, sauf, bien sûr, les pages sur Bousquet

– accablantes. « Un regret, demande Wiesel ? Un remords ? » Et cette réponse que l'on ne pourra plus mettre, cette fois, au compte de l'improvisation, du désarroi, de la maladie : « Ni regret ni remords; le procès qui m'est fait est indigne; je suis en paix avec moi-même ».

Khalida Messaoudi à « L'Heure de vérité ». La beauté de ce visage. Sa parole si nette. Son courage. L'esprit de résistance qui l'anime. Les mots justes pour dire le calvaire des femmes algériennes qui, comme elle, sont condamnées à « vivre comme des rats ». Que faire pour les aider ? Qu'attendent-elles de nous ou, plus exactement, de celui que nous élirons, dans un mois, à la place de François Mitterrand ? Khalida n'« attend » rien. Elle ne « reproche » rien. Tout se passe comme si elle savait, en vérité, que les États sont les États, qu'ils ont leur logique d'États et que c'est trop leur demander que de se conduire selon la morale. Mais le réalisme, semble-t-elle dire ? Leur intérêt, bien compris, d'États ? N'est ce pas notre inté-rêt, nous, Français par exemple, de conjurer, là, si près de nous, le désordre qui suivrait l'arrivée des intégris-tes au pouvoir ? Et ne serait-ce pas un bon calcul, *du point de vue de la* realpolitik *la plus stricte, voire la plus cynique,* de renforcer réellement, à Alger, le pôle démocratique ? C'est ce que les Bosniaques expli-quaient quand ils nous adjuraient d'intervenir contre les assassins serbes : « Si vous ne le faites pas pour nous, faites le au moins pour vous ! ». C'est ce que nous réexplique, à sa façon, et pour paraphraser le titre du livre d'entretiens qu'elle publie avec Élizabeth Schemla, cette admirable *femme debout* : « Nous sommes en première ligne d'un combat qui, tôt ou tard, sera le vôtre »

Je reviens à Mitterrand et à son livre avec Wiesel. Je m'aperçois que ce qui me choque c'est moins « l'affaire Bousquet » comme telle que, par-delà la personne de l'ancien chef de la police de Vichy, la façon dont le président a vu, et continue de voir, notre fascisme à la française. La page la plus révélatrice à cet égard est celle où, s'emportant contre son interlocuteur, il lui dit qu'il avait, lui, président, une mission, et une seule, qui était de préserver l'« unité » d'un pays à la « diversité déconcertante » où les « brandons de désunion » sont, hélas, « prompts à se rallumer ». Et quels sont donc ces brandons ? Quels sont ces « éléments épars », comme il dit délicatement ? C'est, pêle-mêle, la « querelle de l'Église et de l'État », celle des « monarchistes » et des « républicains », la « question sociale avant la guerre » et, sur le même plan donc, évoquée dans le même souffle et le même élan, la « partition entre Français » induite par les persécutions antisémites de 40. Tout est là. Car confondre dans le même souci le port de l'étoile jaune et la querelle de la République, revient, on le voit bien, à banaliser Vichy et à réduire son infamie à une forme parmi d'autres de « discorde entre Français ». Mitterrand fut un pétainiste, non d'occasion, mais de conviction. Et, au fond de lui, il le demeure. Telle est la terrible leçon d'un texte où, en principe, tout est dit.

Hasard du calendrier : un de ses anciens ministres, Thierry de Beaucé, publie au même moment, et chez le même éditeur, un livre sur saint Augustin que je dévore aussi – mais pour des raisons toutes différentes. Une autre image de l'enfance et de ses dégoûts. Une autre image de la Bible et de l'histoire sainte. Une écriture superbe. Le souvenir d'un père, celui de l'auteur, dont la silhouette se mêle, comme dans un roman, à celles de l'époque : sommes-nous sur la plage d'Ostie, ou dans la basilique d'Hippone, parmi les fidèles rassemblés pour entendre les terribles sentences de l'évêque – ou bien sur la route de Douzillac, mille cinq cents ans plus tard, sur les pas d'un vieil homme qui confond la disparition de Rome avec les tragédies de son temps et de celui, aussi, qui s'annonce ? Et puis le personnage d'Augustin lui-même, dernier Romain et premier chrétien, l'homme qui a épousé Dieu après avoir follement aimé une femme, le jeune homme aux ivresses délicieuses qui connut mieux que personne l'irrésistible attrait de la chair. Son passage par les États du démon. Sa sainteté. Sa culture. Augustin l'écrivain. Augustin le cosmopolite. Augustin qui laisse Rome pour s'en aller prêcher, dans le pays de Khalida Messaoudi, la nécessaire séparation entre la Cité de Dieu et celle des hommes ou des prêtres. Écoutons Beaucé. Lisons-le. « Descendu des âges, Augustin nous servira de guide. Nous pouvons errer ensemble. En quête de quoi, lorsque le monde est vagabond ? » Notre contemporain, en somme. Notre compagnon de veille et de désastres

93

Mitterrand chez Pivot. Toujours Sarajevo. Français, si vous rêviez. *Irons-nous à Moscou ? Stendhal et la politique*

Comment faire pour vivre plus longtemps qu'une voiture ou un chien ? » demandait Hemingway – qui répondait : « Écrire de beaux livres. » Eh bien c'est la même question que posait, l'autre soir, Bernard Pivot à François Mitterrand qui, n'étant pas écrivain mais chef d'État, répondait, lui : « Bâtir des monuments gigantesques ». On a voulu voir deux parties, distinctes, dans l'émission. C'est absurde. Car quand il racontait le Grand Louvre, quand il s'expliquait sur la Très Grande Bibliothèque, la Cité de la Musique ou l'Opéra, le téléspectateur devait comprendre qu'il parlait déjà de lui, de sa disparition prochaine et des moyens de la conjurer. Un dialogue sur la mort de bout en bout. La thanatologie dans tous ses états. Ce spectacle inouï d'un président donnant à voir son corps souffrant, peut-être agonisant – mais aussi (et c'était, je le répète, la même chose) les dispositifs qu'il met en œuvre pour vivre *plus longtemps que lui-même.* Paroles suffoquées. Silences éloquents. Le regard bouleversé de Pivot quand il ne sait pas encore si le vieux corps ira au bout de l'épreuve – et l'imperceptible soulagement quand reviennent le timbre de la voix, le geste familier des mains, la férocité du regard inchangé. La politique avait congé, ce soir-là. Ne restait que la vision, quasi sacrée, d'un Prince mettant en scène, et sa mort, *et* les modalités de son immortalité.

Recrudescence des bombardements sur Sarajevo. Menaces de Karadzic bien décidé, nous dit-il, à déclencher la « guerre totale » en Bosnie. J'entends Pierre Hassner, sur *LCI*, analyser le double – et tragique – paradoxe de la situation de nos casques bleus (Pierre Hassner dont il faut lire, soit dit en passant, *La Violence et la Paix*, ce remarquable recueil d'articles que publie, ces jours-ci, Le Seuil). *Primo* : il semble que les États soient infiniment plus choqués de voir assassinés deux casques bleus que d'assister, depuis trois ans, au massacre de deux cent mille civils – femmes et enfants compris – qu'ils avaient, en principe, mandat de protéger. *Secundo* : c'est si les « soldats de la paix » devaient partir que, pour les dégager, nous déclencherions l'engrenage, et peut-être l'intervention, que ni les tueries, ni les destructions massives, ni le triomphe de la purification ethnique et du racisme n'auraient réussi à susciter. Pauvre Bosnie ! Misère grandissante de son peuple abandonné ! Les semaines passent, et la honte demeure : exception faite de la gesticulation onusienne de ces dernières heures, nous aurons vécu cette interminable campagne sans que la question soit réellement évoquée; et c'est comme si une élection avait eu lieu en 1938 sans que soient prononcés les mots d'« Anschluss », de « guerre d'Espagne », d'« Abyssinie ».

Édouard Balladur n'a commis, tactiquement parlant, qu'une vraie erreur depuis un mois : croire qu'il suffisait de répéter « démagogie ! démagogie ! » pour alerter les électeurs et les ramener dans la voie de la juste raison. La vérité, me semble-t-il, est que l'électorat sait ce qu'il fait. Il sait, dans les promesses qu'on lui adresse, la part de mensonge ou d'illusion. Mais tout se passe comme s'il s'octroyait le droit, l'espace de quelques semaines, de faire semblant de ne pas savoir et de croire, donc, à la fable. Sur ce besoin de croire, sur cette indispensable part de rêve, sur ce droit au mirage ou à la chimère que réclament les citoyens, on trouvera de belles pages dans le livre d'Alain Genestar (*Français, si vous rêviez*) paru *avant* la campagne mais qui en offrait, déjà, quelques-unes des plus précieuses clefs. Et si une élection était, *aussi*, un carnaval ? Et si c'était le moment où l'on choisit, *en connaissance de cause*, de s'abuser, de se leurrer ? Et s'il y avait une inévitable orgie de signes qui sont comme la part maudite de la vie démocratique ?

Où en est, vraiment, François Mitterrand et que peut-il encore entendre de la souffrance des autres, ou du tragique des peuples ? C'est à Moscou – autant dire dans la capitale d'un pays qui mène au même moment, en Tchétchénie, une guerre d'une violence effroyable – que l'on fêtera, le 8 Mai prochain, le cinquantième anniversaire de la victoire sur l'hitlérisme. De deux choses l'une. Ou bien il a, comme on le murmure parfois, choisi de démissionner la veille, jour même de l'élection de son successeur – et le premier geste de celui-ci sera de commémorer la défaite d'un fascisme en acceptant d'en cautionner un autre. Ou bien (et c'est l'hypothèse la plus probable) il est encore, ce jour là, président de la République – et son dernier geste d'homme d'État, l'un de ces derniers mots, si essentiels, qui achèvent de donner sens à l'aventure d'une vie, consisteront à bénir un bourreau et à lui apporter le salut de la France. Dominique Strauss-Kahn semble avoir pris la mesure du problème et, là comme ici, du déshonneur. Une seule solution, dit-il, ce matin, à la radio : célébrer, bien sûr, la déroute du nazisme mais en annonçant, dès aujourd'hui, que cela, en aucun cas, ne pourra se faire au Kremlin.

La fameuse phrase de Stendhal sur la politique dans le roman. Je la retrouve dans *Le Rouge et le Noir* et ne résiste pas au plaisir de la citer, pour une fois, en entier. « La politique, au milieu des intérêts d'imagination, c'est un coup de pistolet au milieu d'un concert. Ce bruit est déchirant sans être énergique. Il ne s'accorde avec le son d'aucun instrument ».

94

Défense des sondages. Piero della Francesca et Hegel. Le panache d'Édouard Balladur. Genève et la liberté littéraire. Pourquoi Jospin est en tête ? Salut à monseigneur Lustiger.

Faillite des instituts de sondage ? Oui et non. Car il reste une hypothèse que l'on n'a pas assez envisagée : à savoir que les sondages ont été « bons », mais que les électeurs ont été « meilleurs » encore – plus fins, ou plus rusés, et s'appuyant sur leurs résultats pour élaborer des stratégies qui, du coup, les démentaient. Je l'ai dit, ici même. Les sondages, c'est comme la Bourse. Leurs chiffres quotidiens, c'est comme un CAC 40 politique. Et les électeurs se conduisent, au fond, comme n'importe quels spéculateurs : s'appuyant sur ces *données* pour jouer, ruser, infléchir une tendance lourde, la renverser peut-être, l'accentuer. Reproche-t-on au CAC 40 de ce matin de ne pas donner le cours d'après-demain ?

Débat, à Rome, autour de l'édition italienne de mon *Piero della Francesca. La définition hégélienne de l'Art* : « un milieu entre le sensible immédiat et la pensée pure ». N'est-ce pas tout l'esprit de Piero ? Et n'est-ce pas, surtout, la définition chrétienne du corps du Christ : ce mixte, miraculeux, de Chair et de Lumière éternelle ?

Panache d'Édouard Balladur dans sa déclaration de dimanche soir. Cette façon, quand d'autres tentaient encore de ruser, ou de tergiverser, d'admettre la défaite et d'en tirer les conséquences. Cette détermination dans le regard. Cette autorité, soudain, pour intimer l'ordre de se taire à des supporters trop enthousiastes. Ces mots, très simples, où ne restait plus rien du terrible désir de séduire qui est la croix des candidats. Un vrai « moment » de télévision. Un bel exemple de dignité, et de courage, politiques. Combien furent-ils, à cet instant, à éprouver *déjà* la nostalgie de celui qui allait rejoindre le cercle des candidats disparus ? Ce n'était pas, personnellement, mon cas. Mais, par-delà les choix de chacun, saluons la performance.

Deux mille morts au Rwanda. Qui en parle ? Qui s'en émeut ? Il est vrai que ces massacres de Hutus par des Tutsis ont le tort de brouiller les repères auxquels les grands régisseurs du Spectacle contemporain avaient, à force, fini par se faire. Dieu, comme l'Histoire n'est pas jolie, quand elle devient complexe – et tragique !

Genève. Les gens d'habitude, aiment les villes chaudes. Ou chaleureuses. Ils aiment l'idée d'une ville animée, fiévreuse, effervescente. Ils aiment qu'elle rapproche les gens, qu'elle fasse communiquer les âmes et les corps. Ils aiment les villes inspirées. Ils célèbrent « l'esprit » des villes. Ils goûtent ce côté spirite des villes, cette magie, ce souffle qui les portent. Ce que j'aime, moi, dans Genève, c'est le contraire : la mise en suspens, que l'on y devine, de toutes les inspirations collectives ou conviviales – une froideur, un sang-froid, qui sont, *aussi*, des vertus littéraires... Ce personnage d'Albert Cohen – Mangeclous – qui, arrivant pour la première fois au bord du Léman, s'étonne de la « sévérité » des visages qu'il y rencontre. Il aimerait les toucher, leur parler, il voudrait de grandes embrassades, des sourires complices, des « contacts ». Au lieu de quoi ces regards fermés, ces mines butées et cette façon, justement, de ne *surtout pas communiquer*. C'est cela, je le sais, qu'aimait Cohen à Genève. C'était cela, j'en suis convaincu, l'âme de Genève pour Amiel, Voltaire, Joyce ou Borges. Et c'est cet assèchement des humeurs, ce refroidissement des ardeurs ou des ferveurs communautaires qui font que, pour ma part, je m'y trouve toujours si bien. Genève, la ville où, en pleine foule, on se sent miraculeusement seul. Genève, la ville dont Proust aurait pu dire que c'est le seul endroit d'Europe où on ne le bousculait pas. Quel meilleur lieu que Genève pour donner – car c'est bien ce dont il s'agit – le prix « Liberté littéraire » ?

La secte Aum au Japon... Les milices paramilitaires d'Oklahoma City et d'ailleurs... Preuves – et cela ne fait que commencer ! – que le choc identitaire, la crispation intégriste, la rupture violente du lien social et de ses pieuses illusions, ne sont pas le propre de vagues « ethnies » rwandaises, ou balkaniques, perdues dans des affrontements sans âge. Sarajevo, partout.

Retour à Paris. Le score de Lionel Jospin ? Rançon de quatre « mérites » que même ses adversaires sont obligés de lui concéder. Une forme de rigueur, d'intégrité intellectuelle et morale. Un refus, assez obstiné, des débordements démagogiques trop voyants. La mise sur orbite, non plus d'une deuxième, mais bien d'une *troisième* gauche qui saura conjurer les prestiges des totalitarismes d'autrefois. Et puis, *last but not least*, le souci de prendre ses distances à l'endroit d'un mitterrandisme qui, en politique étrangère notamment, eut les désastreux effets que l'on sait. Déterminant dans mon propre engagement, par exemple : l'effet de ses prises de position sur la Bosnie, l'Algérie ou, même, la politique africaine.

Question à Norman Mailer : « Qu'est-ce qui peut détruire un écrivain ». Sa réponse : « L'alcool, la drogue, la débauche, trop d'échecs dans la vie privée, l'usure ». Puis une légère hésitation, et il ajoute : « Trop peu d'estime de soi ».

Qu'une des plus hautes autorités spirituelles d'Israël voie en Jean-Marie Lustiger un « apostat » qui a « quitté », voire « trahi », le judaïsme, on peut, à la rigueur, l'admettre. Mais qu'on l'accuse de prêter la main à je ne sais quelle « extermination spirituelle » qui conduirait, « comme l'extermination physique », à « la solution finale de la question juive », voilà qui me semble à la fois absurde et navrant. Envie, chez le Juif que je suis, de dire mon amitié au cardinal archevêque de Paris. Envie de lui dire, si je le connaissais mieux : « Allons ensemble à Yad Vashem; allons nous recueillir sur ce Mémorial que vous connaissez mieux que moi et qui célèbre une souffrance dont vous fûtes, vous, le témoin vivant ».

95

Le sacrifice des tchétchènes. Suggestion au nouveau président. La démocratie est-elle toujours ennuyeuse ? Le retour de Romain Gary. Le lepénisme, donc.

Nouveau président ou pas, comment ne pas revenir, une fois encore, sur le geste désastreux que s'apprête à accomplir le président en exercice en se rendant à Moscou pour les célébrations du 8 Mai et en acceptant de cautionner, ainsi, les massacres de Tchétchénie ? Lorsque j'avais soulevé le problème, ici même, il y a trois semaines, lorsque j'avais lancé la question : « Est-il digne de la France de participer à cette mascarade ? comment peut-on fêter la défaite du fascisme d'hier en cautionnant, dans le même mouvement, les crimes de celui d'aujourd'hui ? », l'Élysée m'avait fait répondre : « François Mitterrand sait ce qu'il fait; qui vous dit qu'il ne trouvera pas, à Moscou, les mots qu'appelle la situation et qui ne lui seraient pas venus si, comme vos amis et vous-même, l'y exhortez, il choisissait de n'y pas aller ? ». Voyons, donc. Attendons. Une chose, en tout cas, est sûre : sauf, en effet, retournement – et inspiration – de dernière minute ce voyage sera insultant pour les Tchétchènes, désespérant pour les démocrates russes, déshonorant pour la patrie des droits de l'homme et accablant, enfin, pour l'image d'un président que l'on dit si soucieux de sa place dans l'Histoire et de sa « sortie ». Le mystère Mitterrand. Et la dernière fois, peut-être, que je l'évoque dans ce bloc-notes.

Au-delà même de l'affaire tchétchène, force est de reconnaître que nous n'aurons guère été entendus – nous qui tentions, ces dernières semaines, de mettre la politique internationale au cœur du débat électoral. Les Français ont un nouveau président. Mais savent-ils, vraiment, ce qu'il pense de la tragédie bosniaque, du drame algérien, de la paix et de la guerre, du monde qui se construit sur les ruines du communisme et de la part qu'une démocratie peut prendre à cette gestation ? Dieu sait si je ne suis pas « cocardier ».

Mais il y a, dans cet abaissement consenti, dans cette résignation à l'idée d'une France frileuse, repliée sur son hexagone et qui n'aurait plus son mot à dire sur le train du monde et ses enjeux, quelque chose qui me révolte. Et c'est pourquoi je n'ai – nous n'avons – pas l'intention de désarmer, maintenant que l'élection est passée et qu'une autre époque est censée commencer. A propos de la Tchétchénie, justement, une idée que je soumets au nouvel élu : au lieu, comme son prédécesseur, d'aller parader aux côtés des bourreaux de Grozny, qu'il invite, *mais à Paris*, les vétérans russes de la guerre antinazie... C'est ce que l'on a fait, l'été dernier, avec les survivants américains du Débarquement. Quelle meilleure façon de concilier le double hommage que l'on doit – et aux résistants d'autrefois, et aux martyrs d'aujourd'hui ?

J'étais au Mexique pendant l'essentiel de cet entre-deux tours. En sorte que c'est avec un léger différé que j'aurai vu « le » grand duel télévisé entre les deux finalistes. Est-ce l'effet de ce contretemps ? L'obsolescence accélérée de ce type de spectacle et d'événement ? Toujours est-il que, comme beaucoup d'autres – mais plus, peut-être, que d'autres – j'ai été frappé, à mon retour, par le caractère étonnamment raisonnable, apaisé, de ce débat et, du coup, par sa platitude. Peut-être est-ce cela, la démocratie. Peut-être a-t-elle pour première vertu de s'accommoder de l'ennui qu'elle secrète. Et peut-être est-il là, le vrai changement d'époque : le triomphe de cet ennui sur les illusions lyriques de naguère... N'empêche. On se prenait à regretter la férocité d'un Giscard, le florentinisme d'un Mitterrand – on rêvait, comment dire ? d'un éclair de *mauvaise foi* dans le regard de l'un ou de l'autre.

Lu, au Mexique, le petit livre de Nancy Huston (aux éditions Actes Sud) sur Romain Gary. Gary et ses femmes... Gary et ses mensonges... Gary et son acharnement à se détruire... Ce Gary douloureux, presque amer, que je venais voir, à la toute fin, tandis que j'entrais en littérature et qu'il s'apprêtait, lui, à sortir de l'existence... « Il a réussi sa vie mais raté ses livres », disaient ses contemporains. Il savait bien, lui, que c'était l'inverse et mettait déjà tout en œuvre pour en administrer la preuve. Ma dernière conversation avec lui, dans son appartement de la rue du Bac. Elle m'avait tant impressionné que j'allais en faire, dix ans plus tard, un chapitre d'un de mes essais. « Le vrai partage, disait-il, n'est pas entre les glorieux et les obscurs, les engagés et les retirés, il n'est même pas, comme on pourrait naïvement le croire, entre les bons et les mauvais écrivains ; il est, bien plus simplement, entre les écrivains que l'on cite et ceux que l'on ne cite jamais ». Il se rangeait, lui, au nombre des seconds. Et il enrageait de voir le premier cuistre venu faire l'objet d'une considération que l'on s'obstinait à lui refuser. Merci à Nancy Huston de le faire, enfin, mentir. Il aurait aimé, je le sais, son « Tombeau de Romain Gary ».

Un dernier mot sur le Front national – puisque la question ne s'éteindra pas, hélas, avec la fin de cette présidentielle. Je ne pense pas, comme me le font dire Jean Daniel ou Marie-Claire Mendès France, que ses électeurs soient des « pestiférés » ni qu'il faille s'abstenir de traiter les fameux « problèmes de fond » dont leur vote est le symptôme. Mais je crois : 1) qu'un « problème de fond » n'est pas une excuse à l'infamie ; 2) que s'il faut bien accepter les voix lepénistes, rien n'oblige, en revanche, à les draguer ou les négocier ; 3) que le fait qu'il s'agisse d'un vote populaire, ouvrier, etc., ne change rien à son caractère extrémiste – le vote nazi des années 30 n'était-il pas lui aussi, après tout, un vote protestataire, majoritairement populaire et dicté, lui aussi, par la crise ? La vérité oblige, d'ailleurs, à dire que cette « ligne » est celle qu'ont finalement suivie, non sans courage, les deux candidats. Puisse-t-on s'en souvenir quand reviendra, bientôt, le temps des élections et de leurs débats.

96

Le bonheur de Chirac. Lalanne, Touraine, Attali, et quelques autres. Où l'on voit que Le Pen a perdu. Si

un nouveau président se doit de brûler les feux rouges ?
Le doigt de Dieu sur Mitterrand.

L'image de la semaine ? Celle, bien sûr, de Jacques
Chirac pisté dans les rues de Paris, le soir de sa victoire, par un motard de *France 2*. Cette vitre de voiture ouverte, peut-être pour la dernière fois, sur une
ville en liesse et qui lui fait fête. Cette conversation
mystérieuse et très longue – ah ! comme on aimerait, à
cet instant, un spécialiste de la langue des sourds
capable de lire sur les lèvres et de décrypter ces mots,
ces premiers mots, échangés après la victoire. Chirac
sait-il qu'il est filmé ? Sait-il que la France entière,
amis et ennemis confondus, l'observe au même
moment, et en direct ? Mystère. Mais ce dont je suis
sûr c'est qu'elle restera, cette image, au même titre que
celle, il y a quatorze ans, le jour de ses adieux, de la
chaise vide de Giscard – ou bien celle, quelque temps
plus tard, de Mitterrand avançant, timide, un peu
raide, entre les morts du Panthéon. Images des débuts.
Images d'initiation. Le genre d'image à vous poursuivre le temps d'un septennat, ou d'une vie.

Cette catégorie bizarre, inventée pour les besoins de
la cause, c'est-à-dire de la soirée électorale : la
« société civile ». Qu'est ce que la « société civile » ?
Une manière de faire asseoir côte à côte, et pêle-mêle,
derrière les politiques, sur des gradins hâtivement
dressés où ils ont l'air d'assister à je ne sais quels jeux
du cirque, les représentants du monde du sport, de la
médecine, de la littérature, de la chanson, j'en passe.
Je m'étais laissé piéger, le soir de Maastricht, par un
dispositif de cette nature. Réflexe, là, de dernière minute. Refus de me prêter à cette mascarade qui fait
donner à la parole de monsieur Lalanne le même poids
qu'à celle de Touraine, Orsenna, d'Ormesson, Attali.
Je refuse cette fausse égalité. Je récuse cette illusion
de démocratie. Et je préfère, pour un soir, m'excepter de
la « société civile ».

L'air défait de Jean-Marie Le Pen. Il sait, lui, qu'il a
perdu et qu'il n'a finalement pas été l'arbitre de cette

élection présidentielle. 15% ? Oui, bien sûr, 15%. Mais ils n'ont pas infléchi, ces 15%, la ligne des candidats. Ils ne les ont pas conduits à durcir, ni radicaliser, leur propre discours. On n'a pas entendu, pour aller à la pêche à ces 15% d'électeurs, plus de propos sur l'immigration, l'insécurité, les odeurs. Bref, la classe politique a tenu bon. Elle s'est refusée à flatter la Bête. Elle n'a même pas fait le classique *distinguo* entre les « méchants chefs » avec qui on ne négocie pas et le « bon peuple lepéniste » qu'il conviendrait, lui, de caresser dans le sens du poil. Le Pen sait tout cela. Il est à peine plus de vingt heures et on voit à sa mine qu'il a déjà compris que, pour la première fois, le chantage n'a pas marché et que ses électeurs n'ont, politiquement, *servi à rien*. Alors, il perd la tête. Il dit n'importe quoi et, donc, ce qu'il a sur le cœur. Et c'est l'incroyable diatribe sur l'origine « israélite » des assassins dont s'était inspiré Roger Hanin pour tourner son *Train d'enfer*. Personne, sur le plateau, ne relève ? Normal. Il a perdu, Le Pen. Il perd la tête, parce qu'il a perdu. Et c'est, je le répète, l'un des grands événements, non seulement de la soirée, mais de l'élection. C'est à Philippe Seguin qu'il reviendra de dire la messe – et ce seront ces mots simples, si simples que, soyons francs, on les espérait depuis dix ans : nous ne sommes pas des vôtres; nous n'avons rien à partager avec vous; il n'y pas « une » famille dont vous seriez l'extrême et dont nous serions, nous, gaullistes, l'aile raisonnable ou modérée; nous ne partageons ni les mêmes valeurs ni, *plus essentiel*, le même espace.

Chirac, à nouveau. Cette image, décidément bien troublante, du nouveau président dans les rues de Paris, coincé dans les embouteillages, sans escorte. Repensé à cette phrase de Danielle Mitterrand, peu après le 10 Mai 1981 : « J'ai su que c'était gagné quand, revenant de Château-Chinon, j'ai vu que nous brûlions les feux rouges ». Eh bien là, c'est le contraire et la voiture, étrangement, s'arrête à *tous* les feux rouges. Humilité soudaine ? Ce n'est pas le genre. Calcul ? Ce n'est pas le moment. Les circonstances ? Le hasard ? Il n'y a, ces soirs-là, ni circonstances ni hasard. Non. Ce que cette scène a de beau, c'est qu'elle échappe à ses protagonistes et qu'elle est, en même temps, formidablement chargée de sens. S'il fallait un signe, un seul, que nous avons changé d'époque et que l'heure était venue d'entrer, quel que soit l'élu, dans l'ère d'une présidence-citoyenne, elle serait là : dans cette image d'un vainqueur qui, naturellement et, j'imagine, sans y penser, *s'arrête à tous les feux rouges*.

Mitterrand, justement. Dernières images de Mitterrand dans son rôle de président. Et la coïncidence providentielle qui les fait correspondre avec celles de la commémoration de la libération de l'Europe. Pétainiste, Mitterrand ? Antigaulliste ? Ce lapsus encore – mais est-ce bien un lapsus... – qui lui fait saluer le « courage » des soldats de la Wehrmacht ? Oublié, tout cela ! Effacé ! Écrasé par le rouleau compresseur de cérémonies où, de Paris à Berlin et à Moscou, il semble que les puissants du monde ne sont là que pour rendre hommage au dernier des leurs à avoir connu la guerre ! Le calendrier, c'est-à-dire le Spectacle, vote Mitterrand. On dirait qu'il n'existe, ce calendrier, que pour blanchir, et honorer, le vieux président. On croit rêver mais on assiste, oui, à ce miraculeux renversement : un homme vaincu, désavoué par les urnes et par l'Histoire, auquel tous, ou presque, promettaient une fin de règne tragique ou, simplement, sans gloire – et qui voit s'offrir la scène d'une apothéose où c'est la terre entière qui vient lui dire au revoir. Malentendu ? Sans doute. Mais allez savoir si ce n'est pas ce type de malentendus qui, parfois, scellent un destin.

97

Je me souviens de François Mitterrand.

Je me souviens que Mitterrand a commencé son règne rue Soufflot, là où *L'Éducation sentimentale* se terminait. Normal, puisque Flaubert annonce – déjà – la fin du socialisme.

Je me souviens d'Aragon, à la Bastille, hurlant :
« Poulidor au pouvoir ».

Je me souviens du jour où Mitterrand a lu, dans le
regard de ceux qui le félicitaient de sa victoire :
« Comme c'est triste que ce ne soit pas Mendès ! Quel
dommage que ce ne soit que Mitterrand ! » De ce jour
date, j'en suis sûr, l'inexpiable haine de Mitterrand
contre Mendès.

Je me souviens du jour où il a invité Sollers à déjeuner dans le seul but de lui demander les « clefs » d'un
de ses romans.

Je me souviens que Mitterrand reconnaissait ses
vrais ennemis à ce qu'ils avalaient le « e » de son nom
et disaient – disent encore ? – « Mitrand ».

Je me souviens que l'on repérait, en revanche, le
mitterrandiste de stricte obédience à ce drôle de geste
qu'ils lui avaient tous emprunté : la main gauche posée
à plat sur la table, la droite qui la caressait en un geste
à la fois prudent, cauteleux, voluptueux. « Le geste de
la secte », m'avait dit Gaston Defferre qui riait, lui, de
cela et du reste.

Je me souviens que le Front national était à moins de
2% en 1981.

Je me souviens – soyons justes – que les communistes étaient, eux, presque à 20%.

Je me souviens du jour – et du moment – où Mitterrand a appris que Rocard quittait le gouvernement. Il était en train de voir, au Club 13, un film de
Lelouch qui s'appelait *Partir, revenir*.

Je me souviens que ces quatorze ans de mitterrandisme sont quatorze ans de plus dans la vie de chacun
d'entre nous et donc, forcément, dans la mienne.

Je me souviens du temps où il venait, parfois, fêter
mon anniversaire. Et je me souviens que, la dernière

269

fois, Jean-Paul Dollé, ivre, lui avait renvoyé à la figure son rôle pendant la guerre d'Algérie. La haine des ex-militants gauchistes envers Mitterrand... Si j'ai aimé Mitterrand c'est que je n'ai, au fond, jamais été un vrai militant...

Je me souviens de ces jeunes femmes qui pensaient face à lui : « Comme je suis intéressante ! il n'y a rien au monde de si intéressant que moi ! »

Je me souviens d'un Mitterrand qui sut, dès le premier jour, occuper toutes les cases de l'échiquier politique : les gaullistes et les antigaullistes, les pro et les antiatlantistes, les crypto et les anticommunistes, le marché et les nationalisations, le « coup d'État permanent » et la consécration des institutions de la Cinquième République. Je me souviens d'un joueur qui, aux dames, se serait arrogé le droit d'occuper et les noirs et les blancs. Et je me souviens d'un président qui aura été, de ce fait, bien plus représentatif de la France que Giscard, Pompidou et de Gaulle.

Je me souviens du jour où j'ai compris qu'il n'avait jamais lu, de Marx, que le *Manifeste communiste*.

Je me souviens qu'il n'aimait pas tant que cela Chardonne, ni Drieu, ni la littérature de droite.

Je me souviens que, dès 1982 en revanche, dans une interview à *Paris-Match*, j'avais parlé du « pétainisme » de Mitterrand. Il m'avait fait venir à l'Élysée et nous avions fait, mot à mot, une explication de mon texte.

Je me souviens de Jean-Pierre Chevènement dont j'avais révélé, dans *Le Matin* de Claude Perdriel, le passé maurrassien. Et je me souviens que, du jour au lendemain, l'unique exemplaire de son mémoire sur *Maurras et le nationalisme français* avait bizarrement disparu de la bibliothèque de Sciences Po. Mais qui, à part Mitterrand (qui ne cessa, il faut bien le dire, jamais de défendre son ministre) a envie de se souvenir, aujourd'hui, de Jean-Pierre Chevènement et de son mémoire ?

Je me souviens, aussi, de Mitterrand à la Knesset.

Je me souviens – toujours la même volonté d'occuper toutes les cases du damier... – du Mitterrand intraitable sur la question du racisme.

Pourquoi Mitterrand a-t-il finalement choisi de livrer lui-même les clefs de son passé vichyste ? Je me souviens m'être dit, au moment de la publication du livre de Pierre Péan : « Il a fini par comprendre qu'il ne sera *jamais* l'un des très grands hommes d'État de l'Histoire de France ; qui sait s'il ne tente pas de marquer l'époque en devenant, à défaut, un immense personnage de roman ? ». Il faudrait un Valéry capable d'écrire une « situation de Mitterrand » où il serait dit : « De Gaulle avait pris la France ; Jaurès et Blum, le socialisme ; il ne lui restait que la légende – devenir ce mystère vivant, cette énigme inépuisable, offerte à la sagacité de générations de commentateurs ».

Je me souviens que Mitterrand a créé *Arte* et que, dans la colonne positive du bilan, cela vaut bien les « acquis sociaux ».

Je me souviens de Mitterrand interpellant Brejnev, au Kremlin ou petit-déjeunant, à Prague, avec un proscrit nommé Havel. Et cela, aussi, était beau.

Je me souviens du jour où j'ai apporté à Mitterrand le message de détresse du président bosniaque Izetbegovic. Je me souviens de celui où je lui ai amené, un an après, le président bosniaque en personne. Je me souviens de son voyage à Sarajevo, bouleversant. Et puis je me souviens avoir rompu le jour où, étant venu le filmer pour *Bosna !*, je compris qu'il avait été le premier chef d'État à être informé de l'existence de camps en Bosnie et que, de cette information, il avait choisi de ne rien faire.

Je me souviens de tant de choses... Comme dit un proverbe africain que m'a cité, un jour, Mitterrand : « Quand la mémoire va chercher du bois, elle rapporte le fagot qui lui plaît ».

Je me souviens avoir voté pour un socialiste nommé Jospin auquel il préféra, quoi qu'il en dise, un adversaire nommé Chirac. Parce qu'il voyait en lui un autre lui-même ? Un double fraternel ? Cet autre jour où il a dit :« Chirac c'est moi, en pire ».

Je me souviens de Mitterrand

Les années Mitterrand, mode d'emploi.

98

Ce que fait Gilles Jacob. Comment filme Kassovitz. Bosna !, un an après. Le cinéma et ses sociétés secrètes. L'événement Oliveira.

Cannes. Ce qu'on ne dit pas assez du Festival pensé, *fomenté,* par Gilles Jacob : il offre, non un état du cinéma, mais un état du monde. Prenez la sélection de cette année (comme, d'ailleurs, des années précédentes). Je lis qu'il aurait « dosé » films français et étrangers, européens et américains, premiers films et cinéastes confirmés, j'entends même qu'il aurait composé son anthologie en fonction des « vedettes » susceptibles d'accompagner ou non les œuvres sélectionnées – encore un peu et on nous raconterait qu'il fabrique sa sélection comme Juppé un gouvernement. Qu'il y ait *aussi* des soucis « stratégiques » dans une sélection cannoise c'est, évidemment, possible. Mais ce qui me frappe, moi, c'est la formidable cohérence esthétique, donc éthique, du paysage et c'est l'impression que, si on mettait bout à bout cette collection d'images, on aurait une idée, ma foi, assez juste de l'état présent de nos esprits, de nos imaginaires, de nos espérances, de nos peurs. Vue aérienne de la planète. Photographie, à l'instant T, d'un monde et de ses âmes. Cannes ou l'état des choses.

Émotion cannoise. Le film de Kassovitz. Un vrai film noir. Un vrai film prémonitoire. Un cinéaste français qui filme – enfin ! – comme Scorsese ou Spike

Lee. Ce qu'est un lien social et comment il se rompt : une vraie question ; un cinéaste pour la traiter.

Autre émotion cannoise. Le *Land and freedom* de Ken Loach. Un vrai film sur la guerre d'Espagne. Mais, aussi, sur d'autres guerres. Ce qu'est une cause juste, qui sont ceux qui la défendent, pourquoi ce sont des héros et pourquoi les héros ne sont pas des saints : une vraie réflexion de fond ; des images pour la mener ; je pense – comment faire autrement ? – aux images de la pauvre Bosnie.

La Bosnie, justement. Mon film sur la Bosnie. Un an déjà que, grâce à Gilles Jacob justement, *Bosna !* arrivait sur la Croisette et, avec lui, quelques-uns des témoins, vivants ou morts, de la résistance bosniaque. Ce que vaudraient ces images un an après ? Si elles nous parleraient encore ? Si le témoignage ne se serait pas déjà – et tant mieux ! – converti en histoire et en mémoire ? C'est la question que se posaient alors la plupart de ceux qui m'aidaient à faire advenir le film. Et je revois René Bonnel, un matin, dans son bureau de *Canal plus*, me dire, un rien provocateur : « Je ne peux souhaiter meilleur sort à votre film que d'être, un an après, périmé ». Eh bien l'année a passé. *Canal* diffuse le film. Et la mauvaise nouvelle c'est que, la guerre continuant, il n'a, hélas, pas pris une ride.

Ce mot de Mozart sur ceux de ses concertos qu'il aimait le moins : « Ils sont brillants, mais ils manquent de pauvreté ». Est-ce cela (cette pauvreté) qui manque à *Jefferson in Paris* – la déception cannoise de cette année ?

Ce n'est certes pas de la même « pauvreté » qu'il s'agit. Mais peut-on donner tort à Marin Karmitz quand, dans *Télérama*, il déclare : « Un film cher c'est un film qui n'est pas libre » – puis : « Un film cher n'est qu'un amas de conformismes » ?

La différence entre le cinéma et la télévision : le cinéma a une histoire ; la télévision n'a pas d'histoire.

Une autre différence ? Il se fait, autour d'un film, une conjuration d'amis ou d'amateurs, une société de fidèles ou d'admirateurs – il se constitue, comme autour d'un roman, l'une de ces églises invisibles dont les dévots célèbrent on ne sait quel culte secret aux rites jalousement préservés. Cette loi, qui se vérifie pour tous les films, même les plus confidentiels, on ne l'a jamais vue jouer avec un téléfilm ou une émission. La télévision a un public. Le cinéma, des spectateurs.

Le cinéma perd-il le monde, ou nous le rend-il ? Le cinéma a-t-il affaire au monde ou, comme les autres arts, au cinéma ? Wenders, dans son « portrait » de Lisbonne, est-il le dernier disciple du groupe « Dziga Vertov » et de son rêve d'un cinéma exhibant, mettant à nu, son « processus de production » ?

Ma dernière très grande émotion cannoise : le *Couvent* de Manuel de Oliveira. Le visage familier de Deneuve. Celui de Paul Malkovich. Ces personnages – *Valmont* pour l'un ; *Belle de jour*, pour l'autre – qui, dans mon imaginaire de cinéphile, leur collent à la peau, habitent leurs gestes et leurs traits, les hantent et, au fond, les possèdent. Eh bien le film commence et il ne faut pas trois minutes pour que la magie opère : celle d'une caméra qui les dénude, les vide de leur substance acquise, sépare leurs corps de leurs visages, désaccorde ces visages et leurs voix, bref, brise le sort qui les tenait pour, à son tour, les subjuguer. Rompre le charme et le recréer, désenchanter et réenchanter un corps, désenvoûter un être pour, à nouveau, l'ensorceler : qu'est-ce qu'un grand cinéaste sinon un exorciste diabolique ?

Le cinéma, à Cannes et ailleurs, continue vaillamment le combat. Tant qu'il y aura des hommes – ou des femmes – pour croire qu'une voix travaillée vaut mieux qu'une voix naturelle, le cinéma vivra.

99

On ne joue pas avec l'honneur des hommes. Un Diên Biên Phu politique ? Adresse à Jacques Chirac. La leçon de Sarajevo. L'affaire Kusturica.

Comment, cette semaine, songer à autre chose qu'à ces casques bleus enchaînés, transformés en boucliers humains, humiliés ? On a beau ne pas être « chauvin », ni particulièrement « patriote ». On a beau répugner aux grands mots sur « l'honneur de la France », le « drapeau insulté », etc. Il y a là des images terribles, étrangement bouleversantes et dont chacun sent bien qu'elles l'atteignent au plus profond. Loi du Spectacle, sans doute. Mais loi, aussi, des Nations et de ce qu'il faut bien appeler leur narcissisme communautaire. Nous en sommes *tous* là, je crois : sidérés par les images de cet abaissement sans précédent – la première fois dans l'Histoire, me dit un ami militaire, qu'un bataillon de la Légion, ce corps d'élite de l'armée française, est contraint de se rendre sans combattre, derrière un drapeau blanc, parce qu'une bande de soudards le menace et qu'un mandat inepte l'enjoint de ne pas riposter. Stupeur. Vertige. Et chez ceux qui s'étaient accommodés de l'idée des 300 000 otages bosniaques de Sarajevo, chez ceux – hélas nombreux – qui tendaient à oublier qu'il y en avait encore autant dans les zones dites « protégées » de Zepa, Tuzla, Srebrenica, Gorazde, cette nausée, ce haut-le-cœur – et cette envie de dire, *enfin* : « C'est assez, l'impunité a assez duré ».

Conversation, ce matin, avec un autre officier – mais qui se trouve, lui, en poste au PTT building de Sarajevo. C'est, cela va sans dire, un soldat discipliné. Il est, comme tous ses camarades, *définitivement* républicain. Mais, dans la voix de cet homme que je connais bien, je sens, pour la première fois, plus qu'une amertume, ou une colère, une attente immense – et qui ne souffrira plus d'être déçue. Ce qu'il attend, au juste ? Que ses camarades soient libérés. Mais, aussi, que l'affront soit lavé. Je livre son témoignage à ceux qui entourent, ou conseillent, le président français. Ils savent, comme moi, que l'on ne joue pas avec cela. Ils savent, mieux que moi, ce qu'il en coûte de laisser croître, au sein d'une armée républicaine, cette sensation d'abandon ou de trahison. Les Serbes ne sont forts que de notre faiblesse. Nos otages ne sont otages que parce qu'une politique irresponsable *les met* en position d'otages. Sarajevo n'est pas Diên Biên Phu; mais il y a, dans les rangs de l'armée française, le sentiment d'un Diên Biên Phu, non pas militaire, mais politique – et dont les politiques auront été les artisans.

L'autre raison, pour Jacques Chirac, d'agir, et d'agir vite, c'est l'effroyable exemplarité qu'aurait, sinon, son impuissance. Je me mets un instant à la place d'un fondamentaliste algérien, soudanais ou iranien. Comment éviter que, dans la tête de tous les tyrans du monde, ou dans celle des maîtres chanteurs qui, partout, attendent l'occasion propice, ne s'impose cette évidence : « Voilà ce qu'est la France; voilà comme on peut la traiter; un contingent de casques bleus ? une représentation militaire ou diplomatique ? c'est la menue monnaie dont elle paie, désormais, ses renoncements ». Quand la guerre a commencé en Croatie nous étions quelques-uns à dire : « Si l'on ne fait rien, il y aura d'autres Croatie » – et ce fut, en effet, la Bosnie. Quand la guerre s'est étendue à la Bosnie, nous prédisions : « Si l'on ne fait encore rien, il y aura d'autres Bosnie » – et ce fut la Tchétchénie. Puissent-ils se tromper, ceux qui annoncent maintenant : « Si l'on ne fait *toujours* rien, si l'on accepte, sans répliquer, que des bandes fascistes s'emparent de nos soldats pour mieux nous dicter leur loi, ce sera comme une épidémie – une nouvelle stratégie planétaire qui sera celle du bouclier humain »...

Alors, bien entendu, la question que chacun se pose c'est, à partir de là, « que faire ? » Je n'ai, cela va de soi, pas de solution miracle à proposer. Mais je crois, néanmoins, que l'on a toujours, dans ce type de situation, deux attitudes possibles. Soit négocier ses otages, marchander leur liberté et leur honneur – c'est-à-dire, pour être clair, les échanger contre des cadeaux à Milosevic (levée partielle des sanctions) et à Eltsine (absolution des crimes commis à Grozny). Soit *exiger* cette liberté, annoncer qu'elle ne peut être qu'*inconditionnelle* – et dire, en gros, ceci : « nous tenons Mladic et Karadzic pour personnellement responsables de la sécurité de nos soldats; qu'il arrive malheur à l'un d'entre eux et c'est *sur leur propre tête* qu'ils auront à en répondre ». On connaît la logique des prises d'otage. On sait que la seconde position est la seule qui ait jamais payé. S'en souviendra-t-on à l'heure où il faudra, à nouveau, choisir entre le langage de la capitulation et celui de la dissuasion ?

Un dernier mot. Je ne répondrai pas aux injures dont m'abreuve, dans chacune de ses interviews, le cinéaste Kusturica. Mais je relève l'admirable réaction des intellectuels bosniaques quand ils ont appris que le plus grand festival de cinéma du monde venait de distinguer, au moment même du massacre de Tuzla, un homme qui les a trahis, qui les insulte depuis trois ans, qui a choisi le camp de leurs bourreaux et que leurs bourreaux, en retour, saluent comme l'un de leurs porte-drapeau. Ils ont pleuré, ce soir-là, les gens de Sarajevo. Ils ont eu le sentiment d'être abandonnés comme jamais. Mais ils ont eu, oui, l'incroyable force de dire : « Nous n'avons pas vu le film; peut-être est-il, en effet, très beau; peu importe, dans ce cas, la blessure; peu importe la solitude; gloire à l'art si c'est à lui, et à lui seul, qu'il doit d'être ainsi consacré ».

100

L'affaire Kusturica, suite. Un sommet de l'audiovisuel public ? Le dernier des Médicis. Le charme discret de Turin. Les mystères de Lisbonne. Jean Clair et son Munich culturel.

Une « affaire » Kusturica ? Mais oui. Je maintiens le terme. Non pas à propos du film que je n'ai, je le répète, pas vu. Mais à cause de l'homme, du personnage public et des déclarations *politiques* qu'il multiplie depuis trois ans – entre autres, et pour s'en tenir au plus récent, l'interview parue dans le dernier numéro des *Cahiers du cinéma* et à laquelle les lecteurs sceptiques peuvent aisément se référer : le cinéaste y fait l'éloge de Milosevic ; il nie le projet grand-serbe ; il reprend les termes mêmes de la propagande national-communiste la plus éculée pour fustiger le « passé » nazi de la Croatie et de la Bosnie ; le tout au moment même où il achève de tourner, à Belgrade, le film qui va recueillir la Palme. Que l'on couronne un tel film n'a, j'y insiste, rien, en soi, de scandaleux. Et l'histoire de la littérature est pleine d'écrivains antisémites, fascistes, staliniens qui n'en étaient pas moins, *aussi*, de grands artistes. La seule question est de savoir : 1) si le jury de Cannes, Nadine Gordimer et Jeanne Moreau en tête, savait qu'en couronnant cet homme il se trouvait dans la situation d'un jury qui, en 1938, aurait couronné, mettons, Céline ; 2) si Kusturica est réellement, au cinéma, ce que Céline était à la littérature – c'est-à-dire un immense artiste dont une sorte de grâce conjurait, dans les œuvres majeures, le poids des « opinions ». Réponse en septembre – quand il sera possible, enfin, de juger sur pièces.

Turin. Sarajevo est loin, soudain. Et une seule question, ici, paraît intéresser la presse : Silvio Berlusconi gardera-t-il, ou non, son empire ? sa Fininvest étouffera-t-elle, ou pas, ce qui reste de la télévision publique en Italie ? l'industrie des loisirs, son abrutissement programmé, ses jeux, ses fictions imbéciles, auront-ils raison, à la fin, du pari sur l'intelligence ? Réponse, cette fois, dès dimanche, par voie de référendum – au moment même où se tiendra, à Paris, à l'initiative de France-Télévision et de son Président, Jean-Pierre Elkabbach, un « sommet de l'audiovisuel public ». La guerre des images. La guerre tout court. Et si c'était, au fond, le même combat ? J'attends. Mais j'y reviendrai.

Le meilleur connaisseur, à Paris, de ce « désastre italien » (qui pourrait encore, soit dit en passant, devenir un désastre européen, et donc français) s'appelle Daniel Toscan du Plantier. Il publie, ces jours-ci, un livre, *L'Émotion culturelle* (Flammarion) qui va très au delà de ces questions. Mais ne serait-ce qu'à cause de ce qu'il y raconte des rapports du cinéma et de la télévision, ou de la télé privée et de la télé publique, ne serait-ce que pour le portrait de Rosselini, ou pour les pages consacrées à l'aventure d'*Arte*, il faudrait, toutes affaires cessantes, le lire. Tout Toscan est là. Sa fougue. Sa passion. Son adoration pour les artistes. L'autoportrait d'un homme qui s'est longtemps pris pour un prince florentin du XVIᵉ siècle finançant ses cinéastes comme un Médicis ses peintres. Mais aussi, oui, une vision du septième art en art jeune, tout juste naissant, fragile donc, et auquel ne manque, peut-être, que le *dessein politique* dont ce petit livre – à bon entendeur salut – offre l'esquisse.

Il y a un problème avec Turin disait, je crois, Stendhal. C'est qu'on y arrive toujours *trop tôt* – impatient de « descendre » vers Naples, Rome ou Florence et d'en découvrir les célèbres merveilles ; ou *trop tard* – on remonte déjà vers Paris, on est à la fin du pèlerinage et on a l'œil si saturé de beauté que la curiosité s'est émoussée. Eh bien, pour une fois, je suis venu à Turin. J'y reste un peu. Et je *prends le temps* de jouir de sa beauté un peu théâtrale – son impeccable géométrie, ses arcades presque trop sévères, son côté capitale déchue qui en rajouterait dans la froideur et la pompe. Comme à Genève, le charme des villes en disgrâce.

Le contraire de Turin ? Lisbonne. Ses rues étroites comme des couloirs. Ses grottes. Ses recoins ingénieux. Ses maisons qui tournent le dos à la mer. Ce funiculaire en panne qui m'oblige à monter à pied jusqu'aux limites du Bairro Alto. Ses escaliers tourmentés et comme agrippés à la colline. Ses empierrements savants, aux couleurs délavées. Ses façades. Ses trompe-l'œil. Ce dédale, en un mot, où, bizarrement, on ne se perd pas... C'est à Lisbonne que Larbaud se rappelle que le labyrinthe est, chez les Grecs, le lieu où, par définition, il est impossible de s'égarer. C'est à

Lisbonne que j'aurais aimé voir le film de Wenders – ce dédale d'images où l'on retrouve, du même pas, l'amour du cinéma et de l'Europe.

Il y a l'affaire Kusturica. Mais il y a aussi, peut-être plus grave, le scandale des artistes bosniaques censurés à la prochaine Biennale de Venise. L'histoire est simple. Le commissaire général, Jean Clair, prévoit une exposition d'artistes ex-yougoslaves. Il pressent, pour cela, une philosophe, spécialiste de l'image, Marie-Josée Mondzain. Celle-ci sélectionne quatorze artistes, notamment bosniaques, qui témoigneront à leur façon de l'esprit de Sarajevo. L'Ambassade de Serbie proteste. Le commissaire général se couche. Et cet homme, par ailleurs directeur du musée Picasso, consent à ce que ne soient montrées, dans le pavillon dit yougoslave, que les œuvres d'artistes officiels serbes. Le même Jean Clair, en 1936, au moment de l'Exposition universelle de Paris, aurait-il décroché *Guernica* pour n'exposer qu'Arno Breker ?

101

Encore un effort, monsieur Chirac. La réussite d'Elkabbach. Comment résister au Front national. François Pinault, l'irrégulier. Hemingway journaliste.

Bien sûr, le ton a changé. Jacques Chirac parle de « terrorisme ». Il appelle les Serbes des « barbares ». Il leur tient – enfin – le seul langage qu'ils puissent entendre : celui de la fermeté. Et pour tous ceux qui, comme moi, adjuraient, depuis trois ans : « Parlez, monsieur le Président ! essayez déjà de parler ! peut être suffira-t-il d'une parole forte, et qui porte, pour faire reculer des hors-la-loi qui ne sont forts que de notre faiblesse », il y a là un progrès que l'on aurait mauvaise grâce à ne pas saluer. Une seule question, alors : le nouveau président en restera-t-il là ? se tiendra-t-il quitte de tout devoir en ayant récupéré ses casques bleus ? ou ira-t-il jusqu'à dire : il y a plus « intolérable » encore que l'humiliation d'un soldat

– et c'est l'humiliation de 300 000 hommes, femmes et enfants, otages, eux aussi, des Serbes et quotidiennement bombardés, depuis trois ans, dans une ville européenne assiégée ? Je n'ai, il le sait, pas voté pour lui. Mais il jouit, il le sait aussi, d'un état de grâce qui donne au moindre de ses mots un écho immense. Puisse-t-il saisir cette chance. Puisse-t-il être le premier chef d'État à prendre enfin, clairement, le parti de la démocratie et du droit. Pour le gaulliste qu'il est, ce serait l'occasion *historique* de se montrer fidèle à cette « idée de la France » dont il se dit, et se veut, l'héritier.

Milan. Conférence de presse de Jean-Pierre Elkabbach commentant, aux côtés de la présidente de la *RAI*, les résultats du sommet des télévisions publiques européennes qu'il a réuni la veille à Paris et où s'est dessiné une sorte de « front commun » destiné à contrer ce que la presse, ici, appelle la « télé Berlusconi ». Qu'est-ce au juste, qu'une « télévision publique » ? Et qu'est-ce qui la distingue, vraiment, des télévisions dites « commerciales » ? Au fond, et si l'on suit Elkabbach, trois paris. Le primat de la « production » sur la « diffusion ». Le refus d'opposer le « divertissement » à la « culture ». Et puis la volonté, enfin, de concilier l'impératif du marché (ce fameux « audimat » dont il est définitivement absurde de penser qu'une télévision puisse s'affranchir) et l'exigence de qualité (à laquelle il est parfaitement scandaleux de croire qu'une « série », même « populaire », doive être, par nature, étrangère). Je dis bien que ce sont des paris. Ou des défis. Qu'ils soient si nettement formulés et qu'ils le soient, surtout, à l'échelle de ce *réseau* de télévisions tissé à l'échelle du continent, voilà la bonne nouvelle de la semaine.

Vitrolles. Conversations, depuis lundi, avec des amis de Vitrolles, épouvantés à la perspective que leur ville puisse devenir l'une des premières villes de France à porter à sa tête, depuis la guerre, un maire néofasciste. J'approuve, bien entendu, leur idée de « Front républicain ». Mieux : modestement, dans la mesure de mes moyens, je m'efforce de l'appuyer

– quitte à aller, sur le terrain, les aider à faire campagne. Mais j'essaie aussi, *et en même temps*, de leur expliquer que cette belle idée, c'est-à-dire, si les mots ont un sens, l'idée d'une union sacrée des forces démocratiques contre un parti qui prêche la haine et fomente la guerre civile est très précisément ce que ledit parti dénonce, ce contre quoi il prétend s'insurger et ce dont il s'est, depuis dix ans, nourri. Alors ? Alors, impasse. Pour le coup, quadrature du cercle. Et pénible sentiment d'être engagés dans une lutte obscure, prolongée, interminable peut-être – sans qu'il y ait, pour l'heure, de stratégie dont l'adversaire ne sache tirer des effets pervers et tourner à son avantage les intentions.

Interrogé pour la énième fois – aujourd'hui, un journal américain – sur mon amitié avec François Pinault. C'est drôle comme cette amitié intrigue et comme ce type de journaliste a du mal à admettre qu'un intellectuel et un patron, un écrivain et un bâtisseur d'empire, puissent avoir, comment dire ? *des choses à se raconter*... J'essaie, en l'occurrence, d'expliquer que le bâtisseur en question est surtout un singulier personnage, passablement irrégulier, dont je ne suis pas du tout certain, par exemple, qu'il soit mû par le goût de l'argent ou du pouvoir. Et j'ai l'impression de beaucoup le surprendre, surtout, quand je lui dis que oui, bien sûr, nous nous sommes vus récemment ; que, oui, c'était peut-être bien le jour, ou la veille, ou le lendemain, de cette fameuse « offensive » sur Suez qui semble tant le passionner ; mais que, non, nous n'en avons pas dit un mot et que, si étrange que cela paraisse, nous n'avons parlé, ce matin-là, que de la Biennale de Venise, de l'éclipse des avant-garde, de la bonne qualité du pavillon russe et puis d'un écrivain, Salman Rushdie, dont celui qui est aussi, à travers la FNAC, le premier libraire de France, me demande régulièrement des nouvelles. Inertie des images. Paresse des douaniers de la culture. Difficulté à leur faire admettre, au fond, qu'il y a partout des hommes libres – capables d'être, parfois, étrangers à eux-mêmes et à leur destin.

Plus passionnant encore que le recueil de nouvelles publiées deux fois – n'insistons pas ! – par Gallimard, la réédition, chez le même éditeur, d'un recueil d'articles d'Hemingway intitulé *En ligne*. Toujours, face à ce type de textes, on demande : « Quelle place dans l'œuvre de l'auteur ? et faut-il, ou non, les intégrer dans son corpus global ? ». Parfois on dit : « Oui, bien sûr – autant de tenue dans ces pages de circonstance que dans les livres composés ». Parfois : « Non, pas tout à fait – ce sont comme des brouillons, ou des esquisses, pour les livres à venir ». La réponse, en l'occurrence, est plus complexe et, donc, plus passionnante. Car ce sont des ébauches, en effet. Mais on a le sentiment que ce qui s'annonce dans ces ébauches c'est moins des thèmes que des postures, des fragments d'œuvre que des tranches de vie. Ou, plus exactement, on a le sentiment que l'auteur s'y sert du journalisme *pour essayer la vie dont il fera son œuvre*. La vie comme un brouillon dont la littérature va s'emparer.

102

Non, il ne faut pas boycotter Toulon ! Courez voir le film d'Anne Fontaine. Hemingway a-t-il, vraiment, aimé Ava Gardner ? Pauvre Cioran ! L'affaire Rushdie n'est pas finie.

Mais non, bien entendu, il ne faut pas « boycotter » les villes conquises par le Front national. Car prenez Toulon, par exemple. Il y a tout de même, à Toulon, deux électeurs sur trois qui n'ont pas voté pour le nouveau maire lepéniste. Faut-il les sanctionner, eux aussi ? les confondre dans le même opprobre ? et n'est-il pas, non seulement plus efficace, *mais plus moral*, d'aller au contraire à leur rencontre – ne serait-ce que pour les soutenir et leur montrer qu'ils ne sont pas seuls ? J'étais à Vitrolles la semaine dernière, quand il s'agissait de barrer la route à l'extrême-droite. J'irais, la semaine prochaine, à Toulon si j'avais le sentiment, ce faisant, d'aider ceux qui n'ont pas endigué la vague mais n'abandonnent pas – et heureusement ! – l'idée d'y résister. Bref qu'un maire néofasciste annule le concert de Patrick Bruel, c'est ce que l'on pouvait craindre. Mais que Bruel s'annule lui-même, qu'il se censure avant les censeurs et qu'il prive, autrement dit, la ville d'une manifestation musicale qui aurait forcément tourné à la manifestation anti-Le Pen, voilà qui est étrange et, pour tout dire, un peu absurde. Générosité de Bruel. Évidentes bonnes intentions. Mais est-ce, tactiquement, ce qu'il fallait faire ?

Il y a *un* film à voir cette semaine, à Paris – et si j'étais lecteur de cette chronique, compte tenu de la durée de vie de plus en plus incertaine, sur les écrans, des vrais beaux films d'auteur, j'essaierais de ne pas trop tarder : c'est l'« Augustin » d'Anne Fontaine, conte insolite et désopilant, dominé par un acteur inconnu mais assez génial – et où l'on ne sait trop ce qui l'emporte de la mélancolie joyeuse ou de la plus généreuse des dérisions. Jubilation constante. Intelligence des situations. Mise en péril, permanente, de la frontière du réel et de la fiction. Et des scènes si bien pensées, composées, calculées, qu'elles en ont l'air improvisées. J'ai écrit un jour, ici même, que les films devraient être comme les livres et avoir des longueurs variables – dix minutes, ou dix heures, selon leur rythme propre et leur intime nécessité. Eh bien ce film-ci dure une heure et une minute. Et l'on se dit, quand on en sort : « A la minute près, c'est *sa* longueur ».

Ce qu'il y a de plus embêtant dans l'affaire des deux éditions successives, chez Gallimard, des nouvelles « inédites » de Hemingway c'est que l'on pourrait passer à côté de l'importante préface que Philippe Sollers a donnée à la seconde. Ce serait dommage. Car ce théoricien des « exceptions » a, comme d'habitude, vu l'essentiel. D'un côté, dit-il en substance, un homme qui se met en règle avec le monde en lui donnant son compte de comédie : des guerres, des combats de boxe, Ava Gardner, une corrida – tous ces gros morceaux de légende qu'exige le Spectacle et dont il fait son carburant. Et puis, ensuite, dans le dos de ce Spectacle, et une fois qu'il lui a donné le matériau qu'il va charbonner, de la pensée, de la finesse, un dialogue pour rien, une subtilité psychologique, une description, bref, *de la littérature*, cette marchandise improbable, invendable, qui ne passe jamais qu'en contrebande, sous d'autres pavillons – et ce sont les très beaux romans de la fin. Une seule question. De qui parle Sollers, dans son texte ? De Hemingway, vraiment ? Ou de *tout* écrivain, pour peu qu'il ait une « stratégie d'ensemble » ?

Pauvre Cioran ! Rien ne lui aura été épargné. Ni la maladie, interminable. Ni l'aphasie, baudelairiennne. Ni la curée nécrologique – lui que la perspective même d'avoir, un jour, des biographes dissuadait, disait-il, « d'avoir une vie ». Et puis enfin, ce matin, cette messe que l'on célèbre, me dit-on, en l'église orthodoxe roumaine de la rue Jean-de-Beauvais ! Dans quelle cervelle a bien pu germer cette idée ? Qui a pu infliger une messe, et roumaine de surcroît, à ce fils de pope transylvain qui s'est fait un devoir sacré de trahir sa langue maternelle, de renier sa religion paternelle et de désavouer, par méthode, jusqu'à l'idée de « roumanité » ? Des amis trop zélés ? Une veuve abusive ? Allez savoir ! Mais la preuve est là. On peut faire n'importe quoi du cadavre d'un écrivain : son corps, sans doute – mais aussi, et c'est presque pire, son âme.

Interrogé par Josyane Savigneau, pour *Le Monde*, à propos de la nouvelle position iranienne sur la question Rushdie. Je lui exprime mon espoir, bien sûr – mais aussi mon scepticisme et ma crainte. Car qui nous dit, après tout, que les ayatollahs ne sont pas en train de changer, simplement, de stratégie ? Ils passeraient à une fatwah plus discrète. Ils inventeraient une fatwah silencieuse. Ils conjugueraient fatwah et mafia, veillant à ce que le contrat, comme tous les vrais contrats mafieux, soit exécuté dans l'ombre, la clandestinité, le secret. Et ils renoueraient, de la sorte, avec des méthodes plus traditionnelles et, peut-être, plus sûres d'élimination des opposants : celle de Mussolini ordonnant, sans tapage, la liquidation des frères Rossetti ou celle de Staline lâchant les tueurs du NKVD aux trousses d'un Reiss ou d'un Trotsky. Scénario catastrophe ? Sans doute. Mais rien n'autorise, pour l'heure, à l'écarter. Rien ne permet d'exclure que l'on voie un jour surgir un Ramon Mercader chiite qui, au terme d'une longue traque, et pour le compte d'un pouvoir qui se serait, d'avance, innocenté, exécuterait une sentence dont on nous rappelle, par ailleurs, qu'elle est théologiquement imprescriptible. Prudence, donc. Vigilance. Et frivolité de ceux qui, ce jeudi, crient naïvement victoire, s'exclament « l'affaire Rushdie est terminée » et, en échange de bonnes paroles, s'apprêtent à tourner la page.

103

Quand Chirac reçoit les intellectuels. Choses vues à l'Élysée. Ce que nous demandions pour la Bosnie. Le Pen devant les tribunaux ? Où l'on voit que l'actualité va plus vite que le bloc-notes.

Dix intellectuels chez Chirac. Impossible, évidemment, de ne pas comparer avec Mitterrand. La « solennité » de l'un ; la « simplicité » de l'autre. La distance que le premier marquait, d'entrée ; la façon qu'a le second de tutoyer une collaboratrice, de l'embrasser sur le front « mais non, voyons, reste avec nous, prends donc une chaise, reste avec nous ». L'image de l'un – Mitterrand – habitant aussitôt la fonction, s'y installant comme dans un rôle déjà familier ; l'impression, chez Chirac, d'une incertitude ultime, d'un léger (et sympathique !) flottement dans la panoplie : ne le surprendrons-nous pas à répéter deux fois la même phrase ou, au moins, la même idée – il a « oublié » qu'il était président et redira, de manière présidentielle, ce qu'il avait d'abord dit de manière anciennement chiraquienne ?

On pourrait opposer les « impatiences » de l'un aux « nonchalances » de l'autre. On pourrait mettre en parallèle leur rapport respectif au temps (encore que Chirac, « l'homme pressé », prendra bizarrement dix minutes pour, sur le pas de la porte, nous parler du génocide des Indiens d'Amérique). On pourrait rappeler, à l'inverse, que Mitterrand, lorsqu'il entra à l'Élysée, ne pensait qu'à Giscard, n'agissait qu'en fonction de Giscard – il était, Giscard, comme un spectre qui le hantait et dont il s'employait à conjurer les charmes : combien de fois le vis-je témoigner de la curiosité à l'endroit d'hommes et, surtout, de jeunes femmes qui avaient, il le savait, séduit son prédécesseur ! Rien de tel chez Chirac. Rien qui témoigne de pareil envoûtement. Rien qui ressemble à ce désir, au demeurant bien romanesque, de se mesurer au prédécesseur. Et le fait est que pas une fois, en une heure, il ne convoquera ne fût-ce que l'ombre de celui qui, quelques semaines plus tôt, régnait dans les mêmes lieux... Un exemple assez rare, il me semble, d'« exorcisme » spontané, ou de « désir mimétique » entravé – comme si (c'est la seule explication, technique, qui me vienne) il avait déjà enjambé la période mitterrandienne pour renouer avec une autre mémoire et se réinventer, donc, des devanciers.

Bref, j'arrête là les impressions. Car il s'est peut-être passé, cet après-midi-là, quelque chose d'autrement important. Nous venions, avec Françoise Giroud, Jacques Julliard, Jean d'Ormesson, d'autres, plaider, une fois de plus, la cause de la Bosnie martyre. Nous voulions, à la veille du sommet de Cannes, rappeler au nouveau président la promesse qu'il nous avait faite, au moment de la campagne, d'exiger, s'il était élu, la levée de siège de Sarajevo. Eh bien deux jours passent. Cannes arrive. Et voici qu'il propose à ses partenaires un « plan d'action » dont la levée du siège semble être, en effet, l'un des impératifs les moins négociables. Prudence, bien sûr. Méfiance extrême. Mais, si échaudés qu'ils soient, comment les amis de la Bosnie ne s'autoriseraient- ils pas une nouvelle fois (la dernière, peut-être...) à espérer ? La France hausse le ton. Elle paraît dire : « On a tout tenté; tout, jusqu'ici, a échoué; essayons donc le courage, c'est-à-dire la fermeté ». Et c'est comme un son nouveau qui, s'il s'obstine, pourrait aller jusqu'à Belgrade et même Pale.

Toujours le Front national. Il y a presque plus grave que les villes qu'il a conquises : c'est le ton de ses leaders, les mots qu'ils emploient désormais, le pas nouveau que franchit Le Pen quand il appelle Bruel « Benguigui » – ne prenant même plus la peine, alors, de déguiser en « lapsus », ou en « dérapage », un vulgaire passage à l'acte antisémite. Et il y a plus grave encore que ces mots, et cette outrecuidance : c'est la quasi indifférence de l'opinion, son absence de réaction – il y a cinq ans, deux ans même, la presse s'en offusquait, les foules descendaient dans la rue, les organisations antiracistes poursuivaient le patron du Front national pour incitation à la haine raciale ; alors que, aujourd'hui, cette manifestation d'antisémitisme au moins aussi spectaculaire que le fameux jeu de mots sur « Durafour-crématoire », tout le monde a l'air de la trouver, non pas normale, mais *dans l'ordre*. La vraie banalisation de Le Pen ? Sa vraie victoire ?

Un mot d'explication – d'excuse ? – à mes lecteurs. La semaine dernière, à l'instant où j'achevais mon bloc-notes, les ministres des Affaires étrangères européens recevaient leur homologue iranien qui, selon toutes les sources d'information autorisées, venait leur remettre l'engagement écrit, non pas exactement d'abolir la fatwah contre Salman Rushdie, mais de ne pas l'exécuter. Quelques heures plus tard, alors que cette page était imprimée, coup de théâtre : une dépêche « urgente » de l'AFP annonçait que l'Iranien était arrivé les mains vides et que la bonne nouvelle dont je venais, comme d'autres, de me faire l'écho, était, hélas, sans fondement. L'Iran s'était-elle moquée de nous ? Assistait-on au sempiternel affrontement entre une fraction « pragmatique » ou « modérée » – et des « durs » qui, à la dernière minute, l'auraient emporté ? Ou bien – dernière hypothèse – fallait-il comprendre que l'auteur des *Versets sataniques* est devenu, comme tous les otages, l'objet d'un marchandage ignoble où il s'agit, d'abord, de faire tout bonnement monter les prix ? Affaire à suivre. Dans ce paragraphe du bloc-notes que l'actualité désavouait, il n'y avait qu'un mot à conserver : l'affaire Rushdie n'est pas finie.

104

Le retour de Sarkozy. Avec le Premier ministre bosniaque. La montée du cynisme populaire. Les Stones à Paris. Pourquoi Jospin réussit. L'Origine du monde *au musée d'Orsay. Qu'est-ce qu'un moteur de Formule 1 ?*

Juppé est au pouvoir depuis deux mois. Il semble usé comme s'il y était depuis deux ans. A-t-on jamais vu pareille brièveté d'un état de grâce ? Lui-même imaginait-il que l'état de disgrâce viendrait si vite ? J'imagine la joie amère de Sarkozy que l'on présentait, hier, comme un réprouvé; que l'on accueille aujourd'hui comme un allié; et qui, au train où vont les choses, apparaîtra demain comme un recours. La politique, et son manège. La politique, comme une roue de la fortune.

De quoi, d'ailleurs, parle la ville ? De la prochaine cohabitation. C'est-à-dire, si les mots ont un sens, *déjà* du successeur de Juppé. Par-delà les querelles d'hommes, c'est un trait de la folie de l'époque : comme si le système ne savait plus jouer *que le coup d'après*; comme si le jeu consistait à affaiblir le vainqueur du jour pour, aussitôt, ouvrir les paris sur *celui du lendemain*; comme si, autrement dit, on allait au bout de ce processus de déréalisation dont j'ai souvent parlé ici et qui marque *le triomphe de la virtualité en politique*. La vraie question : non pas qui a le pouvoir, mais qui l'aura. Le vrai pouvoir : non pas celui qui le détient – mais celui qui a le plus de chances, demain, de le remplacer.

Le Premier ministre bosniaque, Haris Silajzic, à Paris. Nous préparons ce qu'il dira, le lendemain, à son homologue français et je me pose, en l'écoutant, cette question qu'à dû se poser, quand naissait l'État d'Israël, la génération de nos parents : comment est-on le plus fort – en étant fort ou en étant faible ? en suscitant la crainte ou la compassion ? en prenant le monde à témoin de sa puissance retrouvée ou du malheur qui vous poursuit ? En prenant le risque d'être qualifié de

« sûr de soi et dominateur » ou en prenant celui de jouer sur un registre victimaire qui est, *aussi*, celui de l'époque ?

Encore et toujours les « affaires ». On dit : « Des responsables qui trafiquent, mais une opinion qui s'en indigne ». Ou bien : « Une technostructure qui en prend à son aise avec l'usage républicain ; mais des citoyens sourcilleux, prêts à les censurer ». Et si c'était le contraire ? Et si les politiques ne trichaient que lorsqu'ils savent que l'opinion le leur permet ? C'était la leçon des municipales (blanc-seing à quelques-uns des édiles les plus notoirement corrompus). Mais c'est encore ce qui ressort du climat d'aujourd'hui (l'incroyable apathie face à la rafale de révélations apportées, notamment par *Le Canard*). La tendance du moment ? Le triomphe du cynisme populaire.

Il y a ceux qui, comme Fabius, héritent du mitterrandisme. Il y a ceux qui, comme Rocard, ont choisi de prendre leurs distances. Il y a Mauroy, ou Emmanuelli, qui risquent de couler avec lui. Il y a Aubry ou Strauss-Kahn qui naviguent sous d'autres pavillons. Et puis il y a un certain Jospin qui réussit le tour de force d'hériter sans le dire, d'être un fils de Mitterrand et de parvenir à le faire oublier. L'origine de cette emprise, étonnante, sur l'ensemble de sa famille ?

Attentats monstres... Terrorismes à grande échelle... Un supermarché qui s'effondre à Séoul... Le métro japonais en état de siège... La terre qui tremble ici... Un volcan qui se réveille là... Je n'en finis pas de comptabiliser les signes de cette psychose de catastrophe. Précarité de toutes choses. Image d'une planète entière prise en otage. Il faudrait, pour dire cela, des peintres, des écrivains, des cinéastes qui soient, *d'abord*, des sismologues.

D'où vient que les adolescents d'aujourd'hui éprouvent, à l'endroit des Stones, la même vénération que ceux qui, comme moi, avaient vingt ans en 68 ? Les Stones ayant changé, et la jeunesse aussi, je ne vois qu'une explication : nous leur avons transmis notre passion. Et me vient aussitôt ce soupçon – et la mélancolie qui va avec : peut-être est-ce, après tout, ce que nous leur avons transmis de plus solide ; peut-être leur avons-nous transmis la musique que nous aimions, plus sûrement que les livres dont nos parents nous avaient, eux, donné le goût.

Le musée d'Orsay et « son » nouveau Courbet. On ne m'enlèvera pas de l'idée que ce qui fait problème c'est moins le tableau lui-même que son titre. Imaginons que l'artiste l'ait appelé : « femme dénudée », ou « corps alangui », ou même « les feux du désir », ou « Éros assoupi ». Sans doute l'œuvre choquerait-elle. Mais enfin elle « passerait ». Alors que *L'Origine du monde*... C'est là qu'est le scandale. Là, le blasphème et le sacrilège. Et là, comme d'habitude, l'éternelle bêtise des censeurs.

Je n'avais jamais assisté à un Grand Prix de Formule 1. Le spectacle est passionnant. Mais plus passionnante encore, l'idée de ces moteurs que l'on a *mis au point* afin qu'ils durent ni plus ni moins que le temps de la compétition. Imaginons qu'ils vivent davantage. Supposons qu'ils soient, la course finie, encore bons à en courir une autre. Ce serait un vice dans le programme. Ce serait une réserve inutile qui n'aurait pas servi à la course. Et ce serait la preuve, au fond, que les centaines d'ingénieurs qui se sont employés, l'année durant, à gagner quelques dizaines de secondes auraient mal fait leur boulot. Beauté de ces moteurs, comme des éphémères.

105

La France à Srebrenica. Christo et le Reichstag. Les communistes français sont-ils encore ce qu'ils étaient ? Pourquoi le 14 juillet n'est pas une fête « nationale ». Bernanos ou Lévinas. Jane Birkin à Sarajevo.

Des essais nucléaires, pourquoi pas ? Le drame, c'est que l'on ne nous dise ni pourquoi justement, ni contre quel ennemi, ni au nom de quelle stratégie. Dommage que M. Chirac, avant d'annoncer sa décision « irrévocable », n'ait pas songé à poser la question et à le faire à haute voix, en prenant à témoin l'opinion.

Au chapitre des malentendus entre écrivains, ce mot de Hemingway sur Faulkner : « A lot of big words. »

Au chapitre des traits de génie qui ressemblent à des malentendus, cette remarque de Faulkner sur Shakespeare : « Je crois qu'il n'avait pas lu Freud. »

Chute de Srebrenica. Ce n'était pas n'importe quelle zone de sécurité, Srebrenica. C'était la ville de Morillon. C'était cette ville, déjà assiégée, où un général Courage s'était enfermé, il y a deux ans, pour faire rempart aux Serbes qui s'apprêtaient à l'investir. Et c'était un des rares lieux où, du coup, un officier de casques bleus aura osé braver les ordres, outrepasser le fameux mandat et sauver, à ses risques et périls, un peu de notre honneur perdu. Les Serbes savent tout cela. Ils ont, comme nous, dans l'oreille la voix, bien timbrée, de Morillon haranguant, debout sur son char, les civils qui, aujourd'hui, n'ont plus personne pour les secourir : « You are under the protection of the United Nations ». Et ils se doutent bien, les Serbes, qu'en disant « the protection of the United Nations », il pensait forcément, tout bas, « la protection de la France ». Qui sait alors si, en prenant Srebrenica, ce n'est pas aussi la France qu'ils ont visée ? Comment exclure qu'en choisissant d'envahir cette ville et non, par exemple, Zepa ou Gorazde, ils ne nous adressent une ultime et atroce provocation – bien plus intolérable encore que lorsqu'ils enchaînaient nos soldats à des pylônes ? Srebrenica, ou la revanche sur Morillon. Srebrenica, un formidable défi lancé à la France, son armée, son président.

Christo « désemballe » le Reichstag. Y-a-t-il eu réellement cinq millions de curieux – je n'ose dire d'amateurs – pour venir voir un monument rendu, ainsi, invisible ?

Consacré ce début d'été à relire Bernanos – le grand Bernanos, celui des écrits de combat, l'imprécateur insensé qui, face à la guerre de Bosnie de l'époque, je veux dire la guerre d'Espagne, sut trouver des accents d'une fureur inouïe pour fustiger la lâcheté des puissances, l'indignité des éminences et le scandale de l'abandon, par l'Europe, de ses propres valeurs bafouées. La sauvagerie de Bernanos dans ces pages. Une sauvagerie qui, brusquement, n'est plus celle d'un écrivain.

Aller à La Seyne, ville dont le maire est communiste, pour un grand concert anti-Le Pen... Je ne dirais pas que je m'y résolve de gaieté de cœur. Et aucun des arguments « techniques » qui nous y contraignent n'a pu vaincre, complètement, mes répugnances d'anticommuniste primaire et définitif. Mais enfin... Les communistes français... Ces staliniens devenus Scapin... Ces tigres de papier... Ce parti en loques... Ce spectre de ce qu'il fut... Et puis la conviction, surtout, que ce que je haïssais en eux, ce que j'ai tant combattu et qui me fait toujours horreur se retrouve, au fond, de l'autre côté – celui du lepénisme et de sa haine à front de taureau... Le Pen, Marchais, même sensibilité ? Je le crois, comme il y a dix ans. Sauf que je n'exclus pas, entre les deux, une transsubstantiation.

Un ami catholique : si j'ai toujours été farouche adversaire de la peine de mort, c'est aussi parce que je ne savais pas où vont les âmes des condamnés.

Un concert, le 14 juillet. Ce signifiant-là, en revanche, c'est peu dire que je l'assume. Car que signifie, au juste, le 14 juillet ? Si c'est celui de 1789 et de la prise de la Bastille : la chute d'un symbole de la tyrannie, une fête de la liberté. Si c'est 1790 et la Fête de la Fédération : la naissance du contrat social moderne, l'avènement de l'idéal citoyen. Deux raisons, en tout cas, de choisir cette date symbole. Deux raisons de refuser le hold-up de ceux qui voudraient faire de cet anniversaire – et cela ne date pas d'hier – une fête « nationale », pour ne pas dire « nationaliste ». Profiter de la circonstance pour rappeler, oui, que le 14 juillet n'est pas une fête nationale, mais une fête de la citoyenneté.

Le meilleur Bernanos et aussi le pire. Les imprécations contre l'argent par exemple... Comme je leur préfère cette page si belle de Lévinas expliquant qu'il y a une « signification éthique » de l'argent et qu'il peut, cet argent maudit, « contribuer à l'humanisation du monde ». La preuve ? Grâce à lui, ce ne sont plus des choses que nous troquons mais des objets que nous échangeons. Et ils sont, ces objets, nés de l'industrie, l'intelligence, l'amour des humains...

Bouleversante Jane Birkin, ce soir, au journal de Patrick Poivre d'Arvor. Elle dit ce que nous disons tous, depuis trois ans, au retour de Sarajevo. Mais l'indignation est « fraîche ». Et c'est comme si elle retrouvait, dans sa bouche, la virulence des mots qui n'ont jamais servi. Souvent, j'ai rêvé d'une autre langue, tout neuve, rien que pour dire l'horreur bosniaque ; cette langue, une actrice l'invente là, en direct, semblable à ces vierges folles des premiers temps de la Chrétienté qui se mettaient soudain, devant les foules stupéfiées, à inventer un idiome que nul n'avait entendu, ni n'entendrait jamais plus. On appelait cela des « glosso-lalies ». C'est l'autre nom d'une parole inspirée.

106

Qui est Mme Lehideux ? Chirac et l'honneur de la France. Du Vel'd'hiv' à la Bosnie : encore Chirac, et toujours l'honneur de la France.

Une certaine Martine Lehideux, vice-présidente du Front national, vient de déclarer, paraît-il, qu'il n'est « plus supportable » de voir « les Benguigui, Fodé Sylla et autres Bernard-Henri Lévy » donner des « leçons » aux Français. Je passe sur le « Benguigui ». Je passe sur la vulgarité – l'antisémitisme grossier – du propos. Je passe même sur la question – qui, pourtant, me brûle la langue – de savoir la liste de ceux à qui cette dame et les siens reconnaissent le droit de parler de la France et à qui ils le refusent. L'important, ce sont les trente mille jeunes de Toulon, la Seyne-sur-Mer et ailleurs qui se sont rassemblés, ce 14 juillet, pour le concert auquel elle fait, je suppose, allusion et dont nous étions, en effet, un peu les inspirateurs. Il y avait là des gens de toutes origines. Il y avait, comme on dit dans les cités, une proportion égale de « Blancs », de « Blacks » et de « Beurs ». Et je ne saurais dire, surtout, à quelle famille politique – gauche ? droite ? – les uns et les autres se rattachaient. Mais ce qui les unissait, c'était une commune nausée face au spectacle d'un Jean-Marie Le Pen venu, le matin même, place de la Liberté, à Toulon, célébrer aux côtés du nouveau maire, la fête républicaine par excellence – et c'était une commune volonté, alors, non seulement de laver l'affront, mais de dire au leader néofasciste : « Touche pas à la République ! touche pas au 14 juillet ! car c'est la fête des citoyens, pas celle des racistes et des xénophobes ». Les responsables du FN prétendent aimer la France. C'est faux. Ils la détestent. Ils rêvent de la voir à feu et à sang. Ils ne savent la concevoir, d'ailleurs, qu'abaissée, humiliée, décadente. Il faudra que l'obscure Mme Lehideux s'y fasse : ils ont beaucoup à apprendre – *des vraies leçons d'amour de la France* – de ces trente mille jeunes gens qui chantaient, cette nuit-là, *La Marseillaise* avec Bruel...

L'honneur de la France, cette semaine, c'est aussi le président Chirac reconnaissant, après cinquante ans d'atermoiements, faux-fuyants et occultations diverses, la « responsabilité » de l'« État » dans les déportations de juifs pendant la guerre. L'« irréparable », dit-il... une « injure à nos traditions »... Et, à l'égard d'hommes et de femmes qui étaient ses « protégés » et qu'il « livra à leurs bourreaux », une « dette imprescriptible » du « pays des droits de l'homme »... On aura beau dire. On expliquera, tant que l'on voudra, que ces phrases simples et fortes aucun des prédécesseurs de l'actuel président n'était « en situation » de les prononcer : Mitterrand à cause de son passé vichyste ; de

Gaulle à cause de l'illusion, qu'il avait créée, d'un peuple de résistants ; Giscard, parce qu'il était indifférent à la souffrance juive – ni philo-, ni anti-, mais proprement « *a-sémite* », avait dit, un jour, Raymond Aron, dans un accès de lucidité... Le fait, en tout cas, est là. Chirac a osé le geste. Il a trouvé les mots. Et il l'a fait, surtout, sans tarder, à la première occasion venue – ce dimanche 16 juillet, jour anniversaire de la rafle du Vel'd'hiv' et de ses dix mille hommes, femmes et enfants juifs livrés par la police française. *Le geste, les mots, l'occasion* : c'est la combinaison de ces trois choses qui était, aux yeux des Grecs, la marque du grand politique ; et je vois mal comment ne pas souscrire au jugement de ceux qui, comme Michel Rocard, dans *Le Monde* de cet après-midi, écrivent en substance : « Ce président n'est pas des nôtres ; mais il incarne, mieux qu'aucun autre, les valeurs de la France que nous admirons – cette France des Lumières et du courage qui n'est jamais si grande, disait Malraux, que lorsqu'elle l'est pour tous les hommes... »

L'honneur ? Il se joue aussi en Bosnie – ma pauvre Bosnie martyre, avec ses villages rasés, ses vingt mille enfants massacrés, ses zones de sécurité pilonnées, ses populations civiles désarmées et livrées à la soldatesque serbe, et puis ces hommes, enfin, que la non-intervention de l'Occident a plongés dans un désespoir si total qu'ils ne font plus le moindre crédit à sa parole, n'ont plus l'ombre d'un respect pour ses soldats et songeraient à recourir, dit-on, pour se protéger et sauver leur peau, aux mêmes méthodes (les « boucliers humains ») que les miliciens de Karadzic. Là aussi, Chirac a trouvé les mots justes. Là aussi, il a surpris tous les observateurs – moi compris – en choisissant son camp comme jamais, depuis le début de la guerre, un chef d'État ou de gouvernement ne l'a fait. Et j'apprends, à l'instant de remettre ce bloc-notes, qu'il serait à l'initiative du plan de sauvetage de Gorazde qui n'aurait plus besoin, pour prendre effet, que de la mise à disposition, par les Américains, d'hélicoptères transports de troupes. Peut-être est-il déjà trop tard. Peut-être le président français ne remontera-t-il plus la pente d'une si longue abdication. Peut-être, aussi, nous décevra-t-il et finira-t-il par baisser les bras devant la complexité de la situation. Mais enfin le ton, pour le moment, est neuf. La détermination est sans précédent. Et j'aurai, dans les prochaines années, ou les prochains mois, suffisamment d'occasions, je suppose, de marquer mon opposition pour ne pas en convenir : cette politique qui semble allier fermeté, imagination et sens de l'opportunité, c'est très exactement ce que je réclamais depuis trois ans et que, à la vérité, j'avais cessé d'espérer. Se taire, maintenant, et attendre : il est minuit moins cinq, dans le siècle – en Bosnie.

107

Du terrorisme.

Le terrorisme, « arme des pauvres »... La formule est odieuse. Mais elle n'est, en un sens, pas fausse. Car imaginons un instant le poseur de bombe de la station Saint-Michel. Imaginons-le, après son crime, voyant dans les rues, dans le ciel, sur les écrans de télévision, dans la presse, les signes du formidable trouble qu'il a su semer dans la ville. Cet homme est un salopard. C'est, peut-être, un pauvre type. Mais il jouit, ce pauvre type, d'un pouvoir illimité. Il dispose, à ce moment, d'une puissance que n'avaient ni Alexandre ni Néron. Donnez au sujet le plus démuni une bombe, et le désir de la poser : il devient, en un clin d'œil, l'égal du tyran le plus redouté.

Allez d'ailleurs savoir si là ne seraient pas le vrai but, le vrai ressort du terroriste. Il « revendique » ceci. Il « exige » cela. Mais y-a-t-il une exigence dont la satisfaction vaille, pour lui, celle de nous tenir ainsi sous sa coupe ? Et qu'est-ce que le plaisir de faire plier un État à côté de celui, tellement plus vertigineux, de réduire un peuple à l'effroi ? Jouissance du terrorisme. Volupté sadique, monstrueuse, à mesurer l'étendue de son empire. C'est peut-être la raison de l'inertie du terrorisme – ces terrorismes basque, corse, etc., qui ne parviennent pas à s'arrêter : le terrorisme comme une drogue.

L'acte, ici, n'est pas revendiqué. Deux interprétations possibles. La première : un terrorisme non revendiqué est plutôt, en bonne logique, un terrorisme d'État – les États parlent aux États, ils parlent dans la langue des États, pourquoi iraient-ils nous prendre à témoin de ce qui est d'abord affaire d'État ? Mais la seconde : cette autosuffisance du terrorisme ; cette jouissance qui vaut toutes les exigences : à quoi bon revendiquer, et s'exposer, quand on a, devant les yeux, le spectacle de la fourmilière humaine affolée et qu'il était, ce spectacle, la visée même – barbare – du terroriste ?

Cette pluie d'appels téléphoniques qui, dans la nuit de mardi à mercredi, auraient tenté de revendiquer l'attentat. Contradictoire ? Non. Même chose. Car il y a un marché du terrorisme. Sur ce marché, des ressources rares qui sont les attentats réellement perpétrés. Et, entre les aspirants à la jouissance terroriste, une lutte sans merci pour l'appropriation desdites ressources. J'ai écrit un roman sur le terrorisme. Il s'appelait *Le Diable en tête*. Et c'est à peu près ce que j'y racontais : cette rivalité de terroristes dont tout l'art est de s'emparer d'un forfait qu'ils n'auront pris ni la peine ni le risque de produire. Il y a des spéculateurs du terrorisme. Comme tous les spéculateurs, ils s'enrichissent en dormant.

La piste serbe ? Les policiers feront leur travail. Mais les historiens ont déjà fait le leur. Ils savent que le mot « terrorisme » est une invention de la Révolution française ; mais que la chose est née, elle, au début du siècle dans les Balkans.

Déjà des petits esprits pour insinuer : « Si la France n'allait pas mettre son nez dans les affaires qui ne la regardent pas (en l'occurrence l'Algérie et, surtout, la Bosnie), elle n'aurait pas le désagrément d'être la cible des assassins. » Éternels collabos. Munichisme spontané.

On disait : « Le terrorisme est lié à la guerre froide, au communisme, etc. ; il devrait donc, en bonne logique, s'éteindre avec la chute du mur de Berlin. » Je crois juste le contraire. Je crois que l'on n'a encore rien vu. Et j'ai l'impression que l'on verra, dans les temps qui viennent, s'affiner, se multiplier, se miniaturiser les dispositifs terroristes. Le XXᵉ siècle fut le siècle des totalitarismes. Le XXIᵉ pourrait être celui des terrorismes. Nouveau terrorisme : la fatwah contre Rushdie. Nouveau terrorisme : les attentats au gaz dans le métro de Tokyo. Nouveau terrorisme : ce terrorisme qui frappait, il y a deux ans, le musée des Offices, à Florence, et semblait ne vouloir s'en prendre qu'à la beauté du monde. S'attendre, oui, à une ingéniosité sans limite des terroristes.

Le terrorisme dans les pays développés ? Directement proportionnel à leur taux de consensus démocratique. C'est la loi de Mariotte des terrorismes.

Je me souviens de l'époque des Brigades rouges et de la bande à Baader. Ces gens étaient des canailles. Ils n'avaient pas l'ombre d'un scrupule. Mais enfin ils avaient un discours, pour ne pas dire une pensée. Et je me revois, à Bologne par exemple – il me semble que c'était l'été 1978 –, déployer toutes mes ressources dialectiques pour, devant des auditoires d'extrême gauche, discréditer cette parole terroriste. Les terroristes d'aujourd'hui sont muets. Ils ne feignent même plus d'avoir des idées. Et quand ils comparaissent devant les tribunaux, ils n'ont qu'une stratégie de défense qui consiste justement, et toujours, à se taire. Ce terrorisme sans mots, c'est un terrorisme pur, brut et, au fond, absolu. On a dit : le roi est nu. Le terroriste l'est aussi.

108

A Cuba, sur les traces de Hemingway.

Cuba. Je n'étais jamais allé à Cuba. Et je n'y serais, d'ailleurs, jamais allé sans les nécessités d'une enquête sur les dernières saisons d'Ernest Hemingway. La maison de Hemingway. Le *Pilar*, son fameux bateau.

Gregorio, le marin, avec ses 97 ans, sa faconde, ses souvenirs inentamés, mais truqués. Ernest a-t-il vraiment, en 1942, tué un espion allemand d'un coup de poing dans la mâchoire ? A-t-il, lui, Gregorio, tué deux Cubains de la même façon, au motif qu'ils avaient plaisanté, en sa présence, de la supposée impuissance de l'écrivain ? Et est-il exact enfin qu'il ait, après le suicide, accepté de vendre le *Pilar* à Castro en échange d'une table, à vie, à cette « Terrassa » de Cojimbra où il allait avec le maître ? Invérifiable, évidemment. Mais n'importe. Car ces récits sont beaux comme du Hemingway. Et peut-être est-ce ainsi, entre fiction et réalité, que s'écrit aussi, après tout, l'histoire de la littérature, Gregorio Fuentes, dans son grand fauteuil d'osier, le visage émacié, l'œil vif – telle une apparition.

Il y a deux Hemingway, disait Gertrude Stein. D'un côté, le merveilleux écrivain, égal de Joyce, Proust ou Kafka – et dont le côté « Europe centrale » appelait le surnom de *Hemingstein*. De l'autre, le buveur, le vantard, le menteur invétéré qui habitait le même corps, l'avait entièrement investi et auquel elle préférait, à tout prendre, abandonner le patronyme faisandé de Hemingway. C'est Hemingway plus que *Hemingstein* dont on suit la trace à Cuba. Comme dit Jean-Paul Enthoven, qui mène cette enquête avec moi : c'est « Mister Papa » qui, dans ces années, l'emporta sur le romancier et c'est lui que les Cubains célèbrent le plus volontiers quand ils vous offrent, à la *Bodega del medio*, un « Papa doble » bien tassé ou qu'ils reprennent, sans l'ombre d'un doute, la version officielle des fameuses parties de pêche de 1943 : ce formidable bluff qui lui permit d'obtenir, en pleine guerre, fuel, radio et marins en inventant qu'il faisait, en réalité, la chasse aux sous-marins allemands... Pour l'usage auquel je destine, moi-même, ces témoignages (j'y reviendrai bientôt), n'est-ce pas presque mieux ainsi – et faut-il se plaindre, vraiment, de ces constructions légendaires ?

La bibliothèque de Hemingway. L'avantage de la bibliothèque, c'est que, contrairement au reste, contrairement à toutes ces reliques trafiquées par les marchands du temple hemingwayen (combien de fusils qui auraient servi au suicide ! combien de gants avec lesquels il aurait livré son tout dernier match de boxe ! combien de visières ! de touffes de la sainte barbe ! de tables où il aurait dîné), elle semble n'avoir, elle, quasiment pas bougé. C'est comme l'essentiel de la *Finca Vigia*... C'est comme la salle de bains, par exemple, avec des longues colonnes de chiffres, bien serrés, tracés de sa propre main, sur le mur, face à la baignoire – où on lit, d'un côté, le nombre de mots qu'il a écrits la veille et, de l'autre, son poids (en livres) au matin de la journée qui commence... Ce qui frappe donc, dans la bibliothèque, c'est qu'on y trouve des livres sur les animaux. Des traités d'astronomie. Des manuels de pêche ou de chasse. Des magazines, beaucoup de magazines, depuis *Les Temps modernes* jusqu'aux équivalents américains de *Maison et jardin*. Mais ni ses propres textes (sauf, je crois, *Men at War*). Ni, surtout, ceux de ses pairs. Que faisait Hemingway à Cuba ? Comment travaillait-il ?

Je sais bien que ce Cuba-là n'était pas celui d'aujourd'hui et qu'on n'y respirait pas encore ce parfum de mort, d'imposture, de désolation. Mais enfin... Pour un admirateur de *L'Adieu aux armes*, ce rapport du dernier Hemingway à Cuba, donc à Castro, est bien embarrassant. On aimerait pouvoir croire à une sorte de « rapt posthume ». On voudrait pouvoir dire : « abus de pouvoir et de mémoire ». Mais non, hélas ! Car il y a, sur les murs du *Floridita*, ces photos que je n'avais jamais vues et qui trahissent, entre les deux barbus, une intimité – une fraternité ? – soudain indiscutable. Et il y a, à La Havane, le témoignage de marins qui se souviennent d'homériques parties de pêche au gros où s'affrontaient, dans les premières années de la révolution, le vieil écrivain et le jeune dictateur et où il paraîtrait même que c'est le premier qui avait – ô déception ! – la courtoisie de laisser l'autre l'emporter...

L'inverse. Le rapport de Castro à Hemingway. Et l'autre mystère d'un pays qui a fait de l'anti-américanisme sa raison d'être – et qui consacre un culte si fervent au plus américain des écrivains américains. Posons le problème autrement. Quel est le sport national à Cuba ? Le baseball. La chaîne de télévision que les Cubains regardent quand ils ont les moyens, ou l'ingéniosité, de bricoler une antenne ? *CNN*. Quelle est la monnaie cubaine, la vraie monnaie, où se font toutes les transactions ? Le « peso convertible », c'est-à-dire, en clair, le dollar. Peu d'exemples aussi nets de « rivalité mimétique » aboutie. Peu de systèmes, dans l'Histoire, qui aient, à ce point, laissé s'installer en eux les valeurs du système ennemi. Allez savoir si, dans ce pays dévasté, où la seule pensée des hommes est devenue de s'en aller vite, n'importe où, pourvu qu'ils puissent échapper à cet enfer embrigadé, la dévotion hemingwayenne n'est pas un autre signe que la fin a commencé ?

INDEX DES NOMS

A

305

H

HAHN (Reynaldo) 57
HALLIER (Jean-Edern) 42
HALTER (Marek) 40, 115, 205
HANIN (Roger) 267
HASSNER (Pierre) 258
HAVEL (Vaclav) 209, 271
HEGEL (Georg Wilhelm Friedrich) 49, 81, 260
HEIDEGGER (Martin) 175, 219
HEMINGWAY (Ernest) 157, 159, 160, 198, 218, 220, 224, 257, 280, 283, 284, 285, 292, 299, 300, 301
HÉRODE 254
HERTZOG (Gilles) 141, 142, 144
HERZEN (Alexandre) 14
HEYM (Stefan) 135
HOBBES (Thomas) 160
HUE (Robert) 110, 123
HURD (Douglas) 160, 161, 162
HUSSERL (Edmund) 108, 110
HUSTON (Nancy) 264
HUYSMANS (Joris-Karl) 22

I

IMBERT (Claude) 247, 248
ISAÏE 255
IZETBEGOVIC (Alija) 16, 29, 30, 31, 33, 111, 139, 141, 142, 163, 177, 178, 272

J

JACKSON (Michaël) 48
JACOB (Max) 13, 236
JACOB (Gilles) 273, 274
JAMMES (Francis) 13
JARDIN (Alexandre) 12
JARRY (Alfred) 191, 192
JAURÈS (Jean) 108, 138, 171, 272
JEAN-PAUL II 29, 100, 252, 253
JEANNENEY (Jean-Noël) 245
JEAN-PIERRE (Thierry) 37, 140, 143, 149
JÉRAMEC (Colette) 101
JIRINOVSKI (Vladimir) 88, 127, 128
JOFFRIN (Laurent) 201
JOSPIN (Lionel) 252, 261, 263, 273, 290, 291
JOSSELIN (Jean-François) 71, 73
JOXE (Pierre) 211
JOYCE (James) 16, 163, 234, 262, 300
JUDAS 92, 93, 94, 95
JULLIARD (Jacques) 105, 107, 131, 157, 215, 244, 247, 248, 288
JUNGER (Ernst) 241, 242
JUPPÉ (Alain) 105, 144, 149, 151, 160, 161, 162, 203, 211, 212, 273, 290

K

KADARÉ (Ismaïl) 58
KAFKA (Franz) 234, 300

IMPRIMÉ EN FRANCE PAR BRODARD ET TAUPIN
Usine de La Flèche (Sarthe).
LIBRAIRIE GÉNÉRALE FRANÇAISE - 43, quai de Grenelle - 75015 Paris.
ISBN : 2 - 253 - 94216 - 2